教育部高等学校旅游管理类专业教学指导委员会规划教材

旅游景区管理

LÜYOU JINGQU GUANLI

◎主　编：张河清

◎副主编：方世敏　王蕾蕾　陈建斌

重庆大学出版社

内 容 提 要

《旅游景区管理》共分 10 章,分别是概述、旅游景区质量等级划分与评定、旅游景区厕所革命、旅游景区服务管理、景区旅游产品供给侧改革、智慧景区管理、旅游景区新媒体营销、全域旅游视域下景区人力资源管理、旅游景区安全管理和旅游景区危机公关管理。各章节设计了"学习目标""关键术语""开篇案例"3个内容;每章安排"案例启迪""案例研究""开拓视野"等板块,具有较强的探索性、创新性和实用性,体现了专业教材应有的研究含量。

本书可作为高等院校旅游管理类专业的学生教材,也可作为景区管理人员的学习培训用书。

图书在版编目(CIP)数据

旅游景区管理/张河清主编.--重庆:重庆大学
出版社,2018.1(2022.4 重印)
教育部高等学校旅游管理类专业教学指导委员会规划
教材
ISBN 978-7-5689-0915-0

Ⅰ.①旅… Ⅱ.①张… Ⅲ.①旅游区—经营管理—高
等学校—教材 Ⅳ.①F590.6

中国版本图书馆 CIP 数据核字(2017)第 291306 号

教育部高等学校旅游管理类专业教学指导委员会规划教材
旅游景区管理
主 编 张河清
副主编 方世敏 王蕾蕾 陈建斌
策划编辑:尚东亮

责任编辑:杨 敬 版式设计:尚东亮
责任校对:刘志刚 责任印制:张 策

*

重庆大学出版社出版发行
出版人:饶帮华
社址:重庆市沙坪坝区大学城西路 21 号
邮编:401331
电话:(023) 88617190 88617185(中小学)
传真:(023) 88617186 88617166
网址:http://www.cqup.com.cn
邮箱:fxk@cqup.com.cn(营销中心)
全国新华书店经销
重庆升光电力印务有限公司印刷

*

开本:787mm×1092mm 1/16 印张:15.5 字数:358千
2018 年 3 月第 1 版 2022 年 4 月第 3 次印刷
印数:6 001—9 000
ISBN 978-7-5689-0915-0 定价:39.00 元

编委会

总序

一、出版背景

教材出版肩负着吸纳时代精神、传承知识体系、展望发展趋势的重任。本套旅游教材出版依托当今发展的时代背景。

一是坚持立德树人,着力培养德智体美全面发展的中国特色社会主义事业合格建设者和可靠接班人。深入贯彻落实习近平新时代中国特色社会主义思想,以理想信念教育为核心,以社会主义核心价值观为引领,以全面提高学生综合能力为关键,努力提升教材思想性、科学性、时代性,让教材体现国家意志。

二是世界旅游产业发展强劲。旅游业已经发展成为全球经济中产业规模最大、发展势头最强劲的产业,其产业的关联带动作用受到全球众多国家或地区的高度重视,促使众多国家或地区将旅游业作为当地经济的支柱产业、先导产业、龙头产业,展示出充满活力的发展前景。

三是我国旅游教育日趋成熟。2012年教育部将旅游管理类本科专业列为独立一级专业目录,下设旅游管理、酒店管理、会展经济与管理、旅游管理与服务教育4个二级专业。截至2016年年底,全国开设旅游管理类本科的院校已达604所,其中,旅游管理专业526所,酒店管理专业229所,会展经济与管理专业106所,旅游管理与服务教育31所。旅游管理类教育的蓬勃发展,对旅游教材提出了新要求。

四是创新创业成为时代的主旋律。创新创业成为当今社会经济发展的新动力,以思想观念更新、制度体制优化、技术方法创新、管理模式变革、资源重组整合、内外兼收并蓄等为特征的时代发展,需要旅游教材不断体现社会经济发展的轨迹,不断吸纳时代进步的智慧精华。

二、知识体系

本套旅游教材作为教育部高等学校旅游管理类专业教学指导委员会(以下简称"教指委")的规划教材,体现并反映了本届"教指委"的责任和使命。

一是反映旅游管理知识体系渐趋独立的趋势。经过近30年来的发展积累,旅游管理学科在依托地理学、经济学、管理学、历史学、文化学等学科发展基础上,其知识的宽度与厚度在不断增加,旅游管理知识逐渐摆脱早期依附其他学科而不断显示其知识体系成长的独立性。

二是构筑旅游管理核心知识体系。旅游活动无论其作为空间上的运行体系，还是经济上的产业体系，抑或是社会生活的组成部分，其本质都是旅游者、旅游目的地、旅游接待业三者的交互活动，旅游知识体系应该而且必须反映这种活动的性质与特征，这是建立旅游知识体系的根基。

三是构建旅游管理类专业核心课程。作为高等院校的一个专业类别，旅游管理类专业需要有自身的核心课程，以旅游学概论、旅游目的地管理、旅游消费者行为、旅游接待业作为旅游管理大类专业核心课程，旅游管理、酒店管理、会展经济与管理、旅游管理与服务教育 4 个专业再确立 3 门核心课程，由此构成旅游管理类"4+3"的核心课程体系。确定专业核心课程，既是其他管理类专业成功且可行的做法，也是旅游管理类专业走向成熟的标志。

三、教材特点

本套教材由教育部高等学校旅游管理类专业教学指导委员会组织策划和编写出版，自 2015 年启动至今历时 3 年，汇聚了全国一批知名旅游院校的专家教授。本套教材体现出以下特点：

一是准确反映国家教学质量标准的要求。《旅游管理类本科专业教学质量国家标准》既是旅游管理类本科专业的设置标准，也是旅游管理类本科专业的建设标准，还是旅游管理类本科专业的评估标准，其重点内容是确立了旅游管理类专业"4+3"核心课程体系。"4"即旅游学概论、旅游目的地管理、旅游消费者行为、旅游接待业；"3"即旅游管理专业（旅游经济学、旅游规划与开发、旅游法）、酒店管理专业（酒店管理概论、酒店运营管理、酒店客户管理）、会展经济与管理专业（会展概论、会展策划与管理、会展营销）的核心课程。

二是汇聚全国知名旅游院校的专家教授。本套教材作者由"教指委"近 20 名委员牵头，全国旅游教育界知名专家和教授，以及旅游业界专业人士合力编写。作者队伍专业背景深厚，教学经验丰富，研究成果丰硕，教材编写质量可靠，通过邀请优秀知名专家和教授担纲编写，以保证教材的水平和质量。

三是"互联网+"的技术支撑。本套教材依托"互联网+"，采用线上线下两个层面，在内容中广泛应用二维码技术关联扩展教学资源，如导入知识拓展、听力音频、视频、案例等内容，以弥补教材固化的缺陷。同时也启动了将各门课程搬到数字资源教学平台的工作，实现网上备课与教学、在线即测即评，以及配套老师上课所需的教学计划书、教学 PPT、案例、试题、实训实践题，以及教学串讲视频等，以增强教材的生动性和立体性。

本套教材在组织策划和编写出版过程中，得到了教育部高等学校旅游管理类专业教学指导委员会各位委员、业内专家、业界精英以及重庆大学出版社的广泛支持与积极参与，在此一并表示衷心的感谢！希望本套教材能够满足旅游管理教育发展新形势下的新要求，能够为中国旅游教育及教材建设开拓创新贡献力量。

教育部高等学校旅游管理类专业教学指导委员会

2018 年 2 月

前言

我国旅游业正处于从大众化发展的初级阶段向中高级阶段的演化进程中。国民大众旅游需求发生新的变化，国民旅游需求不断释放，旅游消费规模稳步扩大，旅游景区迎来重要的发展机遇，国家采取景区动态管理方式等，都对旅游景区的开发与管理提出了更高的要求。

本书在编写过程中参考了众多与"旅游景区管理"相关的教材和一批景区管理的学术论文与学术专著，结合国家旅游快速发展的情况，将景区管理视为动态的管理过程，跳出过去景区管理教材的模式，在体系和内容上作了大胆的尝试和创新，力求内容上的与时俱进。书中每一章都配有"学习目标""关键术语""开篇案例""案例启迪""开阔视野"项目，引用旅游案例进行教学，因此理论与实践相结合是本书的特色。知识结构上按照旅游景区管理的实际情况进行基础知识的编排，注重引用新观点，新理念，最新、最典型的案例和拓展视野材料来阐述旅游景区与管理内容，以适应旅游业快速发展和教学实践的需要。

本书的主要内容共分10章：第1章"概述"，介绍旅游景区相关概念及景区发展简史。第2章"旅游景区质量等级划分与评定"，解读2003版质量评定标准，回看标准实施以来的情况。第3章"旅游景区厕所革命"，结合新旅游七要素，介绍旅游厕所发展及改革。第4章"旅游景区服务管理"，介绍景区的对客服务。第5章"景区旅游产品供给侧改革"，解读旅游需求的变化对景区旅游产品的供给提出了更高的要求。第6章"智慧景区管理"，介绍在"互联网+"背景下，景区管理日益智能化。第7章"旅游景区新媒体营销"，解读"互联网+"背景下景区营销管理发生的新变化。第8章"全域旅游视域下景区人力资源管理"，介绍全域旅游背景下对景区人力资源管理的模式转变。第9章"旅游景区安全管理"，介绍景区安全管理的重要性。第10章"旅游景区危机公关管理"，说明在新媒体背景下，景区危机公关管理显得尤为重要。

本教材的编写工作得到广州大学、湘潭大学、广东财经大学、广西民族师范学院、广州番禺职业技术学院等院校的大力支持和帮助，是全体作者集体努力的结果。全书由张河清任主编,负责设计教材大纲、制订书稿体例和统稿工作。各章具体执笔人员如下:蒋露娟(第1章);张河清、廖碧芯(第2章、第3章);方世敏、张河清(第4章);刘相军(第5章);王蕾蕾、陈建斌、邓定宪(第6章、第7章);代丹丹(第8章);王蕾蕾,香嘉豪(第9章、第10章)。在编写过程中,廖碧芯、香嘉豪、谭林、邓定宪等老师还参加了相关资料收集、材料整理和文字校稿等工作。

本书编者水平有限,不足之处在所难免,请各位读者不吝赐教,以便我们改进。

编　者

2017 年 10 月

目 录

第1章
概　述

【学习目标】

通过学习本章,学生应该能够:

理解:旅游景区与旅游景区管理的概念内涵

　　　旅游景区管理的理论依据

熟悉:旅游景区的构成、特征及分类

　　　旅游景区管理的内容

掌握:中国旅游景区管理的模式及面临的问题

　　　旅游景区的发展趋势

【关键术语】

旅游景区;旅游景区管理;旅游景区管理模式;可持续发展理论;旅游景区投资

开篇案例

中国旅游景区管理重要性凸显

旅游景区是展示中国悠久的民族文化、优美独特的山川景色和精神文明建设的窗口,是发展我国旅游业的重要生产力要素,是旅游吸引力的根本来源,也是旅游创汇创收的重要方面。目前,我国已有各类旅游景区、景点数以万计,截至 2017 年 7 月,中国经联合国教科文组织世界遗产委员会审核批准列入《世界遗产名录》的世界遗产共有 52 项(包括自然遗产 12 项,文化遗产 36 项和双重遗产 4 项)。在数量上居世界第二位,仅次于拥有 53 个世界遗产的意大利。首都北京拥有 7 项世界遗产,是世界上拥有遗产项目数最多的城市。旅游景区对我国旅游业发展起着重要作用,对旅游景区的管理是我国发展旅游业的一个重要模块。

资料来源:《中国52处世界遗产名录》,澎湃新闻.

1.1　旅游景区概述

1.1.1　旅游景区的概念

国内外对旅游景区的认识与界定有较大的区别,欧美地区多称景区为"visitor attraction"或"tourist attraction",认为广义的旅游景区几乎等同于旅游目的地,狭义的旅游景区则是一个吸引游客休闲和游览的经营实体。国内则有"景区""风景区""旅游景区""旅游风景区""旅游区(点)"等称呼,在很多场合下相互混用,不作区别。

根据中华人民共和国国家标准《旅游景区质量等级的划分与评定》(GB/T 17775—2003)及国家旅游局制定的《旅游景区质量等级管理办法》(旅办发〔2012〕166号印发,2012年5月1日起实施)中关于旅游景区的界定,本书将旅游景区(tourist attraction)定义为:具有吸引国内外游客前往游览,能够满足游客游览观光、消遣娱乐、康体健身、求知等旅游需求,具备相应的旅游服务设施,提供相应旅游服务,且具有相对完整管理系统和明确地域范围的场所或区域。

旅游景区是旅游产业链的核心环节,一个经营的旅游景区至少包括5个要素,分别是经营主体、独立职能、空间范围、旅游功能、服务设施。旅游景区在旅游产业中的地位很重要,是旅游业发展的基础、经营者经营活动的对象、旅游者活动的承接者、社区居民参与的载体。

1.1.2　旅游景区的构成

一个供给完善的旅游景区主要包括旅游资源、基础设施、服务设施和旅游交通设施4个要素。

1)旅游资源

旅游景区所依托的最基本条件即旅游资源,它是旅游活动的载体和客体。根据国家旅游局制定的《中国旅游资源普查规范》,旅游资源指的是自然界和人类社会,能对旅游者有吸引力,能激发旅游者的旅游动机,具备一定旅游功能和价值,可以为旅游业开发利用,并能产生经济效益、社会效益和环境效益的事务和因素。

2)基础设施

旅游基础设施一般包括接待设施和基础设施两大类。旅游接待设施指景区内直接服务于旅游者的设施,如酒店设施、餐饮设施、交通设施等。旅游基础设施指旅游目的地建设的公共设施,包括目的地的道路系统,水、电等供应系统,环境卫生系统,安全保卫系统,信息通信系统等。这些基础设施大都是为了整个区域发展而规划建设的,针对景区、旅游项目的专门性基础设施比较少,特别是中西部地区,很多景区的进入性仍然比较差。

基础设施是指为适应旅游者在旅行游览中的需要而建设的各项物质设施的总称。基础设施的建设是发展旅游业不可缺少的物质基础,是目的地旅游发展的基础支撑之一。基础设施体系是为旅游者进入景区、提供旅游食宿住行等一系列服务的先行条件,是保障旅游投资的重要基础条件。

3) 服务设施

旅游服务是旅游景区和产品的核心,和其他的产品相比,旅游服务具有无形性的特点,主要包括导游服务、酒店服务和商品服务。导游服务是旅行社或旅游接待单位为旅游者提供的专项服务;酒店服务是酒店向旅游者提供的住宿、饮食、通信、会议等方面的综合性服务;商品服务是旅游者购买旅游商品时,旅游从业人员提供的信息咨询、包装、委托代办等服务。

图 1.1 旅游咨询服务

4) 旅游交通设施

旅游交通是指旅游者从居住地到参观游览地和来往于游览地之间所使用的各种交通工具,是发展旅游业重要的物质条件。旅游交通的发展程度体现在旅游者在旅游目的地之间来回移动是否方便、快捷和通畅,具体表现为进出旅游景区的难易程度和时效标准。

旅游景区是否具备完善发达的交通网络,是否具备便捷的通信条件,这些都是旅游景区吸引力的标准。因此,在景区投资中,旅游交通的通达性构成了重要方面。

图 1.2 旅游交通工具

1.1.3 旅游景区的特征

旅游景区作为旅游业发展的基本要素之一,具有一些基本特征,了解和分析这些特征对景区管理具有重要的指导意义。

1) 整体性

旅游资源本身具有整体性的特点,因此依托资源的旅游景区自然具有这种属性。旅游资源之间、旅游资源和自然环境之间等都存在着相互依存、相互影响的联系,构成了一个有机整体。自然资源的整体性通过其共同的地理性特征进行显露,而人文资源的整体性则表现在不同时期文明的沉淀和凝聚。

2) 地域性

旅游景区的地域性指的是任何形式的景点、产品都受到目的地的自然、文化、历史和环境等因素的影响和制约。我国幅员辽阔,不同的地域在饮食结构、风俗民情上都有着很大差异,如塞外的"大漠孤烟直,长河落日圆",江南的"日出江花红胜火,春来江水绿如蓝"。正是这些差异,形成了不同的景区特点和特色(图1.3)。

图1.3　景区地域差异

3) 再创造性

旅游景区的投资建设是建立在旅游资源的基础之上,但并不代表景区一成不变,投资者和开发商可以根据旅游者的需求及自然规律进行创造和制作。例如,古人建造的古典园林在现代自然成为独特的景观;现代的主题公园、有特色的建筑就是典型的再创造性的景区景观。随着时间的推移,旅游者的兴趣和需求都会发生变化,这也使得旅游产品的创新成为必然;在一些经济落后且旅游资源贫乏的地区,可以通过创造和建立人工资源,促进当地的经济发展。

1.1.4　旅游景区的分类

景区类型很多,分类标准也很多,常见的划分标准有按景区的质量等级划分、按旅游资源类型划分、按旅游产品类型划分、按景区的功能划分、按景区的管理方式划分。

1) 按旅游景区质量等级分类

国家旅游局2012年制定的《旅游景区质量等级管理办法》中规定,旅游景区质量等级划分为5个等级,从低到高依次为A、AA、AAA、AAAA、AAAAA。凡在中华人民共和国境内正式开业一年以上的旅游景区,均可申请质量等级。3A级及以下等级旅游景区由全国旅游景区质量等级评定委员会授权各省级旅游景区质量等级评定委员会负责评定,省级旅游景区评定委员会可向条件成熟的地市级旅游景区评定委员会再行授权。4A级景区从公告3A级两年以上的旅游景区中推荐产生。4A级景区由各市级旅游景区质量等级评定委员会推荐,省级旅游景区质量等级评定委员会组织评定。5A级旅游景区由省级旅游景区质量等级评定委员会推荐,全国旅游景区质量等级评定委员会组织评定。

2)按旅游资源类型分类

(1)自然风光景区

自然风光类景区是以当地独特、优美的自然环境为主,由当地旅游部门精心开发而成的景区,适合休闲、养生等。我国著名的自然风光景区有桂林、九寨沟、漓江、张家界等。

(2)风景名胜景区

风景名胜类旅游景区是指具有独特的风光、景物以及古迹,同时也包括有独特的人文习俗的景区。风景名胜是人们休闲、学习、放松心情的好去处,如恒山、云台山、鸡公山、青城山、峨眉山、崂山、棋盘山、荔波樟江风景名胜景区、花萼山国家级自然保护区等。

(3)文化古迹景区

文化古迹类旅游景区主要指古代时期就已经存在,却未因时间原因消逝,至今仍然存在的典型遗迹,是具有一定的文化价值或历史价值的以文物古迹为主的景区。文化古迹类景区是人们学习历史、了解历史以及教育当代人的良好场所,如北京故宫、长城、天坛、颐和园、云冈石窟、沈阳故宫、莫高窟、秦始皇帝陵、周口店北京猿人遗迹、承德避暑山庄、曲阜孔庙、平遥古城、丽江古城、龙门洞窟、五台山、殷墟、大足石刻、苏州园林、福建土楼(图1.4)、凤凰古城等世界文化遗产。

(4)红色旅游景区

红色旅游是把红色人文景观和绿色自然景观结合起来,把革命传统教育与促进旅游产业发展结合起来的一种新型的主题旅游形式。其打造的红色旅游线路和经典景区,如万源战史陈列馆、鱼泉山风景区等,既可供观光赏景,也可以了解革命历史、增长革命斗争知识、学习革命斗争精神,从而培育新的时代精神,使之成为一种文化(图1.5)。

图1.4 福建永定土楼

图1.5 井冈山红色旅游景区

（5）生态旅游景区

生态旅游这一概念是由国际自然保护联盟于 1983 年首次提出的。这一概念包括两个要点：第一是生态旅游的物件是自然景物；第二是生态旅游的物件不应受到损害。1993 年国际生态旅游协会把生态旅游定义为：具有保护自然环境和维护当地人民生活双重责任的旅游活动。生态旅游的内涵更强调的是对自然景观的保护，是可持续发展的旅游。

（6）主题公园景区

主题公园是根据某个特定的主题，采用现代科学技术和多层次活动设置方式，集诸多娱乐活动、休闲要素和服务接待设施于一体的现代旅游目的地。主题公园用舞台化的环境气氛为游客提供主题鲜明的旅游体验。主题公园作为某些地区旅游资源相对贫乏的一种补充，以盈利为主要目的，完全采用市场化运作的方式经营，主要功能是为游客生产快乐、为投资者赢得利润。江苏常州就拥有全球主题公园亚洲排名第 11 位、中国（包含港澳台地区）排名第 4 位的中华恐龙园。

（7）产业依托旅游景区

产业依托旅游景区是伴随着人们对旅游资源理解的拓展而产生的一种新概念旅游景区，主要有依托工业、农业建立的工业旅游景区和农业旅游景区。工业旅游在发达国家由来已久，特别是一些大型企业，利用自己的品牌效益吸引游客，同时也使自己的产品家喻户晓。在我国，有越来越多的现代化企业开始注重工业旅游。近年来，我国著名工业企业如青岛海尔、上海宝钢、广东美的、佛山海天等相继向游人开放，许多项目获得了政府的高度重视。农业旅游是农事活动与旅游相结合的农业发展形式，主要是为那些不了解农业、不熟悉农村，或者回农村寻根，渴望在节假日到郊外观光、旅游、度假的城市居民服务的，其目标人群主要是城市居民。

3）按景区的主导功能分类

（1）观光类旅游景区

观光类旅游景区是指旅游者以观赏和游览自然风光、名胜古迹等为主要目的的旅游景点，主要包括自然风光观光、城市风光观光游憩、名胜古迹观光、海洋观光等。观光类旅游景区是最为传统的旅游景区，随着现代旅游的发展，许多观光旅游景区已不仅仅是单纯的观光旅游，而是融入了更多的文化内涵和休闲度假内容，使观光旅游景区的内容更加丰富多彩和富有吸引力。

（2）度假类旅游景区

度假类旅游景区是指符合国际度假旅游要求、以接待海内外旅游者为主的综合性旅游区，有明确的地域，适于集中设置配套旅游设施。其所在地区旅游度假资源丰富，客源基础较好，交通便捷，对外开放工作已有较好基础，如北海银滩国家旅游度假区，三亚亚龙湾旅游度假区等。

（3）科考类旅游景区

科考类旅游景区主要以科学考察、探索学习为主要目的，包括地质公园、自然保护区等。

（4）游乐类旅游景区

旅游者的需求是变化的，"求乐"正在变成旅游动机的主流。游乐类旅游景区以娱乐消遣为主要动机，强调旅游娱乐活动项目常变常新；强调高雅文化与民俗文化的结合，在满足大多数人要求的同时，反映出时代特征；强调寓教于乐，使游人在观赏、休憩、娱乐的同时，了解旅游目的地的历史文化、风土人情和科技知识，受到社会文明的熏陶等。

1.2 旅游景区管理

1.2.1 旅游景区管理的概念

旅游景区管理指景区的管理者通过组织人力、物力、财力，有效实现预定管理目标的过程。旅游景区管理包含风景区日常经营与管理、风景区财务管理等多个部分，各个管理部分是一个统一整体，任何一个部分出现问题都会影响旅游景区的整体竞争力。

1.2.2 旅游景区管理的基本内容

1）旅游景区战略管理

发展战略是旅游景区长期发展目标能否顺利实现的关键，而科学的发展战略是景区发展目标得以顺利实现的保证。旅游景区战略管理是在市场经济条件下，根据景区内外环境及可取得资源的情况，为实现景区持续发展，对景区发展目标、达成目标的途径和手段的总体谋划。它具体包括确定景区经营方向、建立景区战略目标、制定景区经营战略、景区经营战略实施与控制、景区经营战略评价与修正。

2）旅游景区资源开发管理

游客是旅游景区存在的前提，如果没有游客到访，就不能称为旅游景区。不断地开发和建设是保持和增加旅游景区对游客吸引力的重要手段。即便是一个运营多年的景区，在其经营的过程中依然需要根据市场需求的变化挖掘资源潜力，不断开发新项目，增加新景观和活动内容，以保持一定的游客量。另外，在对旅游景区资源进行开发利用的同时，还要强调对旅游资源的保护。

3）旅游景区日常经营管理

我国多数旅游景区采用企业形式进行营利性经营，经营管理的目的就是获得一定的经济效益。对这类景区来说，管理的主要内容就是日常经营活动。景区日常经营管理相对繁杂，涉及景区设施设备的管理和维护、景区环境卫生的管理、景区突发事件的管理、游客满意度的调查等。

4) 旅游景区服务管理

旅游景区全体员工的优质服务水平,是旅游景区良好运营管理的直接体现。全体工作人员要本着"以游客为本"的服务理念,树立全心全意为游客服务的意识,为游客提供更优质的引导、咨询等服务。旅游景区在运营管理过程中,应高度重视员工服务水平的提升,将员工服务水平的提升作为日常运营管理的重要内容之一,通过考核、培训等多种形式,提升员工的综合素质、业务技能、服务水平,强化服务意识,增强工作责任感,从细节做起,确保服务质量的持续性。

5) 旅游景区安全管理

安全是旅游景区生存之本,没有安全,就谈不上旅游景区的运营管理。因此,在景区运营管理中,对安全工作的重视要高于一切。在景区安全管理上首先要增加安全工作的硬件、软件设施投入,降低安全风险。其次要形成完善的可操作的安全应急预案体系,并且经常性开展演练,提高景区处置安全突发事件的应急能力。最后要开展安全巡查,排查并彻底整改存在的安全隐患,建立安全隐患整改机制,为游客创设安全的旅游环境。

6) 旅游景区人力资源管理

旅游景区直接面向旅游者,主要通过为旅游者提供旅游产品,使旅游者获得精神上的满足。面对不同消费需求、消费偏好、消费能力的旅游者,景区必须在依托自身物质性旅游资源的基础上,甚至是在物质性旅游资源匮乏的情况下,为旅游者提供周到、细致的服务。旅游景区员工的工作效率与工作态度往往直接影响景区的服务质量,从而影响旅游景区形象以及社会和经济效益。旅游景区需要有一支精干、高效的专业化队伍,因此,人力资源的开发与管理自然也就成为景区管理的关键性工作。

案例启迪

<h3 align="center">寄给景区的一封感谢信</h3>

2017年3月16日,桂林市旅游发展委员会收到了一封感谢信,感谢银子岩景区两位管理人员罗莲和何成玉。

感谢信是由居住在天津的一对年过7旬的夫妇寄来的。这对夫妇在信中说,2016年12月底,两人在旅行社的安排下来到银子岩景区参观,在参观途中醉心于风景,随手将书包和外衣挂在了栏杆上。之后他们继续游览,直到走出了景区才猛然意识到物品遗失。遗忘的书包内不仅有现金,还有所有的证件,如果丢失,这对夫妇的返程就会成为问题。导游得知事情后,马上联系景区管理人员。万幸的是,景区的工作人员罗莲和何成玉在景区巡逻时发现了夫妇俩遗失的书包并进行了妥善保管。两位员工在这对夫妇返回寻找书包的时候将其交还给了他们本人,同时还谢绝了这对夫妇想要给予报酬的好意。

这对夫妇认为,景区工作人员罗莲和何成玉拾金不昧的行为不仅彰显了他们个人品行的高尚,更是银子岩景区、桂林这座城市的美丽名片;同时,他们还感谢了导游和银子岩的管理人员,认为作为旅游从业人员,他们急游客之所急,倾力帮助游客,和井然的管理秩序一起彰显了桂林这座城市的旅游软实力。这对夫妇最后表示,因为这件小事,他们会永远记得桂林,记得桂林的美丽山水,更记住桂林人的善良朴实和热情好客。

景区员工服务的每一个细节都可能成为游客美好的回忆,游客的表扬和感谢就是给予景区管理人员和服务人员的最好馈赠。

资料来源:根据相关资料综合而成.

1.2.3　旅游景区管理理论依据

旅游景区管理理论依据主要来源于现代管理学基本理论,包括科学管理理论、行为科学理论、管理科学理论、现代管理理论、可持续发展理论。这些理论在旅游景区管理中的应用见表1.1。

表1.1　现代管理学基本理论在旅游景区管理中的应用

管理学基本理论	在旅游景区中最适宜应用的领域
科学管理理论	旅游景区服务质量管理(标准化、规范化)、设施与工程管理等
行为科学理论	旅游景区人力资源开发与管理、员工激励、旅游景区人文环境营造、游客行为管理等
管理科学理论	旅游景区物资管理、财务管理,旅游景区安全管理,旅游景区计划管理等
现代管理理论	旅游景区战略管理、规划管理、信息管理与管理系统设计等

1) 科学管理理论

科学管理理论是19世纪末至20世纪初在美国形成的,其代表人物是美国古典学家弗雷德里克·泰罗。科学管理的产生是管理从经验走向理论的标志,也是管理走向现代化、科学化的标志。科学管理理论对管理理论体系的形成与发展有着巨大的贡献。科学管理理论在旅游景区管理中主要应用于旅游景区服务质量管理(标准化、规范化)、设施与工程管理等。

2) 行为科学理论

行为科学理论产生于20世纪30年代,是一种人群关系理论,对旅游景区的人力资源开发与管理等方面的决策起着巨大的作用。社会学家梅奥是这一理论体系的主要探索者之一。行为科学理论的核心内容主要是4个层面,一是学者马斯洛通过专门考察调研所得出的需求层次理论。二是知名的赫兹伯格研究所依据对产业实践的主体探索所组建的双因素理论。三是学者麦克雷戈在实施定向研究之后所组建的前沿X理论—Y理论。四是布莱克穆顿的研究结论管理方格理论。借助行为科学理论,旅游景区在对景区游客、景区管理者等个体或群体行为的激励管理中,寻找到了有力的理论力量。

3)管理科学理论

管理科学理论源于运用科学的方法解决生产和作业管理的问题。理论特征有四方面，一是认为管理就是决策，给定各种决策分析模型。二是以经济效果标准作为评价管理行为的依据。三是依靠正规数学模型。四是依靠计算机运算，以便计算复杂的数学方程式，从而得出定量的结论。管理科学理论在旅游景区管理中主要应用于旅游景区物资管理、财务管理，旅游景区安全管理，旅游景区计划管理等。

4)现代管理理论

20世纪50年代以来，逐步形成了应用广泛的系统管理理论和权变理论。管理内涵进一步拓展，管理组织多样化、管理方法科学化、管理手段现代化、管理实践丰富化。现代管理理论实为一个综合性的管理理论体系，它广泛地吸收了社会科学和自然科学的最新成果，把组织看作一个系统，进行多方面有效管理。从而有效整合组织资源，达到组织的既定目标和完成组织应负的责任。现代管理理论为旅游景区战略管理、规划管理、信息管理与管理系统设计等提供理论依据。

5)可持续发展理论

可持续发展理论的重点是以遵循和落实社会生产力的发展规律为出发点，在开发和建设行为上可以兼顾当代人和后代人的利益，也就是说当代人所进行的各种对自然资源的开发应用，不会给后代人继承自然资源体系带来严重的影响。一个旅游景区可持续发展的水平通常由景区资源的承载能力、生产能力、景区环境的缓冲能力、景区进程的稳定能力、景区管理的调节能力5个基本要素及其间的复杂关系去衡量。这5个基本要素分别构成区域可持续发展的基础支持系统、供给支持系统、容量支持系统、过程支持系统、智力支持系统。旅游景区的发展可以按照可持续发展的原则，在开发和保护的双重思路上，实现经济、社会和环境的整体效益，既要持续拓展接待游客的规模、提升服务水准，又要确保生态的完整和安全。

1.3 中国旅游景区发展与管理

1.3.1 中国旅游景区发展简史

我国旅游景区的产生有着悠久的历史，其发展与社会经济和旅游者活动紧密相连，主要经历了古代发展阶段、近代破坏阶段、现代开发阶段和当代规范管理阶段4个阶段。

1)古代名胜古迹及园林景区发展阶段

在1840年鸦片战争以前，奴隶社会和封建社会时期的名胜古迹和园林景区是我国景区发展的最初阶段。在此期间的旅游活动有两类：一是外出旅行，主要是帝王巡游、官吏臣游、人文漫游、僧人云游等，我国现有的著名的历史文化名胜和名山大川大都是在这一阶段开发建设的。二是园林景区的开发和享用。园林的雏形是奴隶社会帝王狩猎的"囿"，后开发建设"仿效自然"的园林。例如，南宋时期开发了西湖，有了著名的"西湖十景"。到清朝，已经形成北方的皇家园林和南方的私家园林两个流派。

2) 近代的景区破坏阶段

随着生产力的发展，特别是交通工具的改进，游客长途旅游成为可能，为了迎接四方游客，很多景区相应配备了各种服务设施。但由于当时人们的功利性占主导地位，对景区的开发管理缺乏科学性，对旅游资源的保护不利。

因此，1840 年至我国改革开放的 1978 年间，我国的景区发展进入了破坏阶段，具体表现为 3 个方面：其一，帝国主义列强的入侵和战乱，圆明园、颐和园、清东陵等文物古迹曾一度被焚烧。其二，西方列强在中国的风景名胜区，如北戴河海滨、庐山等地建造房舍作为居住区。其三，因历史原因，全国的部分文物古迹、林区、风景区遭受了破坏。

3) 现代景区开发阶段

改革开放后，我国迎来了大众旅游时代，旅游者的需求呈现出多样化的特点。旅游需求的增长促使旅游景区产品不断丰富，各项服务不断完善，旅游景区科学化管理逐渐受到重视，高质量的开发与规划被管理者广泛接受。

20 世纪 70 年代末至 20 世纪 90 年代初，真正意义上的大众旅游的发展使我国的旅游景区开发建设进入前所未有的大发展阶段。在此阶段，中国景区发展呈现出 4 大特点：一是旅游景区得到规划与开发；二是旅游景区开始进行经营管理；三是旅游景区的规划只注重经济效益而忽视社会和生态效益，旅游资源开发破坏较严重；四是旅游景区的旅游产品以观光项目为主，缺乏对市场需求的调查分析，产品单一，没有特色。

4) 当代景区规范管理阶段

从 20 世纪 90 年代至今，中国景区发展的重点从开发转向规范管理，国家旅游局对各类景区加强了旅游行业规范管理。为了规范和提高各类景区的经营管理和服务水平，促进景区升级上档次，国家出台了《国家旅游区等级划分与评定》国家标准。

案例启迪

南非尼加拉私人狩猎保护区——旅游业造就的社区受益体系

(一)南非旅游业概况

南非的野生动物保护区分为 3 大类：自然公园、私营的和国家的野生动物保护区。自然公园主要以美丽的风景、远足步道而闻名，其次才是野生动物保护区。私营野生动物保护区特别吸引游客，因为其高度个性化的服务使游客能更好地观赏野生动物。旅馆和营地装修舒适怡人,经验丰富的巡守员带领游客乘坐敞篷越野车"打破常规"进入丛林深处去观赏动物。很多私营保护区有游泳池,天热的时候可以去凉快一下,还有设备齐全的酒吧、餐厅。大多数私营保护区位于克鲁格国家公园的西部边界一带。国家公园受到游客的欢迎,但是为了保护环境,其对游客的人数有一定限制,往往需预定游览的时间。

南非众多的自然保护区已越来越多地让周围的居民参与商业性自然旅游规划项目,并且把相关的收益分配给他们。私营部门促进了立足于当地的自然资源管理和优先发展贫困地区经济的非政府组织项目的增加,以盈利为动机的项目正在纳入社区收益体系。尼加拉私人狩猎保护区(PGR)就是这样一个典型的例子。

(二)尼加拉私人狩猎保护区概况

该保护区概况见表1.2。

表1.2　尼加拉私人狩猎保护区概况

旅游业务	摄影狩猎旅行
旅游管理	由非洲保护协会经营
市场	豪华:主要是国际游客
费用	平均每人每晚340~475美元(根据季节变化)
接纳能力	21个小别墅
土地使用期限	向南非国家公园信托基金会租借10年
土地管理	由TiMbavatiS私人自然保护区内的南非国家公园管理,它与临近的克鲁格国家公园没有隔离

(三)尼加拉私人狩猎保护区使当地社区受益

尼加拉私人狩猎保护区通过非洲保护协会(CCA)这样一个机构把收益分给当地居民,该协会致力于引导国际捐赠人赞助非洲农村的地区项目。非洲基金会以下列方式赞助这些项目。

项目必须是由尼加拉自然狩猎保护区附近的社区成员发起,必须有益于社区;

他们必须解决非洲基金会预先确定的项目类型,如小企业的发展、文化发展、地区基础设施建设等;

提议者必须表明项目具有经济、社会和环境可持续性;

社区成员必须与非洲基金会合作,致力于发展(比如通过提供劳力或财礼);

提议要经过非洲基金会地区管理人员的审查并提交基金托管人;

如果提议被功成,就把预算划拨给地区管理人员,并由他监督项目的实施。

社区基金:1998—2000年,尼加拉私人狩猎保护区通过非洲基金会向附近的威尔弗迪特提供了总额为33 200镑的项目基金。

基础设施:尼加拉的非洲基金会基金被用于为威尔弗迪特的两所学校增加基础设施。

教育:尼加拉非洲基金会要求受资助的学生必须在培训后回到自己的社区待两年,帮助社区或者做激励性的讲座,因此可使它的教育投资达到最佳效益。非洲基金会还强调对当地居民的环境和健康教育,它资助主办的布什学校为来自当地的小学生主办环保课程,这些计划是为了与当地自然科学学校的课程保持一致。布什学校承担了为期三天两夜的计划,而环保课程一天就能完成。健康教育的重点是对艾滋病的防范意识,还资助威尔弗迪特的一群年轻人编写、制作和演出了一台反映当地问题的信息剧。最近,基金会还和一个非政府体育组织一起向威尔弗迪特的孩子们提供板球培训。

就业:尼加拉私人狩猎保护区从事底层工作人员(如负责处理内务的员工)是通过现有雇员招聘的。他们通知现有的雇员说需要一名新员工,并要求他们通过朋友和亲戚网络传播职位空缺的消息。感兴趣者同项目经理联系,合适者可以得到面试的机会。

资料来源:根据国外旅游管理经验编写.

1.3.2　中国旅游景区发展现状

1)景区的数量不断增加,规模扩大

随着我国经济的快速发展,人们在物质生活得到满足的同时也在精神生活上提出了更高的要求,旅游显然已经成为人们放松和休闲的重要方式,旅游业随之迅速发展,也为当地带来了较大的经济利润。因此,各地政府比较重视对旅游景区的开发,甚至将旅游景区作为当地经济发展的重点来抓,这使我国的旅游景区在数量上不断增加,在规模上也不断扩大。截至 2017 年 9 月 2 日,国家旅游局共确定了 249 个国家 5A 级旅游风景区。从景区类型来看,5A 级景区中自然景观类景区数量最多,达到 104 个。在旅游景区发展的同时,与之相关联的许多服务业也得到了很大程度的发展。

2)景区服务管理质量提升

随着我国景区数量和规模的不断增加,景区管理的重要性逐渐被认定,只有有效的管理才能真正实现景区的健康发展。各地景区在重视景区发展规模的同时逐渐认识到质量的重要性,很多景区以质量作为主要的宣传点,开始加强景区基础建设,更新景区管理方式,以优美的环境、优质的服务、优异的管理赢得消费者对旅游景区管理的大力支持。由于景区的服务质量得到了提升,给游客在体验上带来了全新的感受,游客对景区的满意程度也得以提升。

3)景区经营管理模式创新

所有事物的发展都不是一成不变的,我国景区的发展也不例外。我国景区的创新是多方面的。首先是在项目上的创新,根据当地的特色和习惯等,以此作为特色旅游项目,建立起适合游客的旅游项目,满足游客的需要。其次是在管理模式上的创新,以游客需要为主要出发点,并通过在项目和管理上的创新来提升景点的吸引力。例如,在景点为游客安排一些与当地民族特色相符的游戏和活动,让游客更加深刻地感受到传统民族的风情。以此来体现经营管理模式的创新,为建立特色旅游景区奠定基础。

1.3.3　中国旅游景区主要管理模式

我国旅游景区特别是以名胜古迹为主要卖点的旅游景区是具有特殊性的,因为国家拥有名胜古迹的所有权。因此,我国在旅游景区中所采用的管理方式主要包括以下3种。

1)政府参与的管理方式

政府参与的管理方式一般是由政府部门来建立管理部门,对旅游景区进行全方位管理,并且景区的财政收支都是由政府的财政部门直接管理。国家直接经营管理模式就是国家集风景旅游区的所有者和经营者于一身,景区的管理、保护和开发经费由国家财政承担,景区的门票及其他旅游项目由国家定价,一般定价较低,收入上缴国家。这种管理模式的特点在保护遗产、体现社会公共利益、资源整合等方面表现得尤为突出。专业性或公益性强的景区、景点,如国家森林公园、保护区的核心区、文物保护区、宗教朝拜地等实行国家经营管理,由国家委托专业人士经营。

但从实践来看,这种经营管理模式存在着明显的缺陷。效率低下,从而导致资源得不到有效配置,其经济价值得不到应有的体现,从而严重阻碍了旅游景区的健康发展。

2)企业承包的管理方式

我国部分景区采用企业承包模式对旅游景区进行管理。对于一些旅游景区,政府通过招标的方式以一定的价格将旅游景区的管理权租赁给相应的企业和个人,要求他们严格按照合同进行日常的维护检修以及管理,所有收入都由景区独自支配,让企业本身去担负盈利或亏损。

市场化经营管理模式就是将所有权和经营权分离,真正把风景区作为一项产业来对待,将其作为独立的主体推向市场。目前存在的市场化方式主要有两种:一种是以项目的形式招商引资,由多个投资主体进入景区行使经营权;另一种方式是垄断经营权,以一家作为投资主体,进行垄断经营。由于政企职能分开,产权比较明晰,企业作为市场主体的积极性得到充分调动,效率得到了提高。如碧峰峡、桐庐、太湖源等景区、景点,将经营权不断地拍卖出去,这种经营意识是对传统管理意识和管理体制的一大突破。

但也要认识到,旅游业是以持续发展为目标,需要将经济和环境效益结合起来考虑,但企业经营者往往只注重经济效益,而忽视社会、环境效益。因此,目前完全按市场机制经营的方式遭到了质疑。如黄山风景旅游区从保护遗产的角度出发,必须严格遵循"景区游、区外居"的旅游方式,而黄山股份公司为追求盈利,必然尽可能以高消费的方式将尽可能多的游客留在景区,由此必然造成遗产破坏,从而出现了在黄山发展旅游经济后"景区的环境卫生和安全质量提高而遗产质量反而恶化"这一似乎怪异的现象。另外,这种纯商业化经营必然以其垄断性而伤害游客正当利益。由于风景旅游区不同于一般的企业,有着自身的特殊性,在引进市场化机制的时候一定要慎重。

3)政企合作的管理方式

政企合作的管理方式是政府部门把景区作为资本的方式进行入股,与相应的企业一起联合进行管理。这种方式的收支盈利是由政府以及企业在投资中所占份额确定的,也是世界上绝大多数景区所采用的方式。这种方式在我国还没有得到较为普遍的应用,但却是我国旅游景区管理方式的一种发展趋势。

这3种管理方式均有利弊,在一定的场合选用一种恰当的方式才是最重要的(表1.3)。

表1.3 景区经营管理模式

景区经营管理模式	内 容	特 点	所有权与经营权	开发权与保护权	代表性景区
整体租赁经营模式	景区的所有权代表是当地政府,民营企业以整体租赁的形式获得景区30~50年的独家经营权;景区经营企业在其租赁经营期内,既负责景区资源开发,又对景区资源与环境的保护负有绝对责任	旅游景区实行企业型治理,其经营主体是民营企业或民营资本占绝对主导的股份制企业	分离	统一	四川碧峰峡景区,重庆芙蓉洞景区、天生三桥景区、金刀峡景区,桂林阳朔世外桃源景区
上市公司经营模式	地方政府设立景区管理委员会,作为政府的派出机构,负责景区统一管理;景区的所有权代表为景区管理委员会,经营权通过交缴景区专营权费的方式由景区管理委员会直接委托给上市公司;景区管理委员会负责旅游保护,上市公司负责资源开发利用	旅游景区实行企业型治理,其经营主体是股份制上市公司	完全分离	完全分离	黄山风景区和峨眉山风景区
非上市股份制企业经营模式	景区的所有权代表是作为政府派出机构的景区管理委员会等,景区经营由政府委托给股份制企业;景区经营企业既负责景区资源的开发,又负责景区资源的保护	旅游景区实行企业型治理,其经营主体是未上市的股份制企业;它可以是国有股份制企业,也可以是国有与非国有参与的混合股份制企业	分离	统一	青岛琅琊台景区,浙江桐庐瑶林仙境景区、浙江柯岩景区及曲阜孔府、孔林、孔庙景区
隶属企业集团的整合开发经营模式	景区的所有权代表是政府,旅游经营由国有全资的景区经营企业掌管;景区经营企业既负责景区资源的开发,又负责景区资源的保护。这一模式的优势是能够按照旅游市场的需求,全面整合各旅游景区的资源,通过整合开发,全面促进当地旅游景区的发展	旅游景区实行企业型治理,其经营主体是国有全资企业,但隶属于当地政府的国有公司。景区由国有的旅游景区公司负责经营	分离	统一	陕西华清池、华山等文物景区,海南天涯海角景区,桂林的七星公园等景区

续表

景区经营管理模式	内　容	特　点	所有权与经营权	开发权与保护权	代表性景区
隶属地方政府的国有企业经营模式	景区的所有权代表是政府,旅游经营由国有全资的景区经营企业掌管;景区经营企业既负责景区资源的开发,又负责景区资源的保护	旅游景区实行企业型治理,其经营主体是国有全资企业,且直接隶属于当地政府	分离	统一	浙江乌镇景区和江苏周庄景区
隶属政府部门的国有企业经营模式	由国有的旅游景区经营公司直接经营,分别隶属于当地国有资产管理局和当地旅游局。景区的所有权代表是政府,旅游经营由国有全资的景区经营企业掌管;景区经营企业既负责景区资源的开发,又负责景区资源的保护	旅游景区实行企业型治理,其经营主体也是国有全资企业,它隶属于当地政府的有关部门,而不是直接隶属于政府	分离	统一	南宁的青秀山景区及宁夏沙坡头、沙湖景区
兼具旅游行政管理的网络复合治理模式	景区管理机构既是景区所有权代表,又是景区经营主体;既负责景区资源开发,又负责景区资源与环境保护。景区内部,管理职能与经营职能、开发职能与保护职能由不同的部门或机构承担。景区的管理机构多与当地旅游局合并为一套班子、两块牌子,在承担景区的经营管理职责时,还负责当地旅游业的管理,对促进当地旅游业发展负有重要责任	旅游景区实行非企业型治理。经营主体是景区管理机构。景区管理机构与当地旅游局合并,使景区管理机构不但要负责景区的经营管理,还具有当地旅游市场管理的行政职责	对外统一、对内分离	对外统一、对内分离	长春净月潭景区、江西龙虎山景区、山东蓬莱阁景区
兼具资源行政管理的复合治理模式	景区管理机构既是景区所有权代表,又是景区经营主体;既负责景区资源开发,又负责景区资源与环境保护。但在景区内部,管理职能与经营职能、开发职能与保护职能由不同的部门或机构承担	旅游景区实行非企业型治理。经营主体是作为当地政府派出机构的景区管理委员会或管理局。景区管理机构与当地某一资源主管部门合并,使得景区管理机构不但要负责景区的经营管理,还负有当地旅游资源管理的行政职责	对外统一、对内分离	对外统一、对内分离	山东泰山景区

景区经营管理模式	内　容	特　点	所有权与经营权	开发权与保护权	代表性景区
隶属旅游主管部门的自主开发模式	景区管理机构既是景区所有权代表,又是景区经营主体;既负责景区资源开发,又负责景区资源与环境保护。这一模式也是近年来各地为理顺旅游管理体制而进行的改革与创新	旅游景区实行非企业型治理,经营主体是景区管理机构,但景区管理机构隶属于当地旅游局	互不分离	互不分离	河北野三坡景区、重庆四面山景区
隶属资源主管部门的自主开发模式	民营企业整体租赁经营模式、股份制企业经营模式、上市公司经营模式、旅游集团企业整合开发模式、兼具旅游行政职能的网络复合治理模式,都是近年各地为适应旅游业发展需要,发挥旅游资源优势,促进当地国民经济增长和人民生活水平提高而进行的不断探索	旅游景区实行非企业型治理。经营主体是景区管理机构,并且隶属于当地建设、园林、文物等旅游资源主管部门	互不分离	互不分离	北京故宫、颐和园、八达岭景区

1.3.4　中国旅游景区管理面临的问题

1)缺乏明确的管理体系

我国旅游景区的管理体制不明确,出现多头管理的现象,主要表现在以下两个方面:一是每个景区归属于不同的职能部门进行管理。例如,森林公园等自然保护区,这些景区主要由林业部门进行管理;而地质公园,则由我国的国土资源部门进行管理。这样的情况导致很多景区在地域位置上容易出现重叠和交叉的现象,使旅游景区管理比较混乱,很难达成统一,严重限制了我国旅游景区和旅游经济的发展。二是由于旅游景区本身的特殊性质,在管理中很多发展快、经济稳定的景区遭到哄抢管理,而对于一些效益差的景点,在管理中各个部门都在推卸责任,明显缺乏有效管理机制,使景区的规划和未来发展受到了严重的影响。

2)景区建设模仿跟风严重

我国的旅游景区长久以来都存在着一个问题,那就是雷同现象比较明显。很多地区由于缺少地方特点,就会在旅游项目上照搬照抄其他旅游景区,使景区的差异性不大,很难带给游客新鲜感,难以满足游客的需要。还有一部分地区,明明有着明显的地域特色,但由于不擅长运用,使本地的特色资源出现了极大的浪费,这种现象同时也对旅游景区的品牌造成了影响,长此以往将遭到行业的淘汰。旅游产品的趋同化,势必造成行业之间的恶性竞争,导致行业的失败率上升。这种景区的经营模式将会使旅游景区陷入恶性循环,终究难以得到发展。

3)旅游基础设施存在缺陷

当前,我国的旅游景区中普遍对景区的旅游设施建设比较重视,而对相关的周边基础设施建设比较忽视。例如,景区周边的道路和其他建设规划较差,道路的狭窄和交错等给游客的出行带来了明显的不便,甚至严重影响游客的心情。同时,景点的道路指示和卫生间分布等规划不合理,使这些基础设施无法真正体现其价值所在。尤其在一些较小的城市,由于经济条件受到限制,在基础设施方面所投入的资金也比较少,导致相关行业发展存在巨大的漏洞,游客的住行等方面都受到明显的限制,严重地制约着景区的发展。

4)景区模式僵化

当前我国的旅游景区管理很大一部分处于政府管理模式。政府在对旅游景区所指定的政策和措施中对市场的因素考虑比较少。因此,旅游景区在管理中比较容易出现重资源、轻产品的现象。只看重旅游资源的开发,而忽视对产品的开发,或者在管理思想上比较轻视其他方面的建设,导致我国的旅游景区难以得到健康的发展。虽然我国在对景区的管理上已经在不断地付出努力,同时也在管理模式上呈现出了一定的创新,但很多时候政府的管理会造成景区无法实现真正意义上的改革,仍然存在着一定的问题。

1.4　旅游景区管理新趋势

1.4.1　基建细节化

无论从市场竞争还是游客的需求来看,对景区基础设施建设的精细化要求都将成为未来景区开发与管理的发展趋势。开发上要求景区做到关注细节,每一个景观节点、游憩平台、服务设施的设置既要从游客心理出发,基于人本主义进行设计,又要与周边环境、当地文化相契合,杜绝千篇一律的现象,从而形成自身的特色和优势。此外,还注重将完善、特色的硬件设施与精细化的软性服务相配合。例如,华山景区为方便客人如厕,保证景区厕所的清洁环保,投资 700 万元,引进高科技手段,新建生物环保型厕所 31 个,配备手纸、洗手液、干手机等装备,安排专人 24 小时不间断做好清洁保障工作,增设了残疾人厕位和无障碍通道,从每一个细节考虑游客的需求。

1.4.2　管理智慧化

智慧旅游是国家正在大力提倡的一种依托于新技术的旅游支持系统,很多对市场比较敏感的景区正在抓住这一市场趋势,依托原来的数字化发展,在景区管理、景区营销、景区产品设计方面实现智慧化。通过对高新技术的利用,打造具有吸引力的适应市场需求的旅游产品,增强游客体验性和黏性,提高管理效率,节约管理成本。

在智慧旅游背景下,智慧管理也将逐步运用于旅游景区管理中。景区能够通过智能网络对景区地理事物、自然资源、旅游者行为、景区工作人员行迹、景区基础设施和服务设施进行全面、透彻、及时的感知,对游客、景区工作人员实现可视化管理,优化再造景区业务流程和智能化运营管理;同旅游产业上下游企业形成战略联盟,实现有效保护旅游资源的真实性和完整性,提高对旅游者的服务质量,实现景区环境、社会和经济的全面、协调和可持续发展。

1.4.3　产品体验化

传统的以观光为主导功能的景区经过长时间的发展,其弊端逐渐显露出来:盈利模式较为单一,主要是门票经济;游客很难形成共鸣,往往是去过一个知名景区后,就没有了重游的意愿;产品开发较为低级,游客停留时间较短、花费较少等。传统的旅游景区已经不能适应当今旅游行业新形势下的发展要求,越来越多的旅游景区、管理者正逐步探索免门票的经营方式,通过免门票来增加游客量,再通过进一步开发旅游体验产品促进游客二次消费,实现景区更多的收益。

因此,未来的景区更多的是依托自身优质的资源、环境及市场条件,打造更多休闲、体验的旅游产品,延长游客停留时间,满足游客的需要,加深游客的印象,进而实现旅游景区多元化盈利模式的构建,加快实现旅游景区的投资回报。

1.4.4　服务人文化

景区管理的细节化和人性化是景区提升服务质量的一大“法宝”。比如华山景区在不断提升景区基础设施的同时,提出了“关注普通人需求”的口号。在关注游客需求的同时,华山景区把“情”作为服务理念的核心,以“真源华山、待客如亲”为景区文化,推出了 60 岁以上老人不排队、70 岁以上老人免购门票、向 80 岁以上老人赠送纪念品的人性化服务措施;在山门、索道购票和候乘区域安装电扇、电视,播放音乐,并为老人小孩设置休息专座。这样的人性化服务必将受到游客的称赞,成为景区发展前进的动力。

1.4.5　投资多元化

国家旅游局发布的《2015 年全国旅游业投资报告》显示,2015 年全国旅游业完成投资10 072 亿元,同比增长 42%。全国旅游投资依然延续了民营资本为主、政府投资和国有企业投资为辅的多元化投资格局。民营企业投资旅游业 5 779 亿元,占全部投资的 57.4%,投资热点从传统制造业、房地产业向现代旅游业转变。

2015 年旅游投资还呈现出几个特点:景区类投资占比最大,新业态投资实现高速增长;东部地区为全国旅游投资重点,西部地区旅游投资潜力巨大;大型非旅集团加速进军旅游业,跨行业投资态势明显;旅游企业加速资源整合,并购重组和走出去步伐加快。旅游投资热点集中在乡村旅游、在线旅游、旅游综合类项目、邮轮游艇和体育旅游等领域。接下来,旅游投资的热点还将在休闲度假、智慧旅游、文化旅游、健康养生旅游、特色小镇等领域涌现。

我国旅游景区投资正由以前的政府投入为主,转向在政府主导下的民营资本和社会资本为主、政府投资和外商投资为辅的多元化投资格局,政府投资为主到 PPP 为代表的多渠道融资(表 1.4)。

表 1.4　政府投资到多渠道融资

融资方式	特　点	案　例
政府投资	早期古城开发大都以政府投资为主进行基础建设	2003 年平遥县政府投资 18 亿元用于城乡基础设施建设,极大地改善了平遥古城基础设施
资本市场融资	资本市场融资包括国内上市融资、海外融资、信托融资等方式	上市融资:枣庄书记陈伟在 2013 年台儿庄古城重建竣工汇报会上提出争取 3~5 年实现古城上市 海外融资:山海关古城保护开发项目拥有 1.35 亿美元外资 信托融资:阆中古城 2014 年以"阆中古城文化旅游建设项目"和"阆中古城国际休闲度假旅游开发项目"向国家发改委申请发行企业债券 10 亿元
BOT 融资	即古城的建设—经营—转让	凤凰古城文化旅游投资股份有限公司通过合同签署获得凤凰县八大景区 50 年经营权
PPP 融资	政府和私人合作的融资方式(现在较为普遍)	开封 2015 年签约 19 个 PPP 项目,对开封古城转型发展起到了强大的助推作用
金融机构	向银行、信用社等相关机构借贷	丽江古城进行保护管理工作时向银行贷款融资(农业银行已给予货款授信 30 亿元)
基金募集	分国家投资基金、产业投资基金和民间募集的基金,主要用于古城区的保护和开发	国家投资基金:国家在抢修阆中古城时投入 3 000 万元文保基金 产业投资基金:2014 年四川产业振兴发展投资基金将 20 亿元投向阆中,涉及阆中古城旅游的进一步开发 民间募集基金:2015 年,西安城墙保护募集基金的义卖活动在古都西安的明清城墙南门外展开。当天手绘地图的销售所得将捐给陕西省西安城墙保护基金会,用于古城墙的保护事业

投资主体多元化,实现跨行业整合。出现民营资本和社会资本为主、政府投资和外商投资为辅的多元化投资格局,民间投资快速增长,多元化投资格局保持不变。不同投资主体的投资偏好也有差异。民营资本的投资重点在经济发达的东部地区,主要投资大型综合类休闲度假产品;政府和国有企业对西部地区旅游投入的比重相对较高,投资集中在旅游基础设施、公共服务设施以及大型综合类休闲度假项目;外商投资更青睐东部地区,有 66% 的资金投入东部省份。

投资业态集聚化,促进多产业融合。集观光、休闲、度假、购物、娱乐、体验等功能为一体的旅游综合体越来越多,综合性的旅游集聚区大量涌现。如福建融侨双龙温泉旅游度假区、广东长鹿农庄度假区陆续开工,内容包括文化旅游、休闲养生、人文体验、主题娱乐、商贸购物等多种业态。

旅游大行业的跨界整合逐渐成为新兴发展动力。现在有文化、体育、乡村改造等与旅游的跨界融合,这些复合增速较快的细分领域也吸引了更为多样化的资本进驻,如中青旅投资法国勒芒。在项目考察过程中,中青旅充分认识到勒芒赛事"旅游+文化+体育"的本质属性,采用股份合作制,同时引进民营资本,以灵活的方式取得了"勒芒"品牌的持有权,帮助勒芒进入亚洲市场。

另外,针对不同类型的景区逐渐形成不同的投资方式。对自然景区,政府管理机构采取以环境保护措施为主、兼顾投资经营效益目标的管理政策。旅游投资者必须注重自然资源的生态平衡和保护,政府相关管理机构对这类景点的投资经营者实行严格的监督和管理,但对其监管主要以市场调节为主,经营价格方面不进行过多的干预。对以人类活动为基础的文化景区,如各种历史文物、古建筑等,这类景区注重的是对资源价值的安全保护,而不是将投资的经营效益放在首要位置,换句话说就是不以营利为目的。这类景区大都为国家或政府所拥有,政府可通过相应的财政补助或直接投资方式来加强对这类景区的投资,并提供相应的优惠政策加以扶助。对人造景区,如主题公园,以营利为首要目的,更注重投资带来的效益。人造景区所需资金数额巨大,具有高风险的开发特点,可采取企业自主投资、与其他企业联合投资、与政府部门寻求合作的投资方式。

案例启迪

河南"旅游银行"助力旅游供给侧改革

2016年春节长假里,到山里住民宿、吃野味的休闲旅游火热。记者在河南云台山景区看到,民宿区"别墅"林立,造型雅致,与以往民宿"脏乱差"的形象截然不同。民宿老板说,风景区服务品质的升级,是"旅游银行"的作用。

来游玩的王先生说,以前景区设施没现在这么完善,服务也一般。现在景区面貌焕然一新,所以每当天气好的时候,就和家人来玩。

从民宿酒店的建筑规模来看,每家的建设费用得100万元以上。村民王义军说:"这要搁以前,贷款就是个大问题,现在有了'旅游银行',钱不成问题了。"

记者了解到,王义军所说的"旅游银行"是当地的焦作中旅银行,它以旅游金融业务为特色,在当地支持了许多民宿建设。除了支持民宿升级,该银行还向云台山等大型景区提供金融服务。

云台山风景名胜区管理局局长毕东林介绍说:"该银行向云台山景区提供了2亿元的授信额度,我们已经使用了8 000万元用于景区设施升级,提升旅游产品的供给品质,以便吸引更多游客,带动当地旅游业发展。"

资料来源:中华人民共和国国家旅游局,2017.1.30.

复习思考题

1.旅游景区的概念及内涵是什么?

2.景区管理的主要内容有哪些?

3.如何理解民间资本转投旅游业?

4.查找中国公共性资源景区管理模式相关资料,列表对比分析国外国家公园与我国公共性资源景区管理模式的异同。

【案例研究】

杭州西溪国家湿地公园"人满为患"

西溪国家湿地公园位于杭州市市区西部,与著名风景区西湖相距不到5千米,是一处罕见的城中次生湿地公园。西溪湿地拥有丰富的生态资源、质朴的自然景观和深厚的文化积淀,与西湖、西泠并称"杭州三西",是国内目前第一个也是唯一集农耕湿地、城市湿地、文化湿地于一体的国家湿地公园。

2008年的电影《非诚勿扰》向世人展示了西溪公园的诗意生活和情怀,从此名声大噪,进入旅游发展的高峰。2008年国庆前3天迎来客流量超过11万人次,国庆期间共接待游客28.17万人次。在2009年的十一黄金周,接待游客26.1万人次,门票收入达800万元。2010年端午节一天就接待了6.5万人,真正是游人如织、摩肩接踵。2013年十一黄金周西溪的游客接待量达到近18万人次。2014年十一黄金周期间,西溪国家湿地公园"火柿节"吸引了大批游客体验火柿采摘等各项节日活动,7天累计接待游客23.66万人次。由于景观、知名度和空间距离优势,接待游客数量逐年上升,尤其是在园区开放免费区后,到访人数激增,游客拥挤现象时有发生。2015年期间,西溪湿地游客接待量在1—9月份达到380万人次,十一黄金周游客接待量超过22万人次。而国家旅游局相关人员在十一黄金周对西溪湿地进行暗访的过程中,发现西溪湿地存在一系列安全隐患,如在多处人流集中处没有警示标志,游船安全设施不到位,景区内存在商贩管理等问题。因此在国家旅游局官网上对其进行严重警告,全国通报并限期整改。

资料来源:卢文月.旅游景区游客拥挤感知影响因素研究——以西溪国家湿地公园为例[D].杭州:浙江工商大学,2015.

讨论问题:

1.西溪国家湿地公园在景区管理的哪些方面做得不到位?

2.西溪国家湿地公园游客的持续增长可能给景区经营管理带来哪些问题?

3.西溪国家湿地公园应如何加强管理以保证景区的正常经营?

开阔视野

国家公园管理的国际经验

景区管理作为一种管理活动,由景区特有的管理要素组成。目前国内外的景区管理有着不同的模式,国外较为规范、已经取得成功经验的是国家公园管理。

一、美国国家公园管理模式

自从美国在1872年建成第一个国家公园黄石公园以来,世界各国纷纷效仿;同时,各国又根据本国的实际,形成各具特色的国家公园管理模式。

(一)管理体制

国家公园由内政部的国家公园管理局(NPS)统一管理。国家公园管理局管理全美376个公园,设10个地区分局,分片管理各地的国家公园。各个国家公园设有公园管理局,具体负责本公园的管理事务。国家管理局、地区管理局、基层管理局三级管理机构实行垂直领导,与公园所在地政府没有任何业务关系,固定管理人员为国家公务员,由总局统一任命和调配。

(二)资金来源

美国的国家公园为非营利性的公益事业,经费主要靠政府拨款,部分靠私人或财团捐赠。门票只作为管理手段,实行无门票或低门票制,门票收入主要用于环保宣传和生态教育支出。

(三)资源管理和经营活动的关系

管理局固定工作人员和志愿者一道主要承担资源保护职责,还提供营救、讲解、卫生等服务。公园的住宿、餐饮和娱乐等商业设施严格按规划建设,向社会公开招标,实行特许经营权制度,由特许承租人经营,交纳特许经营税和营业税。财务上收支两条线,经营性收入与管理局无关,管理局的开支由政府拨款。

二、日本国家公园管理模式

(一)管理体制

日本的自然公园分国立公园(相当于西方的国家公园)、固定公园(准国家公园)和都道府县立公园(地方公园)3类。日本的国家公园由国家环境署管理,环境署和地方政府共同出资,建立与自然和谐统一的公共服务设施,并与相关公共团体一起管理旅游资源和景区公共设施。日常管理由地方政府、特许承租人、科学家和当地群众组成的志愿者队伍完成。

(二)资金来源

日本国家公园内的土地存在着多种所有制:国家、地方和私人(24%为私人所有)。为了控制对环境有害的人类活动,通过地方政府发行公共债券的方式补偿私人土地所有者进行生态保护活动,或收购公园内的私人土地,债券的偿还由中央政府承担。日常开支中1/4由国家环境署资助,1/4来源于地方县政府,1/4来源于上一级政府,1/4来源于地方企业。

（三）经营活动

私人部门取得国家公园执照后，可以投资建设并经营酒店、旅馆、滑雪场等其他食宿设施。这些营利部门由统一的行业协会，如国家度假村协会管理。

三、英国的遗产管理模式

（一）管理体制

英国每一个国家公园都会设立自己的公园管理局，它是连接多个利益相机构和群体的纽带。政府部门、当地居民和非政府组织都可以通过公园管理局参与国家公园的政策决定。公园管理局拟订的管理规划必须经过公众咨询阶段，各个参与方都能在这个阶段对管理规划提出意见。

（二）资金来源

国家公园的资金由中央财政拨款，公园内的土地由国家和私人共有，国家公园的管理由国家公园管理机构与地方社区共治共管。政府部门在管理中承担法律保障、全局规划等职责。

（三）经营活动

英国的国家公园内大部分土地为农户私有，国家鼓励当地农户继续保留这种传统的农场文化，同时保护自然生态环境。英国国家公园设立的目的是给大众提供一个娱乐、科研、旅游等场所。为了达到国家公园公益性的目的，英国的国家公园免费开放，以乡村旅游为主。

四、国际经验对我国建立国家公园体制的启示

美国、日本、英国国家公园管理模式有3个共同点：其一，国家实行分级管理；其二，对资源和生态环境进行严格保护；其三，管理和经营分离。公众享有公共资源，公众参与管理，配套设施与服务由私营部门提供，企业化管理。这3个具有代表性的国家公园管理模式共同点给我国国家公园建设带来启示。

（一）管理理念

美国、日本和英国的国家公园建立都是为了保护稀有环境，以为子孙后代永续利用为目的，在管理中将保护置于首要地位。我国要想建立真正意义上的国家公园，首先要树立正确的管理理念，摒除传统的以获得经济利益为第一、环境保护为其次的理念，切切实实从思想上树立起保护环境的意识。

（二）管理机制

国外的国家公园都有专门的管理机构。在我国，各风景区的管理存在多头管理、政出多门的现象。例如，普达措国家公园由林业部门、环保部门等共同管理；汤旺河国家公园由区政府和林业部门共同管理。这样，很容易出现有了利益很多部门来争、出了问题时没有人来承担责任的现象。通过对国外国家公园管理的成功经验分析，在我国要想建立良好的国家公园制度，就要在中央设立专门的管理机构对国家公园进行管理，改变我国以往对园区进行属地管理的模式，设立专门的机构由中央统一管理，防止多头管理、政出多门的弊端。

（三）资金来源

国外成功的国家公园管理的资金主要来源于政府拨款、社会捐赠、公园营业收入。其中政府拨款占很大一部分，公园营业收入占很小一部分。以美国为例，美国景区门票价格最高占月人均可支配收入的 0.5%，而我国景区门票价格最高占月人均可支配收入的 32%。我国要想建立真正的国家公园体制，在资金来源上应该规范化，降低门票价格，切实做到为人民提供一个游憩、娱乐、科研的场所，而不是挂着国家公园的牌子走传统园区管理的模式。

资料来源：张文兰.国家公园体制的国际经验[J].湖北科技学院学报,2016(10).

第2章
旅游景区质量等级划分与评定

【学习目标】

通过学习本章,学生应该能够:

理解:旅游景区质量等级划分评定及其管理的框架体系

　　　旅游景区质量等级划分与评定标准的构成

　　　旅游景区动态管理的意义

熟悉:旅游景区质量等级划分依据及其实施细则

　　　旅游景区申请质量等级的必要条件

掌握:旅游景区质量等级的创建评定流程

　　　旅游景区动态管理与退出机制的工作内容

【关键术语】

旅游景区质量等级;划分条件;划分依据;评定流程;明察暗访;旅游景区动态管理

开篇案例

春来雁门景色新——雁门关景区创建国家5A级旅游景区纪实

阳春三月,春意盎然。今年雁门关景区的"春意"来得比往年更早、更新。2017年2月,雁门关景区被国家旅游局正式授予5A级景区证牌,成为山西省第7个5A级景区。

自雁门关景区启动国家5A级旅游景区创建工作以来,历时4年,经创建申报、景观质量评定、暗访检查、社会公示等环节,终获成功。回望雁门关景区从4A到5A的创建历程,简单的数字变化背后,是景区从设施到内涵再到服务的飞跃之路。

自2009年以来,当地政府共投资5亿多元对雁门关实施了景点修复、基础设施、服务设施、生态环境治理、软件类项目5大类工程建设,历时3年将破败荒凉的雁门关恢复至明清时期的全盛雄姿,并打造成为集"吃、住、行、游、购、娱"综合功能为一体的边塞文化旅游目的地。

2013年3月,雁门关景区开始启动国家5A级旅游景区的创建工作,制订了实施方案,着手编制《雁门关景区创建国家AAAAA级旅游景区整体提升规划》,按规划要求,对景区的基础设施、服务设施、标志系统、软件设施等进行升级改造。2015年10月已投资约2 000万元完成了景区整体改造提升工作，于11月中旬通过国家旅游局组织的"资源和景观质量"评审。

2016年，在省市县政府和各级主管部门的大力支持下，雁门关景区管理中心按照省、市主管部门要求和国家《旅游景区质量等级的划分与评定》标准扎实开展创建工作。及时分解任务，责任到人，严格对照标准，狠抓景区队伍建设，开展"厕所革命"，更新标志系统，进行环境整治，坚持规范化管理、标准化运营，使软硬件两个方面都有了质的飞跃，全面达到了国家5A级旅游景区的标准，圆满完成了5A级旅游景区的创建工作。同时顺利通过了国家旅游局组织的专家组明察暗访和公示，正式跨入国家5A级旅游景区行列。

1.提质升级基础设施，积极打造"智慧景区"

基础建设，重在提质升级。景区先后投资700万元新建了高标准的游客服务中心，投资430万元新建了应急停车场及跨路天桥配套设施，投资800多万元改造生态化停车场。同时，改造了服务区的售票大厅和多媒体中心以及景区内的弱电电网，在服务区设置了购物超市，安装了自助售票设施，完善了标志标牌。实行"厕所革命"，提档改造景区内的旱厕和水冲厕所，新增了8个生物环保厕所。每个厕所配备厕纸、洗手液、干手器等，工作人员全天候打扫，为游客提供舒适卫生的服务。在景区内建立了医务室，设立了邮政服务点，设置了自助银行网点，增加了游客休息座椅等人性化设施，更换了与景区不协调的垃圾桶。此外，景区投资100多万元积极进行智慧景区建设，拍摄了720°全景自助游动画片，升级改造了官方网站，开通了官方微信平台，改造了景区无线网络，建设了景区智能门禁系统，安装了21部区域免费公用电话，开通了景区广播，实现了景区监控全覆盖，切实提高旅游便利化水平。

2.深度挖掘旅游之根，丰富景区文化内涵

文化是旅游的灵魂，民俗文化是旅游之根。在创建5A级景区过程中，景区先后编纂了128万字的《雁门关志》《雁门雄关》宣传册等文化册子，制作了《走进雁门关》宣传片，拍摄了《浴血雁门关》数字电影，开发了剪纸、面塑、刺绣等民间工艺品，研发了雁门边塞文化地域特色旅游纪念品等7大类、30多个品种。在挖掘和弘扬雁门文化的同时，景区精心排演了《雁门雄风杨家将》情景剧，组建了文艺队伍表演地方小戏等节目，增设了与古战场密切相关的游戏活动，营造了浓厚的文化氛围。

3.发展雁门关旅游，讲好雁门关故事

近年来，景区通过举办"雁门关国际边塞文化旅游节""雁门关国际摄影艺术展""雁门关摔跤节""雁门关长城徒步大会""穆王巡边"等节庆和文艺活动，充分展示了雁门关悠久灿烂的文化遗产，提升了雁门关的知名度和影响力。

如今，雁门关景区依靠着品牌优势、一流的基础设施和服务质量，已经成为海内外游客新的关注点，享有广泛知名度，先后荣获"亚洲·大中华区最负盛名旅游景区""中国最具知名度的人文旅游景区"之一、"中国最佳文化旅游观光目的地"之一、山西省"十大旅游品牌"等称号。下一步，如何将5A级旅游景区的招牌擦得更亮，更大的挑战还在后面。

资料来源：《春来雁门景色新——雁门关景区创建国家5A级旅游景区纪实》，网易.

2.1 评定标准体系解读

旅游景区是旅游产业的重要组成部分,其服务质量与管理水平不仅体现了我国旅游产业的发展水平,而且决定着旅游者能否获得满意的旅游体验。目前我国旅游景区评定及其管理工作已渐成体系,主要依据《旅游景区质量等级的划分与评定》(GB/T 17775—2003)及其实施细则进行综合评级,依据《旅游景区质量等级管理办法》(2012)进行综合管理(图2.1)。

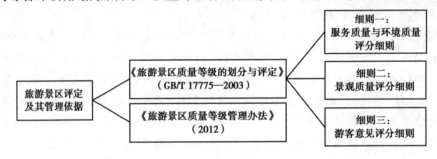

图 2.1 旅游景区评定及其管理体系

2.1.1 评定标准解读

20 世纪 80 年代,我国旅游景区发展迅速,但景区产品单一、缺乏文化特色、游览方式单调、基础设施建设滞后、卫生条件脏乱差、环境保护力度不足等问题也随之而来。因此,国家旅游局于 1996 年拟订《旅游区(点)质量等级的划分与评定》。标准于 1999 年 4 月通过了全国旅游标准化技术委员会的技术审查,并于同年 6 月由国家质量技术监督局正式批准发布。

由于时代不断进步、社会不断发展,旅游需求渐趋多元化,游客对旅游景区的服务质量与管理水平有了更高的要求。为加强对旅游景区的规范管理、提高旅游景区的服务质量水平、维护旅游景区及旅游者的合法权益、加大旅游景区的环境保护力度、合理开发利用旅游资源、促进旅游景区的可持续发展,国家旅游局于 2003 年修订了《旅游景区质量等级的划分与评定》(GB/T 17775—1999),并于 2004 年 10 月再次颁布。

相比《旅游景区质量等级的划分与评定》(GB/T 17775—1999),《旅游景区质量等级的划分与评定》(GB/T 17775—2003)在划分等级方面,新增了 5A 级旅游景区;在划分条件方面,修订了原有 A 级旅游景区的划分条件,强化以人为本的服务宗旨;提高了 5A 级与 4A 级旅游景区在细节性、文化性以及特色性等方面的要求;细化了关于资源吸引力和市场影响力方面的划分条件,使其更加符合旅游景区的实际发展情况,为旅游景区的开发建设提供更为有力的参考和依据,有助于切实推动我国旅游产业的健康发展。

《旅游景区质量等级的划分与评定》(GB/T 17775—2003)由标准本身及实施细则构成。实施细则由服务质量与环境质量评分细则、景观质量评分细则及游客意见评分细则 3 大部分组成。

1）划分等级

旅游景区质量等级从高到低划分为 AAAAA、AAAA、AAA、AA 及 A 级旅游景区。

2）划分条件

旅游景区质量等级根据划分条件进行评定，包括旅游交通、游览、旅游安全、卫生、邮电服务、旅游购物、经营管理、资源和环境的保护、旅游资源吸引力、市场吸引力、接待游客数量及游客满意度 12 项。其中，接待游客数量包括年接待海内外游客数量，5A、4A、3A、2A 及 1A 级旅游景区要求年接待海内外游客数量分别为 60 万人次以上、50 万人次以上、30 万人次以上、10 万人次以上及 3 万人次以上；5A 及 4A 级旅游景区要求接待海外游客分别为 5 万人次以上及 3 万人次以上。

3）划分依据

旅游景区质量等级依据服务质量与环境质量评分细则（1 000 分）、景观质量评分细则（100 分）以及游客意见评分细则（100 分）3 个标准进行综合评价得分。旅游景区各个质量等级要求达到每一对应细则的最低分值方为评定合格（表 2.1）。

表 2.1　旅游景区各个质量等级对应细则最低分值

旅游景区质量等级	细则一	细则二	细则三
AAAAA	950 分	90 分	90 分
AAAA	850 分	80 分	80 分
AAA	750 分	70 分	70 分
AA	600 分	60 分	60 分
A	500 分	50 分	50 分

（1）细则一：服务质量与环境质量评分细则

服务质量与环境质量评分细则对应划分条件第 1—8 项，从旅游交通、游览、旅游安全、卫生、邮电服务、旅游购物、经营管理、资源和环境的保护 8 个方面进行评价，包括 8 大项、44 分项、213 小项。

细则一中，游览、综合管理及资源和环境的保护 3 项赋值占总分比例 58%，由此可见，三者在旅游景区服务质量与环境质量评价中占据主导地位。游览是旅游景区开发建设的重要内容，主要考核游览服务设施是否注重细节、体现人文关怀精神，游览氛围是否和谐舒适等方面。资源与环境是旅游景区生存发展的基础，主要考核景区设施设备是否符合国家标准、自然景观和文物古迹是否有效保护、建筑布局是否与周边景观相协调等方面。综合管理主要涉及管理体制及经营机制是否健全有效、企业形象与品牌标志是否妥当使用、员工管理与培训是否落实到位、游客投诉是否妥善处理等方面。此外,旅游交通以及卫生条件两项赋值占总分比例近 1/3,同样是考核的重中之重(表 2.2、图 2.2)。

表 2.2　服务质量与环境质量评分内容

评价项目	评价因子	评价项目	评价因子
旅游交通	可进入性	邮电	厕所
	自配停车场地		邮政纪念服务
	内部交通		电信服务
游览	门票	旅游购物	购物场所建设
	游客中心		购物场所管理
	标志系统		商品从业人员管理
	宣教资料		旅游商品
	导游服务	综合管理	机构与制度
	游客公共休息设施和观景设施		企业形象
	公共信息图形符号设置		规划
	特殊人群服务项目		培训
旅游安全	安全保护机构、制度与人员		游客投诉及意见处理
	安全处置		旅游景区宣传
	安全设备设施		电子商务
	安全警告标志		社会效益
	安全宣传	资源和环境的保护	空气质量
	医疗服务		噪声指标
	救护服务		地表水达国标规定
卫生	环境卫生		景观、生态、文物、古建筑保护
	废弃物管理		环境氛围
	吸烟区管理		采用清洁能源的设施、设备
	餐饮服务		采用环保型材料

(2)细则二:景观质量评分细则

景观质量评分细则对应划分条件第 9—10 项,从旅游资源吸引力、市场吸引力两个方面进行评价,包括 2 大项、9 小项。

旅游资源是旅游景区开发建设的关键因素,旅游资源的价值直接决定其吸引力的大小,

图 2.2 服务质量与环境质量各项指标分值及所占比例

从而影响旅游景区品位的高低。细则二中,旅游资源的观赏游憩价值与历史文化科学价值赋值较高,说明旅游景区管理需要充分发挥旅游资源的优势,展现旅游资源的独特性。旅游景区的市场影响力主要考核周边市场、国内市场以及国际市场 3 个方面,其中,美誉度的评价与细则三中"总体印象"一项相互联系(表 2.3、图 2.3)。

表 2.3 景观质量评分内容

评价项目	评价因子
资源吸引力	观赏游憩价值
	历史文化科学价值
	珍稀或奇特程度
	规模与丰度
	完整性
市场影响力	知名度
	美誉度
	市场辐射力
	主题强化度

(3)细则三:游客意见评分细则

游客意见评分细则对应划分条件第 12 项,包括 17 项内容。其中,总体印象满分为 20 分,其余各项满分为 5 分,采取抽样调查方法,以各项算术平均值加总为游客意见评定的综

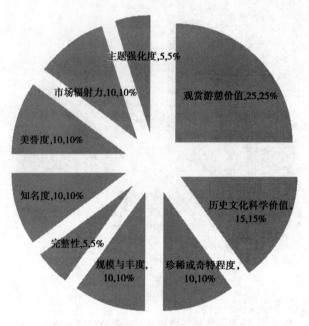

图 2.3　景观质量各项指标分值及所占比例

合得分。

　　将旅游业建设成为国民经济战略性支柱产业和人民群众更加满意的现代服务业是目前我国对旅游业的最高定位。旅游景区是实现"两大战略目标"的中坚力量,让"人民群众更加满意"是旅游景区管理最基本的要求。游客满意度不仅是旅游景区质量等级划分与评定的主要依据,也是旅游景区改善服务质量与提高管理水平的重要参考条件。细则三从整体与细节出发,充分反映了细则一与细则二的总体要求,较为全面地体现了游客对旅游景区的评价(表 2.4)。

表 2.4　游客意见调查内容

调查内容	
外部交通	环境卫生
内部游览线路	厕所
观景设施	邮电服务
路标指示	商品购物
景物介绍牌	餐饮或食品
宣传资料	旅游秩序
导游讲解	景物保护
总体印象	

2.1.2　标准实施情况

自《旅游景区质量等级的划分与评定》(GB/T 17775—2003)修订实施以来,我国旅游景区稳步发展,经济效益显著增强,在旅游景区数量、接待游客数量、旅游收入等方面取得明显突破。根据《中国旅游景区"十二五"发展报告》显示,"十二五"期间,A 级旅游景区累计接待游客数量 153.34 亿人次,旅游收入 15 184.69 亿元,较期初大幅增长。此外,"十二五"期末,A 级旅游景区共 7 951 家,其中 5A 级和 4A 级旅游景区分别为 212 家与 2 580 家,高 A 级旅游景区增量较多,低 A 级旅游景区增量较少,意味着我国旅游景区建设的综合服务质量与管理水平正逐步提高。

《旅游景区质量等级的划分与评定》(GB/T 17775—2003)于 2003 年修订至今已有十余年,在此期间,旅游产业实现了跨越式发展,现正处于转型升级、提质增效的关键时刻。我国已步入大众旅游时代,旅游成为常态化生活选项,散客化特征逐渐凸显,旅游消费需求由观光向休闲度假体验逐渐转变。在旅游新常态背景下,《旅游景区质量等级的划分与评定》(GB/T 17775—2003)对市场的实际情况回应不足,未来可将完善旅游基础设施、科学管理游客容量、创新升级景区产品、注重景区文化内涵、提升景区信息化水平等方面纳入考虑。

1) 完善旅游基础设施

我国散客化时代逐渐到来,自驾车出游成为主要旅游方式,对旅游景区的道路交通、"最后一公里"、接驳系统以及交通标志等有更高要求,标准可提高对旅游交通的考核。

《全国旅游厕所建设管理三年行动计划》推动旅游厕所革命的到来。作为旅游基础设施建设的重点,标准可提高对旅游厕所建设的考核。

此外,标准应完善其余各项旅游基础设施的要求,提升旅游景区整体形象。

2) 科学管理游客容量

游客容量不仅直接关系到旅游景区的资源与环境保护问题,而且直接影响游客的旅游体验感受。为了避免四川省九寨沟景区大规模游客滞留以及上海市跨年夜外滩踩踏等事件重演,旅游景区必须严格控制景区承载量,方可促进旅游景区的可持续发展。标准可增加游客容量管理一项作为评定依据。

3) 创新升级景区产品

"商、养、学、闲、情、奇"是在"食、厕、住、行、游、购、娱"旅游七要素的基础上拓展而成的新要素,促进旅游产业融合及业态创新。与此同时,旅游需求逐渐向休闲度假体验转变,旅游景区产品必须进行升级,方可延长其生命周期。标准可补充休闲度假住宿一项以促进旅游景区产品创新发展。

4) 注重景区文化内涵

文化是旅游的灵魂。旅游景区必须深入挖掘旅游资源的文化内涵,全方位展示特色文化,增加文化体验活动,以提升旅游景区的文化价值。文化建设是旅游景区提质增效的重要途径。标准可将特色文化一项作为创建要点进行评定。

5)提升景区信息化水平

在"互联网+"与智慧旅游背景下,旅游景区信息化建设尤为重要。旅游景区应当顺应时代发展趋势,大力发展旅游电子商务,充分运用新媒体进行营销,加快建设智慧旅游景区,实现景区数据共享、实时监控,从而提升旅游景区信息化水平。标准可将信息化建设作为重点任务进行评定。

2.2 参评条件与创建流程

为全面推行旅游景区质量等级评定工作,国家旅游局于 2005 年颁布了《旅游景区质量等级评定管理办法》。

其后,为进一步规范旅游景区质量等级评定程序,建立和完善旅游景区动态管理和退出机制,国家旅游局于 2012 年将《旅游景区质量等级评定管理办法》修订为《旅游景区质量等级管理办法》,并于 2016 年废止了《旅游景区质量等级评定管理办法》。

此外,根据旅游景区质量等级评定工作发展需要,国家旅游局于 2014 年出台了《关于下放 4A 级旅游景区质量等级评定管理工作的通知》,全国旅游景区质量等级评定委员会于 2015 年出台了《关于加强和完善旅游景区评定工作有关事项的通知》,以促进旅游景区质量等级评定与管理工作有序、有效开展,切实提高旅游景区管理、经营和服务水平。

2.2.1 参与评定条件

旅游景区申请质量等级、参与质量等级评定需要满足以下条件:
①在中华人民共和国境内正式开业一年。
②被公告为 4A 级旅游景区 3 年以上方可申报 5A 级旅游景区。

2.2.2 创建评定流程

1)评定机构

3A 级及以下等级旅游景区由省级旅游景区质量等级评定委员会,或经授权的地市级旅游景区质量等级评定委员会组织评定。

4A 级景区从公告 3A 级两年以上的旅游景区中推荐产生。4A 级景区由各市级旅游景区质量等级评定委员会推荐,省级旅游景区质量等级评定委员会组织评定。5A 级旅游景区由省级旅游景区质量等级评定委员会推荐,全国旅游景区质量等级评定委员会组织评定。

2) 评定流程

旅游景区质量等级创建评定流程主要有创建、申请、评定、公告 4 个步骤。

(1) 创建

旅游景区按照国家标准和评定细则的要求,制订创建计划,明确责任目标,落实各项创建措施。

(2) 申请

创建计划完成后,旅游景区进行自检。自检结果达到相应等级标准和细则规定后,向所在地旅游景区质量等级评定机构提交评定申请报告、《旅游景区质量等级评定报告书》及创建资料,创建资料包括景区创建工作汇报、服务质量和环境质量具体达标说明和图片、景区资源价值和市场价值具体达标说明和图片。经所在地旅游景区质量等级评定机构审核同意后,向上一级旅游景区质量等级评定机构推荐参加相应质量等级的正式评定。

(3) 评定

由负责评定的旅游景区质量等级评定机构委派评定小组,采取现场检查、资料审核、抽样调查等方式进行现场评定工作。

(4) 公告

现场评定符合标准的旅游景区,由负责评定的旅游景区质量等级评定机构批准其质量等级,并直接向社会公告。

3) 5A 级旅游景区评定流程

5A 级旅游景区创建评定流程主要有省级机构初评、景观质量评估、落实创建任务、省级初审推荐、创建资料审核、暗访、明察、社会公示、发布公告 9 个步骤。

(1) 省级机构初评

旅游景区按照国家标准和评定细则的要求进行自检自查,并对景观质量进行自我评估。自检自查与自我评估结果认为景观质量达到 5A 级标准、通过创建可能全面达到 5A 级标准的,向所在地旅游景区质量等级评定机构提出景观质量评估申请,提交评估所需材料,评估所需材料,包括景区基本情况、景观质量情况(针对《景观质量评分细则》单项打分点,提供具体翔实的文字说明和图片证明)。经所在地旅游景区质量等级评定机构审核同意后,逐级递交评估申请材料。省级旅游景区质量评定委员会接收评估申请材料后,按照国家标准和评定细则的要求进行初评,符合要求的推荐至全国旅游景区质量等级评定委员会。

(2) 景观质量评估

全国旅游景区质量等级评定委员会对受推荐的旅游景区进行景观质量评估,采取专家独立打分方式。通过评估的景区(平均分达 90 分),列入创建 5A 级景区预备名单。未通过评估,平均分达 85~90 分的,至少半年后方可再次申请评估,再次评估通过的,列入创建名单;平均分 85 分以下的,至少两年后方可重新申请。

（3）落实创建任务

列入创建5A级景区预备名单的旅游景区，在省级旅游景区质量等级评定委员会的指导下，制订"创建工作方案"和"计划任务书"。景区按照工作方案和计划任务书落实创建工作的主体责任，创建期一般不少于一年。

（4）省级初审推荐

经旅游景区自查和省级旅游景区质量等级评定委员会初步审核，认为已经完成各项创建计划任务、达到5A级旅游景区标准的，由省级旅游景区质量等级评定委员会向全国旅游景区质量等级评定委员会提交评定申请，报送《旅游景区质量等级评定报告书》、服务质量与环境质量情况（针对《服务质量与环境质量情况评分细则》单项打分点，提供具体翔实的文字说明和图片证明）、创建计划任务完成情况报告等。

（5）创建资料审核

全国旅游景区质量等级评定委员会按照国家标准和评定细则的要求，全面审核旅游景区申报材料。通过审核的景区，进入现场评定程序，包括暗访和明察两个环节；未通过审核的，至少一年后方可重新申请。

（6）暗访

暗访重点检查旅游景区创建任务计划书完成情况，判断景区是否具备验收条件。暗访认为具备验收条件的，可组织进行明察；不具备验收条件的，督促景区进行整改。

（7）明察

明察对旅游景区是否达到标准要求提出最终意见。首次明察不通过的，要求景区重新制订创建工作方案；两次明察不通过的，不再进行验收。

（8）社会公示

全国旅游景区质量等级评定委员会对关键性考核结果进行公示，包括列入创建5A级景区预备名单及通过现场评定的景区，接受社会监督评议。每次公示期不得少于7个工作日。公示阶段无重大异议或重大投诉的景区通过公示；若出现重大异议或重大投诉，进行调查与核实后，作出相应决定。

（9）发布公告

通过公示的旅游景区，由全国旅游景区质量等级评定委员会发布质量等级公告，颁发证书和标牌。

2.2.3 明察暗访工作

1）明察工作流程

（1）组成检查组

由旅游景区检查员组成，各个景区现场检查员人数3~5人，可设组长1人。

（2）进行资料审核

在审核中查阅旅游景区按照《服务质量与环境质量评分细则》和《景观质量评分细则》的各个打分点所做的说明材料及相关图片。

（3）召开首次会议

向被检查方确认检查范围、目的和工作计划,介绍所采用的检查方法和程序及评定工作的相关规定,听取被检查方介绍景区基本情况和创建工作情况。

（4）进行现场检查

通过提问、交谈、现场观察等方式判断旅游景区服务质量与管理实施情况,发现了解问题,做好记录工作。

（5）进行抽样调查

随机抽样向游客及时发放"游客意见调查表"。

（6）召开末次会议

向被检查方提出整改意见,被检查方就整改意见表明态度。现场检查不形成最终结论,由检查组将检查结果报送给相应的旅游景区质量等级评定机构进行审批。

（7）拟定检查报告

及时召开内部会议,审查虚拟游览、电子商务等网上项目,讨论汇总并对 3 个实施细则进行打分,形成检查报告。

（8）提交检查资料

现场检查结束 2 个工作日内,向相关旅游景区质量等级评定机构提交检查报告、《服务质量与环境质量评分细则》、《景观质量评分细则》和《游客意见评分细则》打分情况、打分说明及附加图片以及要求准备的其他材料。

2）暗访工作流程

（1）组成检查组

由旅游景区检查员组成,各个景区现场检查员人数 3~5 人,可设组长 1 人。

（2）进行现场检查

实地检查景区基础设施、服务设施、管理及服务水平、环境质量、景观价值等,仔细查找扣分项,填写扣分表,记录原始文字及图片。

（3）拟定检查报告

及时召开内部会议,审查规章制度等现场无法检查的项目以及虚拟游览、电子商务等网上项目,讨论汇总扣分情况,形成检查报告。

（4）提交检查材料

现场检查结束 2 个工作日内,向相关旅游景区质量等级评定机构提交检查报告、《服务质量与环境质量评分细则》扣分总表、扣分说明及附加图片、《景观质量评分细则》打分表以及要求准备的其他材料。

2.3 动态管理与退出机制

2.3.1 动态管理常态化

旅游景区质量等级评定管理工作在"有进有出"的管理机制下,遵循自愿申报、分级评定、动态管理、以人为本、持续发展的原则开展。旅游景区申请质量等级需要具备一定的准入条件;在评定阶段必须完成创建工作,符合相应标准方可给予授牌;挂牌成功后接受一系列的监督管理,若达不到要求则取消其资质,退出质量等级体系。

《旅游景区质量等级的划分与评定》(GB/T 17775—2003)为推荐性而非强制性标准,但对已成功申请质量等级的旅游景区而言,标准内容则为硬性要求。目前,旅游景区质量等级评定管理存在着重创建、忽视保持以及荣誉"终身制"的现象。因此,实现旅游景区动态管理,建立长效机制,促进动态管理常态化,对提升旅游景区服务质量与管理水平、维护旅游者合法权益具有重要意义。

1) 管理依据

旅游景区动态管理以《旅游景区质量等级的划分与评定》(GB/T 17775—2003)与《旅游景区质量等级管理办法》(2012)为主要依据。同时,建立全国旅游景区动态监测与游客评价系统以及景区信息管理系统,以旅游信息和游客评价意见为补充依据。

2) 监督检查

旅游景区质量等级的监督检查工作采取重点抽查、定期明察与不定期暗访以及社会调查、听取游客意见反馈等方式进行。

3) 复核工作

4A 级及以下等级旅游景区由省级旅游景区质量等级评定委员会、5A 级旅游景区由全国旅游景区质量等级评定委员会负责复核工作。

旅游景区复核工作分为年度复核与 5 年期满的评定性复核,年度复核采取抽查的方式,复核比例不低于 10%。

旅游景区复核工作常以暗访形式进行。暗访工作贯穿于旅游景区质量等级评定管理工作之中,相对于明察而言,暗访从旅游者角度出发,更能深入了解景区的日常状态、把握景区的常态管理状况,从而发现景区管理存在的问题并督促其进行整改。

2.3.2 旅游景区的退出

有下列情况之一者,视情节给予相应处理。

①复核不合格。

②发生重大安全事故。

③游客好评率低、社会反响差、游客进行重大投诉并经调查属实。

④未按时报送数据信息或填报虚假信息。

4A 级及以下等级旅游景区由省级旅游景区质量等级评定委员会、5A 级旅游景区由全国旅游景区质量等级评定委员会负责处理不达标景区工作。

旅游景区不达标处理方式包括签发警告通知书、通报批评、降低或取消等级等。旅游景区被处以签发警告通知书、通报批评处理后,必须仔细认真进行整改,整改期满仍未达标者,将给予降低或取消等级处理。凡被处以降低或取消等级的旅游景区,自降低或取消等级之日起一年内不得重新申请旅游景区质量等级。

案例启迪

5A 级景区首被"摘牌" 景区乱象能否彻底破除?

2015 年 10 月,国家旅游局在京召开新闻发布会,通报取消河北省秦皇岛市山海关景区 5A 级资质;同时,严重警告云南省丽江市丽江古城景区等 6 家 5A 级景区。此举意味着旅游景区的动态管理机制成为常态,5A 级景区"终身制"成为历史,景区一直以来"重建设、轻保持"的弊病有望克服。但需关注的是,这能否彻底破除景区乱象?

1.5A 级景区首被"摘牌",动态管理常态化

此次山海关景区被摘 5A 级,是自 2011 年国家旅游局启动对既有星级资质的景区暗访工作以来,首次取消 5A 级景区资质。

据国家旅游局通报,此次秦皇岛市山海关景区被摘 5A 级,主要有 4 点原因:一是存在价格欺诈。强迫游客在功德箱捐款现象普遍,老龙头景区擅自更改门票价格。二是环境卫生脏乱。地面不洁、垃圾未清理,卫生间湿滑脏乱,清洁工具、施工材料随意堆放。三是设施破损普遍。设施普遍老旧,电子设备、寄存柜、展品等损坏严重,长时间无人维修。四是服务质量下降严重。导游、医务等岗位人员缺失严重,保安、环卫人员严重不足。依据国家 5A 级景区标准和评分细则,山海关景区已不具备 5A 级景区条件,并存在严重服务质量问题。

5A 级景区不仅是公认的旅游景区的最佳品牌,而且是旅游产业发展的重要支撑。5A 级景区是国家旅游局从 4A 级景区中组织评定,而后产生的旅游景区质量等级,具有一套规范性、标准化的质量等级评定体系。国家旅游局对 5A 级景区的管理一直是严格的和动态的。未来将通过摘牌、警告等手段,督促景区始终坚持以游客为本,不断加强管理,改进服务、提高品质。

旅游景区划分与评定是一个达标体系,本来就建立了能上能下、可进可退的机制。尽管如此,但此前的 5A 级景区都是只进不出、能上不能下。此次对不符合资质的景区进行摘牌,标志着 5A 级景区"终身制"变为历史。

2."重建设、轻保持"弊病有望克服

此次除山海关景区被摘 5A 级外,云南省丽江市丽江古城景区、广东省佛山市西樵山景

区、江苏省南通市濠河景区、浙江省杭州市西溪湿地旅游区、上海市东方明珠广播电视塔、北京市明十三陵景区6家5A级景区也被严重警告并公开通报,给予6个月时间整改。

此外,取消内蒙古自治区锡林郭勒盟多伦湖景区、重庆巫溪大宁河生态文化长廊景区、江苏常州亚细亚影城和新疆盐湖城景区4家景区4A级景区资质。

旅游景区被摘牌或警告并不是第一次。2015年4月国家旅游局通报旅游市场专项整治行动情况时透露,从2014年第四季度到2015年第一季度各地有44家A级景区被摘牌,当时清远连州地下河等9家5A级景区受到警告或处分。

许多景区都是重建设、轻保持,认为一旦被评级后便可高枕无忧。但是,质量管理是一件长期持续的事情,若没有足够的重视和投入,又疏于管理,必然将导致游客满意度降低,品牌大打折扣。

3.景区乱象能否彻底破除?

在5A级景区首被"摘牌"的威慑下,一些长期备受诟病的景区乱象能否彻底破除? 仅仅用A级评定来约束当然还不够,需要的是对景区的系统性监管。

根据此次通报,宰客情况严重、交通组织管理不力、安全隐患突出是此次被"摘牌"和被警告的5A级景区存在的普遍问题。与之形成鲜明对比的是国家旅游局公布的另外一组数据:2015年国庆假期,全国共接待游客5.26亿人次,比2014年国庆节增长10.7%;实现旅游收入4 213亿元,增长17.9%。假日期间,旅游消费集中释放,居民出游热情活跃。

一方面,大众的出游需求迅速增加,形式愈加多样化;另一方面,可以看出旅游资源仍然有限,大众对旅游景区的选择余地不足。如何提升游客的旅游体验,是需要思考的问题。

面对宰客、配套设施不足、安全隐患突出等乱象,景区自身要设法出台相关措施以满足游客需求,同时政府也需要加强管理和监督。

资料来源:《5A级景区首被"摘牌" 景区乱象能否彻底破除?》,中国新闻网,2015-01.

复习思考题

1.旅游景区质量等级的划分与评定及其管理的主要依据是什么?

2.旅游景区质量等级的划分与评定标准的主要内容是什么? 应从哪些方面进行考核?

3.旅游景区质量等级的申请准入条件是什么?

4.旅游景区质量等级的创建评定应该遵循哪些流程?

5.旅游景区如何进行动态管理?

6.旅游景区不达标情况有哪些? 如何对不达标景区进行处理?

【案例研究】

打破"终身制"　加强动态管理

媒体报道,北京4A级旅游景区中华民族园经复核被摘牌后,在其官网首页刊登致北京市旅游委的公开信,称该处罚决定"官僚""不负责任""不是为民营企业服务,而是与民营企业为敌",引起舆论关注。

北京市旅游委回应,景区指责是不负责任的。复核组依据相关程序和国家标准先后对景区进行1次明察4次暗访,翔实记录并拍摄了2 500张照片,是经过旅游景区质量等级评定委员会集体讨论决定的。作出的摘牌处理是打破"终身制",加强动态管理的常规举措。

中华民族园负责人表示,公开信一直没有从官网撤掉是表明民族园的态度,认为景区复核采用的标准没有考虑到民族园主业是人类学博物馆,有不同于一般公园景区的特殊情况。

对此,北京市旅游委表示,复核是严格依据《旅游景区质量等级评定与划分》国家标准及相关细则以及《旅游景区质量等级评定管理办法》的规定,通过公开招投标聘请第三方机构,联合企业、院校、行业协会和景区协会专家打分决定的。中华民族园是北京市首批4A级景区,当时是依照《旅游景区质量等级的划分与评定》(GB/T 17775—2003)授牌的,被摘牌后再质疑标准是讲不通的。中华民族园经复核在服务质量与环境质量方面的打分为750分,离4A级旅游景区的合格分数差了足足100分,足以说明该景区在诸多方面需要改进和提升。

经过了解,中华民族园存在的问题主要集中在安全方面:2015年10月11日,中华民族园北园朝鲜餐厅发生火灾,却未及时上报;景区视频监控数量严重不足,仅覆盖园区的2%;安全制度不健全、两年的安全培训记录仅2页纸;消防灭火器裸置露天且过期;电线外露;存在邻水观景台和过桥无护栏等多处安全隐患。

中华民族园负责人表示,其安全和服务设施等方面都需要资金投入,不是一时半会儿能够改造完的,但园区有相应的计划,并且都在实施过程中。

景区等级授牌不是"终身制",必须要有退出机制,加大事中事后监管。旅游管理部门应继续加大对全行业的复核和监管力度,为游客提供更好的旅游环境。对于被摘牌景区,在摘牌期间要在网络、门票等相关媒介上取消4A标志,北京市旅游委将按其意愿进行"一对一"帮扶,做好景区规划、标准研讨、部门间协调等工作。

资料来源:《北京市旅游委回应被摘牌景区指责:摘牌是打破"终身制"　加强动态管理》,2017-03-21,新华网.

讨论问题:

1. 中华民族园为何被摘牌处理? 应如何进行整改?
2. 北京市旅游委是如何进行旅游景区质量等级的复核工作的?
3. 如何看待中华民族园作出的回应?
4. 政府在旅游景区动态管理上起到什么作用?

开阔视野

我国5A级旅游景区名录(至2017年3月共247家)

北京(7家)

奥林匹克公园	恭王府景区	明十三陵景区
八达岭—慕田峪长城旅游区	颐和园	天坛公园
故宫博物院		

天津(2家)

盘山风景名胜区	古文化街旅游区(津门故里)

河北(8家)

保定市白石山景区	邯郸市广府古城景区	邯郸市娲皇宫景区
唐山市清东陵景区	石家庄市西柏坡景区	保定市野三坡景区
承德避暑山庄及周围寺庙景区	秦皇岛市山海关景区	

山西(7家)

忻州市雁门关景区	晋中市平遥古城景区	晋中市乔家大院文化区
晋中市介休绵山景区	晋城皇城相府生态文化旅游区	忻州市五台山风景名胜区
大同市云冈石窟		

内蒙古(3家)

阿尔山·柴河旅游景区	鄂尔多斯成吉思汗陵旅游区	鄂尔多斯响沙湾旅游景区

辽宁(5家)

鞍山市千山景区	本溪市本溪水洞景区	大连市金石滩景区
大连市老虎滩海洋公园·老虎滩极地馆		沈阳市植物园

吉林(6家)

长春世界雕塑公园旅游景区	敦化市六鼎山文化旅游区	长春市长影世纪城旅游区
长春市净月潭景区	长白山景区	长春市伪满皇宫博物院

黑龙江(5家)

漠河北极村旅游区	伊春市汤旺河林海奇石景区	牡丹江镜泊湖景区
黑河五大连池景区	哈尔滨市太阳岛景区	

上海(3家)

上海科技馆	上海野生动物园	上海东方明珠广播电视塔

江苏(23家)

常州市中国春秋淹城旅游区	连云港花果山景区	徐州市云龙湖景区
大丰中华麋鹿园景区	周恩来故里旅游景区	镇江市句容茅山景区
常州市天目湖景区	苏州市吴中太湖旅游区	无锡市鼋头渚景区
苏州市金鸡湖景区	江苏省姜堰溱湖旅游区	
常州市环球恐龙城休闲旅游区	南通市濠河景区	

苏州市同里古镇景区　　　　扬州市瘦西湖风景区

苏州市沙家浜·虞山尚湖旅游区　镇江市金山·焦山·北固山旅游景区

南京市夫子庙-秦淮风光带景区　　　　　　　无锡市灵山景区

苏州市周庄古镇景区　　　　苏州园林(拙政园、虎丘山、留园)

中央电视台无锡影视基地三国水浒景区

南京市钟山风景名胜区—中山陵园风景区

浙江(16家)

衢州市江郎山·廿八都景区　　嘉兴市西塘古镇旅游景区　　台州市神仙居景区

台州市天台山景区　　　　　湖州市南浔古镇景区

衢州开化根宫佛国文化旅游区　绍兴市鲁迅故里沈园景区

杭州西溪湿地旅游区　　　　嘉兴市南湖旅游区

金华市东阳横店影视城景区　嘉兴市桐乡乌镇古镇旅游区

宁波市奉化溪口—滕头旅游区　杭州市千岛湖风景名胜区

舟山市普陀山风景名胜区　　温州市雁荡山风景名胜区

杭州市西湖风景名胜区

安徽(11家)

六安市万佛湖景区　　　　　芜湖市方特旅游区　　　　合肥市三河古镇景区

黄山市古徽州文化旅游区　　阜阳市颍上八里河景区　　宣城市绩溪龙川景区

六安市天堂寨旅游景区　　　安庆市天柱山风景区

黄山市皖南古村落——西递宏村　池州市九华山风景区　　黄山市黄山风景区

福建(9家)

龙岩市古田旅游区　　　　　福州市三坊七巷景区　　　宁德市福鼎太姥山旅游区

泉州市清源山景区　　　　　宁德市白水洋—鸳鸯溪旅游区

土楼(永定·南靖)旅游区

三明市泰宁风景旅游区　　　南平市武夷山风景名胜区　厦门市鼓浪屿风景名胜区

江西(10家)

上饶市龟峰景区　　　　　　抚州市大觉山景区　　　　瑞金市共和国摇篮旅游区

宜春市明月山旅游区　　　　景德镇古窑民俗博览区　　上饶市婺源江湾景区

鹰潭市龙虎山旅游景区　　　上饶市三清山旅游景区　　吉安市井冈山风景旅游区

庐山风景名胜区

山东(11家)

威海市华夏城旅游景区　　　潍坊市青州古城旅游区　　沂蒙山旅游区

济南市天下第一泉景区　　　枣庄市台儿庄古城景区　　威海刘公岛景区

烟台龙口南山景区　　　　　青岛崂山景区　　　　　　泰安市泰山景区

济宁市曲阜明故城(三孔)旅游区　烟台市蓬莱阁(三仙山·八仙过海)旅游区

河南(14家)

永城市芒砀山旅游景区　　　太行大峡谷旅游景区　　　安阳市红旗渠

平顶山尧山—中原大佛景区	安阳殷墟景区	洛阳白云山景区
开封清明上河园	焦作市云台山风景名胜区	洛阳市龙门石窟景区
驻马店市嵖岈山旅游景区	南阳市西峡伏牛山老界岭·恐龙遗址园旅游区	
洛阳市龙潭大峡谷景区	洛阳栾川老君山·鸡冠洞旅游区	
登封市嵩山少林景区		

湖北(10家)

恩施土家族苗族自治州恩施大峡谷景区

武汉黄陂木兰文化生态旅游区	武汉市东湖景区	宜昌市长阳清江画廊景区
神农架旅游区	恩施土家族苗族自治州神龙溪纤夫文化旅游区	
宜昌市三峡人家风景区	十堰市武当山风景区	
宜昌三峡大坝—屈原故里旅游区	武汉市黄鹤楼公园	

湖南(8家)

邵阳市崀山景区	郴州市东江湖旅游区	长沙市花明楼景区
长沙市岳麓山	湘潭市韶山旅游区	
岳阳市岳阳楼—君山岛景区	张家界武陵源—天门山旅游区	
衡阳市南岳衡山旅游区		

广东(12家)

中山市孙中山故里旅游区	阳江市大角湾海上丝路旅游区	
惠州市罗浮山景区	佛山市长鹿旅游休博园	
佛山市西樵山景区	韶关市丹霞山景区	
清远市连州地下河旅游景区	广州市白云山风景区	梅州市雁南飞茶田景区
深圳市观澜湖休闲旅游区	深圳华侨城旅游度假区	广州市长隆旅游度假区

广西(5家)

桂林市两江四湖·象山景区	南宁市青秀山旅游区	桂林市独秀峰—王城景区
桂林市乐满地度假世界	桂林市漓江景区	

海南(6家)

三亚市蜈支洲岛旅游区	槟榔谷黎苗文化旅游区	分界洲岛旅游区
呀诺达雨林文化旅游区	三亚市南山大小洞天旅游区	三亚市南山文化旅游区

重庆(8家)

重庆市云阳龙缸景区	江津四面山景区	重庆市南川金佛山
重庆万盛经开区黑山谷景区	酉阳桃花源旅游景区	武隆喀斯特旅游区
重庆巫山小三峡—小小三峡	重庆大足石刻景区	

四川(12家)

甘孜州海螺沟景区 游区	南充市仪陇朱德故里景区	广元市剑门蜀道剑门关旅
阿坝州汶川特别旅游区	绵阳市北川羌城旅游区	南充市阆中古城旅游区
广安市邓小平故里旅游区	阿坝藏族羌族自治州黄龙景区	

乐山市乐山大佛景区　　　　　　　阿坝藏族羌族自治州九寨沟旅游景区

乐山市峨眉山景区　　　　　　　　成都青城山—都江堰旅游景区

贵州(5 家)

贵阳市花溪青岩古镇景区　　　　　黔南布依族苗族自治州荔波樟江景区

毕节市百里杜鹃景区　　　　　　　安顺市龙宫景区　　　　　　安顺市黄果树大瀑布景区

云南(8 家)

保山市腾冲火山热海旅游区　　　　昆明市昆明世博园景区

迪庆藏族自治州香格里拉普拉措景区

大理崇圣寺三塔文化旅游区　　　　丽江市丽江古城景区　　　　西双版纳热带植物园

丽江市玉龙雪山景区　　　　　　　昆明市石林风景区

西藏(2 家)

拉萨市大昭寺　　　　　　　　　　拉萨布达拉宫景区

陕西(8 家)

宝鸡市太白山旅游景区　　　　　　商洛市金丝峡景区　　　　　宝鸡市法门寺佛文化景区

大雁塔·大唐芙蓉园景区　　　　　渭南华山景区　　　　　　　延安市黄帝陵景区

西安市华清池景区　　　　　　　　西安市秦始皇兵马俑博物馆

甘肃(4 家)

敦煌鸣沙山月牙泉景区　　　　　　甘肃天水麦积山景区　　　　平凉市崆峒山风景名胜区

嘉峪关市嘉峪关文物景区

青海(3 家)

海东市互助土族故土园景区　　　　西宁市塔尔寺景区　　　　　青海湖景区

宁夏(4 家)

银川市灵武水洞沟旅游区　　　　　银川镇北堡西部影视城　　　中卫市沙坡头旅游景区

石嘴山市沙湖旅游景区

新疆(12 家)

新疆生产建设兵团第十师白沙湖景区

巴音郭楞蒙古自治州和静巴音布鲁克景区

巴音郭楞蒙古自治州博斯腾湖景区　　　　　　　　　　喀什地区泽普金湖杨景区

阿勒泰地区富蕴可可托海景区　　　伊犁哈萨克自治州那拉提旅游风景区

伊犁哈萨克自治州喀拉峻景区　　　喀什地区喀什噶尔老城景区　乌鲁木齐天山大峡谷景区

阿勒泰地区喀纳斯景区　　　　　　吐鲁番市葡萄沟风景区　　　新疆天山天池风景名胜区

注：本统计不含台湾、香港、澳门地区。

资料来源：国家旅游局官网.

第3章
旅游景区厕所革命

【学习目标】

通过学习本章,学生应该能够:

理解:旅游厕所在景区中的重要性

旅游景区厕所等级评定要求

熟悉:旅游厕所评分要求

中国景区旅游厕所发展现状

掌握:《旅游厕所质量等级的划分与评定标准》

《旅游厕所建设管理指南》

【关键术语】

旅游厕所 Tourism toilets;旅游厕所革命;第三卫生间

开篇案例

小厕所影响大旅游

一位外国导游曾在私下对某记者说:"你们这个地方非常美丽,我很想组织德国人来旅游,但是我不能。你们景区的厕所没法使用,又脏又臭,用鼻子就可以找到,只好憋着回宾馆,还有什么心情再游览美景。希望你们把景区的厕所好好改造一下,否则,我带游客来,回国后他们会投诉我的。"

资料来源:新浪新闻中心.

3.1　世界厕所简史

3.1.1　世界厕所发展简史

厕所称谓演变:茅坑、茅房、厕所、卫生间、洗手间、化妆间等,其演变过程如图 3.1 所示。现代厕所的空间形式和基本设施都源自西方。

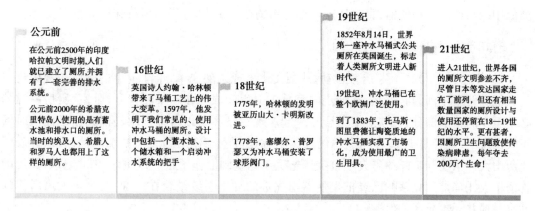

公元前

在公元前2500年的印度哈拉帕文明时期,人们就已建立了厕所,并拥有了一套完善的排水系统。

公元前2000年的希腊克里特岛人使用的是有蓄水池和排水口的厕所。当时的埃及人、希腊人和罗马人也都用上了这样的厕所。

16世纪

英国诗人约翰·哈林顿带来了马桶工艺上的伟大变革。1597年,他发明了我们常见的、使用冲水马桶的厕所。设计中包括一个蓄水池、一个储水箱和一个启动冲水系统的把手

18世纪

1775年,哈林顿的发明被亚历山大·卡明斯改进。

1778年,塞缪尔·普罗瑟又为冲水马桶安装了球形阀门。

19世纪

1852年8月14日,世界第一座冲水马桶式公共厕所在英国诞生,标志着人类厕所文明进入新时代。

19世纪,冲水马桶已在整个欧洲广泛使用。

到了1883年,托马斯·图里费德让陶瓷质地的冲水马桶实现了市场化,成为使用最广的卫生用具。

21世纪

进入21世纪,世界各国的厕所文明参差不齐,尽管日本等发达国家走在了前列,但还有相当数量国家的厕所设计与使用还停留在18—19世纪的水平。更有甚者,因厕所卫生问题致使传染病肆虐,每年夺去200万个生命!

图 3.1　厕所发展简史

1)古罗马时代

距今 4 000 多年前的古希腊克里特岛上已经出现了带有排水口和蓄水池的厕所。古罗马时期,欧洲的世俗生活很发达,厕所也比较先进,拥有良好的给排水设施,墙上装饰着壁画,甚至还专门找地方供奉厕神。当时的厕所是市民们重要的社交空间,往往设置在一间宽敞的大厅里,四周用石头砌一圈台子,好像候车厅里的长椅,台上开出一个个圆洞,周围毫无遮挡。使用者可以从容坐下,与左右厕友慢慢交流感情,其氛围类似于今天的咖啡厅(图 3.2)。

图 3.2　古罗马厕所内景

2) 中世纪时代

到了中世纪,欧洲文明一度衰落,厕所水平也退步明显。此时,大家开始注重隐私,不再去公共厕所聚会聊天,一些城堡和修道院会在塔楼的夹缝中设置隐蔽的厕所,设施大不如从前,没有水管,也没有化粪池,污物一般都直接流进护城河。很多穷人家根本没有厕所,经常在野地或者河边自行方便,肮脏污秽的环境成为14世纪欧洲大瘟疫流行的重要原因之一。

当时欧洲的宫廷已经出现一种木质的马桶,看上去很像高背的椅子,两侧带扶手,只是没有普及(图3.3)。以鲜花之城著称的巴黎直到18世纪初仍缺乏家庭厕所,人们使用一种类似中国马桶的简易便器,直接从窗口把污物倒在大街上,弄得全城气味极为难闻。

3) 18世纪中期

18世纪中叶,欧洲兴起启蒙运动,社会文化出现剧烈变革,干净卫生的厕所被视为进步的象征和健康生活的必需品,逐渐走向完善。卫生间成为住宅中与客厅、卧室、厨房一样的必不可少的组成部分,并与浴室结合在一起。现在已经难以考证抽水马桶究竟是什么时候正式出现的,据说是1596年由英国约翰·哈林顿爵士制作出第一个抽水马桶,后来钟表匠亚历山大·卡明和工匠约瑟夫·布拉默先后在此基础上作了很大改进。19世纪末,英国的管道工人托马斯·克莱帕已经把坐便器与先进的冲洗系统结合在一起,与今天大家所用的抽水马桶并无本质区别(图3.4)。

图3.3　欧洲宫廷木椅马桶

图3.4　现代抽水马桶

3.1.2　中国厕所变迁

中国城市近百年来发生天翻地覆的剧变,这种变化同样也反映在厕所的变迁上。中国古代乡镇虽然有开放的简易路厕,但实际上并无现代城市公厕的概念。近代从西方引进公厕之后,逐渐成为每个城市必不可少的设施,但在此后很长时间里,各地公厕的卫生状况都仍然不容乐观。近 40 年来,随着经济的发展、社会的进步,这种情况已经得到极大的改善,今天中国很多地方的厕所都变得相对整洁。

以前的平房时代很少人家拥有专用卫生间,排队上厕所、倒马桶成为许多城市清晨最常见的一幕景象。

40 年前的《新民晚报》报道,上海有的人家在面积只有几平方米的卧室中用木板打造一个小隔间,外观犹如大衣柜,里面放一个旧式马桶,就变身为简易的自用卫生间——当然其中并无冲水装置。这一创举既反映了上海人“螺蛳壳里做道场”的精明劲儿,也透着几分无奈和酸楚。

今天套房已经全面普及,各种户型中厕所所占的面积也越来越大,一家之内,拥有双卫乃至三卫都不鲜见。厕所不但装修得很漂亮,而且兼有浴室功能,有的人家还安装了冲洗洁具,使得如厕更像是一种享受。至于宾馆、夜总会和高级餐厅的厕所自然装修得更加精致,沙发、吊灯、妆台应有尽有,可以兼做休息室。一些旧居住区的大杂院也得到改造,为很多人家增加了厕所。这些无疑都是文明水平的巨大进步,让人感觉很欣慰。

3.1.3　世界厕所协会

2001 年在新加坡成立世界厕所协会(World Toilet Organization),简称 WTO,与世界贸易组织同名。该协会拥有多个会员国,定期举办峰会,力图在世界范围内倡导清洁、舒适、健康的厕所文化,影响很大。2011 年第 11 届世界厕所峰会曾在中国海口举行。2013 年联合国大会正式同意该协会的提议,将每年的 11 月 19 日设定为“世界厕所日”。

3.2　中国旅游厕所现状

日本电影《厕所女神》里有一句台词:“干净的厕所是精致生活的基本。”人类如何妥善处理自己“最肮脏”的一面,事关健康与尊严。厕所是人类文明的尺度,是一个国家和民族的文明窗口。旅游厕所是旅游过程中不可缺少的基本要素,是一个国家或地区综合实力的体现,其建设已成为中国旅游发展过程中亟待解决的重要问题。

3.2.1　旅游厕所概念及特点

1)旅游厕所概念和特点

旅游厕所是指在旅游者活动场所建设,主要为旅游者服务的公用厕所,包括景区的公共厕所与旅游线路中的旅游集散地、游客中心、客运站、服务区、餐馆及其他旅游接待场所的公共厕所。相较于一般的公共厕所,旅游厕所具有 3 个特点。

(1)空间明确

旅游厕所的空间明确性可分为外部和内部空间的明确性。根据旅游厕所的概念,旅游厕所主要分布在旅游活动场地。外部空间明确要求旅游厕所在设计规划过程中显示出良好的可识别性,通过合理道路系统建设,增强可进入性。此外,伴随着旅游厕所使用功能的增加,内部空间各区域功能划分明确,可有效避免人流重叠,以提高厕所的使用效率。

(2)功能多样

旅游厕所作为旅游过程中不可缺少的基本要素,会直接影响游客的旅游体验。在基本排泄功能的基础上,未来的旅游者会越来越重视旅游厕所的文化功能和辅助功能,如报刊亭功能、化妆室功能和休息室功能等。功能的多样性将是旅游厕所区别于其他公共厕所的重要标志。

(3)具有地方文化

旅游厕所位于一定的区域空间内,必然带有该区域的地方文化特征,可反映出一座城市的文化特征,表现地域文化特色,成为地方文化的象征要素之一。因此,作为游客旅游体验中的一部分,旅游厕所建设应注意融入当地的自然景观特征和民情风俗,注重视觉上的协调性和审美性。

2)旅游厕所类型

旅游厕所的分类与公共厕所分类类似,现今的旅游厕所按照建筑形式,可分为独立式、附属式、移动式3种;按照建筑结构,可分为钢筋混凝土结构、钢结构、砖木结构、简易结构等几类;按照冲洗方式,可分为水冲式公厕和旱厕两类;按照所处地域,可分为城市旅游厕所和乡村旅游厕所。

根据《旅游厕所质量等级的划分与评定》,可将旅游厕所质量等级划分为3个星级,即一星级到五星级,星级越高,表示厕所等级越高。

3)旅游厕所革命

旅游厕所革命是2015年1月国家旅游局针对旅游景区厕所“脏乱差”的现象,发起的一场清理整治活动。我国景区经过多年规划和建设,旅游公共服务设施已有很大改观,但旅游厕所建设在过去一直处于被忽视的地位,与游客要求和国际旅游标准仍有很大差距,旅游厕所问题尤为突出。虽然有些厕所有档次,但整体来看,数量过少、质量低劣、分布不均、管理缺位。因此,国家旅游局在全国范围内发动了一场旅游厕所建设管理大行动。

2003年国家旅游局颁布《旅游厕所质量等级的划分与评定》(GB/T 18973—2003)定义了旅游厕所的概念,并将旅游厕所划分为5个档次,每个档次提出相应的建设标准,至此国内旅游厕所建设纳入了标准化轨道。2015年1月,全国旅游工作会议发布的旅游发展“515战略”中提及:2015年国家旅游局将发动“全国旅游厕所建设管理大行动”,又称“旅游厕所革命”,将用3年左右时间在全国开展旅游厕所建设管理行动。计划在全国新建旅游厕所3.3万座,改扩建2.4万座,到2017年年底实现旅游厕所全部达标。

3.2.2 旅游厕所存在的问题

中国旅游研究院指出,在2014年度景区各项抱怨指标中,对景区旅游厕所等环境卫生的抱怨比例高达 23.3%。下面对比发达国家旅游厕所发展状况,可发现我国旅游厕所存在的主要问题(表 3.1)。

表 3.1　我国与发达国家旅游厕所对比

对比要素	中　国	发达国家
文化观念	"唯厕是臭"观念根深蒂固;如厕不文明现象在境外经常发生;把旅游厕所作为简单排泄的场所	将旅游厕所的名称改称为化妆室、休息室;建设厕所博物馆、厕所展览馆,设立"厕所节";将旅游厕所打造为放松、娱乐等多功能空间
厕所数量	数量缺乏,2013 年每万人公厕拥有量为2.83座;旅游厕所造价高,改建资金缺乏	德国城市公厕率为每500~1 000人有1座;德国旅游厕所走市场化道路,解决资金困局
厕所质量	不重视后期管理,卫生条件差;内部设施简陋、功能单一	美国旅游厕所讲究卫生、简洁、舒适、环保,设施齐全,功能完善,满足不同人群需求
布局设计	位置隐蔽、标志模糊,可进入性差;相邻旅游厕所间距不合理	新西兰旅游厕所不仅数量多且位置显眼;根据旅游路线而设,位置大部分紧靠路边;在交通集散地,设立司机、乘务员专用厕所
文化气息	外部造型平庸雷同;内部装潢也缺乏本地性和艺术性	旅游厕所外部造型融入地方场景,美化环境;厕所门牌等内部装潢用文化包装,突出个性
法规规范	《关于解决我国旅游点厕所问题实施意见的通知》《旅游厕所质量等级的划分与评定》等行业法规	韩国有专门的厕所法,采用法律形式具体规定旅游景区公共厕所的建设标准

1) 文化观念淡薄

世界厕所组织说,"厕所是人类文明的尺度",但这个"文明的尺度"却屡屡被国人逾越。厕所文化观念落后:中国传统文化中对厕所文化长期忽视,导致"唯厕是臭"的观念根深蒂固。从早期的茅厕和茅坑,到后来的马桶间,再到现在的洗手间和卫生间,从中国人对厕所称谓的演变中可看出厕所文化在不断发展。但与国外将厕所称为化妆间和休息室等相比,国人对厕所文化的理解还有待加深。

文明如厕意识淡薄。国人的厕所文明教育缺乏,如厕文明素质有待提高。部分国人仍将旅游厕所作为一个简单的排泄场所,忽视了旅游厕所承担的社会文化功能、辅助功能,旅游厕所未能起到很好地为游客服务的作用。

2)厕所数量不足

中国人口众多,旅游发展过程中带薪休假制度不完善,经常导致旺季旅游路线上人满为患,游客普遍感觉到中国旅游厕所数量缺乏。据估算,现在一座四星级旅游厕所的造价为40万元左右,加上一年的维护成本40万~60万元,总成本约为100万元。这对一个计划未来3年要在全国新建旅游厕所3.3万座、改扩建2.4万座的发展中国家来说,是一笔很大的开销。尤其是对水资源缺乏且经济条件较差的中西部地区,旅游厕所建设资金匮乏、数量供给不能满足旅游的基本需求将是亟待解决的难题。

3)厕所技术设施薄弱

设施简陋卫生差。根据2013年世界经济论坛发布的国际旅游竞争力排名,中国"卫生"指标世界排名第82位,厕所等卫生条件则排名第99位,属于排名最靠后的指标之一。旅游厕所的好坏会影响游客的体验质量和旅游地的旅游形象,从而影响游客对旅游目的地的选择。

我国各地区的旅游集散地和中西部干旱地区的旅游厕所往往因为不重视后期管理,导致外观破旧、内部设施简陋,容易形成垃圾死角。如果断水或冲洗不勤,旅游厕所便成为藏污纳垢、臭气熏天的场所,旱厕尤为明显,容易产生视觉和环境污染。

此外,评判旅游厕所的优劣除了干净卫生以外,功能多样化、设计人性化都应列入考虑的范围。面对体型庞大、习惯坐厕的欧美游客,中国的坐式马桶数量显然不够,专门为残疾人服务的厕间、儿童厕所、母婴室等更少。内部布局方面,男女厕所内部使用空间容量的不合理问题也急需解决。

4)布局设计存在缺陷

布局不合理。在景区建设过程中,旅游厕所虽然不能"喧宾夺主",但也不能对旅游厕所建设避之不及,将厕所建在景区偏僻处,力求避开公开场所和繁华地段。旅游厕所数量甚微,指示标志模糊,加上未能按照旅游路线设计规划,导致相邻厕所间布局不合理,极大地降低了我国旅游厕所的可及性和实用性。

落点不合理,标志不完善。很多厕所缺少明显的公共信息图形符号,也没有规范的语言对照说明,识别性很弱,经常出现游客置身厕所门外却到处打听厕所的尴尬场面。

案例启迪

新西兰旅游厕所依据当地人习惯而设计

新西兰的厕所数量较多,而且位置大都是靠近路边,非常方便。设施配备则以满足基本需求为主。在新西兰,不论是普通的公共厕所还是旅游厕所,很少以奢华为特征,绝大多数都以实用、卫生、简洁为主。厕所的外表可能不起眼,但基本的设施配备都一应俱全。不论厕所位置在市区抑或郊区,卫生纸、洗手液、手纸是每一个厕所都有的,水龙头都兼有冷水和热水。

另外,不同类型景区的厕所都尽量考虑到游客的实际需求而配备不同的设施,如在自行车骑行路线上的厕所,都会设有多个露天水龙头和洗车刷子等供自行车骑行游客冲洗自行车。最人性化的设计之一是,凡是建立在度假区、度假酒店、景区主干道上的厕所都设有供游客冲澡的隔间,这一设计充分考虑到新西兰人酷爱登山、自行车、露营等户外运动,以方便游客。另外,不论是景区的旅游厕所,还是一般的公共厕所,大多数都设有婴儿尿布更换台,处处体现着人性化关怀。

厕所全部免费,设计形态各异。在新西兰不存在任何收费的厕所。据了解,在被问及厕所是否该收费时,大部分当地人表示厕所收费是一件不可思议的事情。新西兰所有厕所的建设、维持都由政府管理。在新西兰,厕所的形态也是各不相同,既有传统的水泥墙厕所,也有可移动的铁皮厕所,但更多的是木制厕所。在外形上,并不存在一个统一的范式。因此,经常发现墙壁上有各种涂鸦或像小木屋一样的厕所。

著名的新西兰百水公厕,位于高速公路的旁边。这座公厕采用了回收材料,如回收红砖,里面也真的种植了经济型植物。除了供人方便,这座公厕也吸引了不少路过的人前来"观光"。

资料来源:第一旅游网.

5) 缺乏地域文化气息

具有地方特色、造型设计个性化的旅游厕所能给人以深刻的印象,起到意想不到的旅游宣传效果。我国旅游厕所建设的技术投入远多于文化投入,不管是外部造型还是内部装潢都显得平庸雷同,缺乏本地性和艺术性。未来中国的旅游厕所建设要注重弘扬民族个性,展示民族文化特征和当地风俗民情。

6) 法规规范有待加强

中国关于旅游厕所建设的行业法规有 1994 年提出的《关于解决我国旅游点厕所问题实施意见的通知》《厕所建设管理 3 年行动计划》《旅游厕所建设管理指南》等系列文件,2003 年颁布的《旅游厕所质量等级的划分与评定》(GB/T 18973—2003)文件。该标准将旅游厕所划分为 5 个档次,在一定程度上存在着过分追求高档奢华的问题。而韩国有专门的厕所法,以法律的形式具体规定了旅游景区公共厕所的建设标准。因此,中国应尽快出台适应新形势的国家标准,使旅游厕所建设朝着卫生、简约、环保、实用、舒适等方面发展。

7) 管理维护不到位

由于管理混乱、资金短缺,很多厕所年久失修,外观破旧、内部破损。一些厕所成了垃圾死角和蚊蝇滋生地,厕内蛛网吊灰多,地面污迹多,让游客无立足之地。厕所冲水、排污、净气等技术能力及内部配套的服务设备都很落后,插销及水龙头损坏、地面积水、马桶漏水是司空见惯的现象。这些都说明我国旅游厕所的管理已远落后于建设,并且缺乏严格、科学、持久有效的管理制度和卫生保洁制度。

3.3　旅游厕所质量评定标准解读

我国在传统的旅游6要素基础上提出了旅游7要素,即"吃、厕、住、行、游、购、娱",增加"厕"并放在"吃"后面,反映出"如厕"是"吃饭"之后人最原始、最基本的生理需求之一。

3.3.1　《旅游厕所质量等级的划分与评定标准》(GB/T 18973—2003)

《旅游厕所质量等级的划分与评定标准》(GB/T 18973—2003)于2003年5月1日开始实施,之后国内旅游景区的厕所均按照该标准进行修建。该标准中景区厕所分为1—5星5个等级,星级越高,说明厕所的设备设施越完善。但是,该标准存在6个问题。

1)星级标准存在的问题

2003版标准用星级表示,分5个等级,从五星到一星由高到低划分,内容上多处使用了"豪华、高档、高级"等修饰性的词语,没法量化指导设备的选型,在实际应用指导中容易出现重形式、轻功能的现象。

一些景区建造四星级、五星级厕所过于奢华,花费了大量资金,但整个景区的厕位数还是不能满足使用需求。而且后期并没有足够的资金来维护和管理这种高档厕所,造成管理和服务的脱节。

2)旅游厕所建筑面积规定不现实

2003版标准中规定四星级、五星级厕所的建筑面积都超过100 m^2,但不少旅游场所都有场地限制,往往很难达到。

3)厕位比例不当

在景区如厕,时常遇到男厕所厕位闲置,而女厕所却排起了长龙的情况,现行标准男女厕位比(不含男小便位)为2:3。此设计没有考虑国人的如厕习惯,坐蹲厕位比例不协调。

4)旅游厕所缺少人文关怀

公厕虽小,却关乎人们的基本生理需求。旅游厕所建设不仅是完善旅游公共服务设施的要求,也是创建文明城市的题中之意。国际上很多国家都设有第三卫生间或家庭卫生间,但 2003 版标准仅有对无障碍卫生间的要求。一家人出行是旅行中比较常见的情况,家庭成员中会有老人、残疾人、小孩等需要其他成员陪同如厕。目前很多地方没有设类似家庭卫生间的第三卫生间,因为性别上的不同,常常让一些人遭遇尴尬,为旅行带来不便。

5)洁具设备判定标准含糊

2003 版标准实施按照"豪华、高级"等修饰词汇区分档次等级。因此,洁具设备的等级识别只能通过品牌、价格、产品外观品质等进行判断。

6)管理和服务要求不足

2003 版标准实施大多侧重建设的要求,管理和服务与软件管理和服务的内容较少。

3.3.2　《旅游厕所质量等级的划分与评定》(GB/T 18973—2016)

中华人民共和国国家质量监督检验检疫总局、中国国家标准化管理委员会于 2016 年 8 月 29 日发布《旅游厕所质量等级的划分与评定(GB/T 18973—2016)》,于 2016 年 8 月 29 日实施。与 GB/T 18973—2003 相比,其主要技术变化如下(表 3.2):

①调整了标准的结构,加强了相关条目的对应性,减少了重复性内容。

②厕所质量等级由原来的 5 个等级改为 3 个等级,由低到高分别是 A 级、AA 级、AAA 级(2003 年版的 4.1,旅游厕所质量等级划分为 5 个星级,星级标志为五角星形状)。

③增加了旅游厕所标准的总则。

④增加厕所的环境保护的内容。

⑤增加厕所的服务的内容。

⑥厕所的设计及建设增加了厕所数量和分布的内容。

⑦调整了有关章节名称及内容。

⑧修改了厕位比例内容。

⑨增加了无障碍厕位、无障碍小便位、家庭卫生间、男女通用厕间、厕所服务区域、厕所服务区域最不利点和厕所服务区域最大距离的定义和内容。

⑩增加了附录 A,旅游厕所质量等级标志(LOGO)示意图。

A.1　旅游厕所质量等级标志(LOGO)示意图(图 3.5)。

| A 级 | AA 级 | AAA 级 |

图 3.5　A 级标志

A.2 旅游厕所质量等级标志(LOGO)示意图的绘制比例、色号和字体(图3.6)。

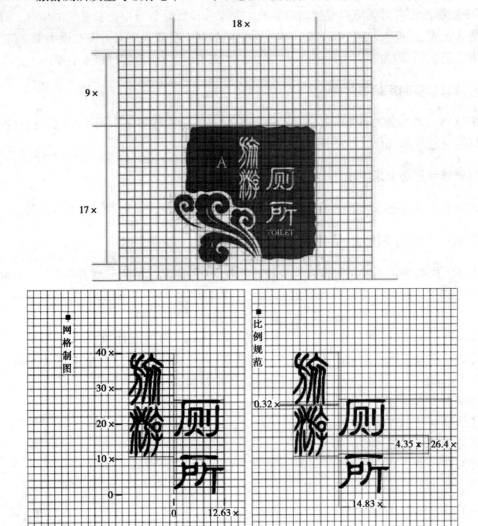

图3.6 厕所标准字体

注:①蓝色色号:M 为98,Y 为98,K 为20;

②"旅游"字体:方正小篆体;

③"厕所"字体:迷你简小隶书;

④"TOILET"字体:Times New Roman;

⑤"AAA"字体:宋体。

表 3.2　旅游厕所新旧规范对比

	分级	面积	男女厕位比例	坐蹲位比例		特殊人群	管理间工具间	收费	粪便处理	其他标准
2016《旅游厕所质量等级的划分与评定》	A	—	2∶3	>1∶5	男女分别不小于1个坐便器	整合成第三卫生间	有	免费	更多更细条款	取消豪华低档次厕所
	AA	>60 m²	2∶3	>1∶5						
	AAA	>80 m²	2∶3	>1∶5						
2003《旅游厕所质量等级的划分与评定》(GB/T 18973—2003)	一星	—	—	1个	—	分老人残疾人儿童厕位和便器	无	可收费,鼓励免费	简单条款	有豪华、低档次厕所
	二星	>20 m²	5∶5	2∶8						
	三星	>60 m²	5∶5	3∶7						
	四星	>100 m²	4∶6	4∶6						
	五星	>150 m²	4∶6	5∶5						

注:根据参考文献整理。

1) 等级的表示方法及内容

旅游厕所等级用字母"A"表示,分"A""AA""AAA"3 个等级,由低到高划分等级。内容上突出以"卫生、实用、环保、便捷"为主,景区把有限的资金放到解决关键问题上,解决旅游发展速度过快与基础设施不足和管理服务差的矛盾。

2) 旅游厕所建筑面积

降低旅游厕所建筑面积的硬性要求,景区可因地制宜地根据人流量规划布局,建设与景区相适应的旅游厕所。

3) 厕位比例

降低男厕位比例(男厕位数包含男小便位),增加女厕位比例;男厕强调以小便位为主;同时考虑到国人如厕习惯强调坐蹲位比例。

4) 第三卫生间

与国际接轨,增加设置第三卫生间,使我国旅游厕所设施更加人性化、更具人文关怀,提升旅游景区基础设施形象。

5）洁具设备

对洁具设备的选用提出相应标准。厕所洁具设备便于大众识别,改善目前仅仅只能通过品牌、价格、产品外观品质等进行识别的现状。

6）倡导节能环保

随着社会经济的发展,人们越来越注重环境保护,国家、政府和人民因此更加注重环保节能。旅游要成为可持续发展的行业,就必须要注重环境的保护和资源利用。旅游厕所要倡导环保、节约理念,具体提出节能环保的措施。如建材方面,就地取材,用环保建材;厕所技术方面,使用一些目前市场上较成熟的环保厕所技术,如免水可冲洗、免水冲、泡沫免冲、超节水(汽水冲)等。

7）粪便处理方面

明确强调环保,对污水管网排放、堆肥处理、处理后的中水排放以及抽污运输等项目提供具体标准,指导其处理粪便。

8）管理和服务

厕所不仅是人类文明进步的重要标志,也是衡量旅游基础设施水平的重要尺度之一,是树立旅游景区形象的重要窗口。强调软件提升,对管理和服务质量提出了具体要求。管理质量包括管理制度、岗位职责、卫生服务标准和排放规范等制度指标;服务质量包括卫生服务、设施的完备情况、通风换气等整体环境指标。

3.3.3　旅游景区创 5A 厕所要求

我国 A 级景区的评定要求,如果厕所建设管理不达标,就不能通过等级评定,实行一票否决制。总体要求是现场检查结合资料审查。国家 5A 级景区评定与旅游厕所要求如下(图3.7)。

①厕所总分。(65 分)

②布局合理。(2 分)

——步行 30 分钟范围内必须有设置。

——游人集中的地方:停车场、游客服务中心、旅游广场、山顶、重要餐饮场所等。

——要求景区提供厕所布点图。

③位置合理。(2 分)

——位置相对隐蔽,但易于寻找,方便到达。

——主路设引导标志。

④数量充足。(8 分)

——厕所总量达到旺季日均游客接待量的 5‰以上。

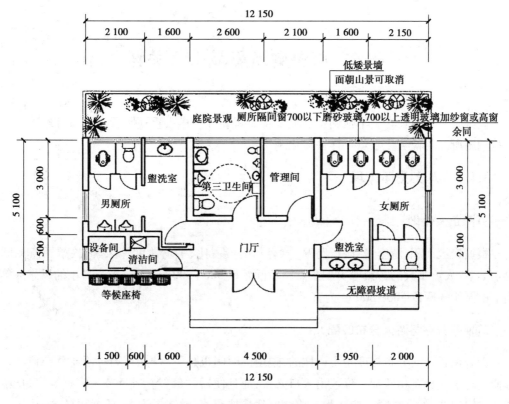

图 3.7　5A 级旅游景区厕所布局平面示意图

——若固定厕位不能满足高峰期需求,设流动厕所。

⑤厕所使用水冲或生态厕所的比例达 100%。(8 分)

⑥设残疾人厕位。(5 分)

——方便、实用。

——增设第三卫生间(家庭卫生间)。

⑦厕所设备。(15 分)

——洁具质量较好,要求隔板与门均有。

——主要游览场所的厕所应具备盥洗设施(水龙头)、挂衣钩、卫生纸、皂液、面镜、干手设备、烟缸等设施且实用有效。

⑧厕所内部有文化氛围。(3 分)

——厕所内根据景区特点进行装饰布置。

⑨厕所外观、色彩、造型与景观环境协调。(8 分)

⑩游客集中场所的厕所有专人提供服务。(5 分)

⑪三星级以上厕所比例达 100%。(5 分)

⑫厕所卫生。(4 分)

——无异味,地面无秽物。

3.4　旅游厕所彰显人文关怀

国家旅游局局长李金早强调:"我们要像重视餐厅一样去重视厕所。要像打理客厅一样去打理厕所。要像美化景点一样去美化厕所。"

3.4.1　人文关怀体现

1)间距人性化

根据景区面积、游客量、旅行路况、游客年龄段占比、平均速度等因素,旅游厕所的间距要求如下:人流量大的古镇等类型景点厕所间距以 300~500 m 为宜;人流量小的风景区等路线上的厕所间距以 500~800 m 为宜。

2)便器分布与游人分布匹配

游人在景区的分布热度是不一样的,逗留的时间也是不一样的,厕所便器分布应经过计算使其与游人分布相匹配。景区出入口必设,而且便器数量多。风景节点根据游客量、游客逗留时间设置,便器数量相应减少。旅游路线上按距离、游客量设置,便器数量最少。

3)易于寻找

旅游厕所的布置,不应妨碍风景,同时又须易于寻觅,突出方便性和可达性,距游道 20~30 m 为宜。在主要路线设置醒目的卫生间指示牌,同时设置厕所距离的标示牌,突出游客体验舒适性。

4)特殊人群如厕关怀

在厕所建设过程中,贯彻"以人为本"的理念,不仅要满足普通游客的一般需求,还要充分考虑老年游客、妇女、儿童和残障人士等特殊游客的如厕需求。残疾人厕所出入口有轮椅进出坡道,并符合坡道设计的国家标准,厕内地面、厕间内均需无障碍。厕所入门处、每个厕位门上及洗手处均需有盲文标志,厕所大门及厕所内部需铺设盲道。特殊人群厕位设单间,具有独立化妆间功能,内设带有标准扶手架的豪华型节水坐便器,男女厕所各设一个,厕位安排应在所有厕位靠近男女厕所进门处。设置独立母婴卫生间,面积不小于 20 m^2,内设婴儿床或婴儿椅,婴儿台两个以上。儿童用小便器底沿距地面不得超过 30 cm。

5)第三卫生间

无性别第三卫生间概念也被称为"中性卫生间",最早出现在泰国,有别于现有公厕的男女分区设置,其用途主要为方便市民照顾家人如厕。其有独立的出入口,方便父母带异性的孩子、子女带异性的老人外出,照顾其如厕。

第三卫生间的提出是为解决一部分特殊对象(不同性别的家庭成员共同外出,其中一人的行动无法自理)上厕不便的问题,主要是指女儿协助老父亲、儿子协助老母亲、母亲协助小男孩、父亲协助小女孩等。还可以帮助一些身体有残疾的人保护如厕时的隐私问题。从根本上来说,它的出现既体现了社会在"厕所文明"上的进步,同时也体现了在旅游公共基础设施建设上的人性化(图3.8)。

图3.8　第三卫生间

6) 以人为本,以游客为本

鉴于景区旅游厕所的现实功能,应进一步提升为以"游客为本"的理念。即根据不同的景区特点,有针对性地设置能够满足游客特殊需求的设施设备,如在南方泥泞山区景点的厕所考虑为游客增加冲刷鞋子的水龙头和刷子,在房车营地厕所增加可供游客冲澡的隔间及冲洗车用水龙头,在气候寒冷地区增设温水水龙头等。

3.4.2　旅游厕所运营

立足国情实际,中国在人口数量、经济发展水平、基础设施建设等方面都有自己的特征,因此,在厕所建设过程中不应单纯模仿别国做法。我国人口数量、国民素质、旅游特征等都应成为厕所建设和运营过程中考虑的因素。

1) 以商养厕

(1)运营模式

投资上可采用股份制的形式,引进民间投资,以商建厕。厕所的商业文化建设也很重要。美国、加拿大等国家对公共厕所进行投融资及运营管理,推行政府与社会资本合作的模式。可以借鉴通过招标、出租、售卖等方式,引入商业品牌文化,既可以有效地解决以商养厕、以厕养厕的资金链,同时也可以将厕所升级为商业文化的传播载体和展示平台。

(2)商机体现

吸引相关企业参与旅游厕所建设。可以探索以资源换资源的模式,由相关企业,特别是卫浴企业无偿提供卫浴产品,而景区则把旅游厕所作为宣传载体,帮助企业宣传推介新产品,这样也可以在一定程度上缓解建设资金不够的问题。

拍卖广告经营权。将旅游厕所广告经营权进行打包拍卖,激活旅游厕所外墙、标志牌等广告宣传资源。

引入"互联网+"。将旅游厕所位置在地图类 APP 中标注,并在厕所前冠以品牌名称,通过拍卖将冠名权卖给相关企业或个人使用。探索在厕所等候区提供 Wi-Fi 服务,连接服务器后通过网页推送广告信息等推广方式。从长远来看,还可以探索通过景区 APP 查看附近蹲位使用情况,并考虑提供短期付费的蹲位预订服务(图 3.9)。

图 3.9 游戏厕所

2)动员其他单位加盟

动员其他单位加入"厕所联盟"文明公约,通过政策合理利用景区周边社会资源。如 2012 年 11 月,济南市城管局、市城管执法局创意发起"厕所开放联盟",动员位于城市主干道两侧以及景区周边党政机关、企事业单位开放内部厕所,沿街挂牌,供市民和游客免费使用。截至目前,全市共有"厕所联盟"单位 500 余家。在运行管理上,制定了"厕所开放联盟"文明公约(图 3.10)。

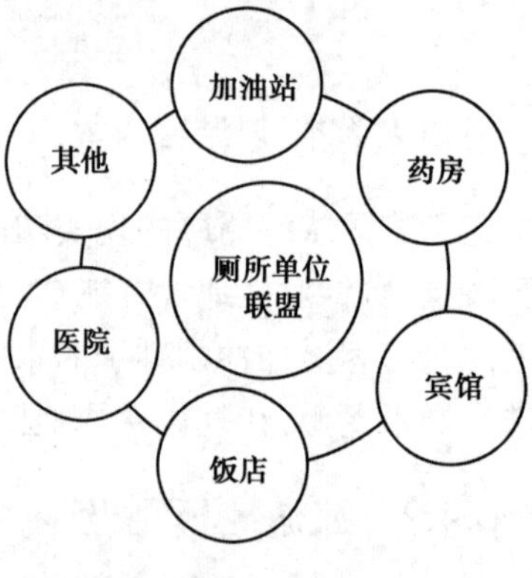

图 3.10 厕所联盟

3.4.3 文明如厕变革

1)政府

引导景区文明管理厕所、向国民宣传文明如厕。对在公厕内乱涂乱画、吸烟、吐痰以及便器外便溺等行为,有关部门可采用处以一定罚款的措施。确保游客被告知正确使用当地厕所设施。

2)教育

将文明如厕写进素质教育教材,从幼儿园抓起,从娃娃做起。个体修为构成群体气质,国人若文明有礼,国家自然是礼仪之邦,厕所文明尤为如此。

3)市民

自律与自觉,大力宣传不乱扔垃圾、不在厕所吸烟、不在厕所大声喧哗、正确蹲位如厕、节约厕纸、随手冲水等文明行为。作为使用者要有利他意识,每个人都希望使用干净整洁的卫生间,那么在使用时和使用后,要为下一个使用者考虑,尽量保持其干净整洁。这就是大家常说的"厕所一小步,文明一大步"。

4)景区

引导旅游者树立文明的如厕意识,遵守社会公德,爱护旅游资源,保护生态环境,遵守旅游文明行为规范。培养国内外游客合理文明如厕和使用厕所设施的习惯也是很重要的,建议为国内外游客提供行为指导和清晰的标志。

5)清洁人员

专人、专责根据量化标准进行管理。每天早上和中午两次大清洁,开放时间全天候保洁,每隔 15 分钟保洁一次。清洁员工每人负责两个厕所,在游客高峰期达到一人一厕,不间断地保洁以确保厕所的干净整洁。

案例启迪

对待不文明如厕行为各国各有妙招

如果说厕所管理方需要对厕所的硬件负责,那么游客也应对自己的不文明如厕行为负责。当然,厕所管理方对游客行为的引导和警示也能起到很好的作用。当今世界上不少国家都有各自的招数来对待不文明的如厕行为。

日本的公共厕所一直以洁净的环境、人性化的设施而被人称道。据说,在公厕管理中,他们也会进行惩罚,但他们罚的不是"如厕者",而是"厕所保洁员"。如果有人投诉某处的保洁员工作不负责,他们就会将其解聘。

在美国,无论你的"内急"是如何迫在眉睫,都不能成为随地大小便的理由。不然的话,你可能就触犯了"随地大小便"和"不雅暴露"两条法规。违反者可能受到口头警告,被开罚单,重则被逮捕。有些地方法律规定,随地大小便的禁令对无行为控制能力者和幼童网开一面,但监护人必须负责清理排泄物。

法国从 2007 年开始制定了一条罚款的规则,如果随地大小便,会被处以 35 欧元的罚款。除了罚款之外,法国政府还在公共建筑上搞起了发明。在市政厅前面,他们准备做有坡度建筑,像一堵小小的围墙,如果有人在上面大小便,尿会溅到自己身上。

资料来源:国外旅游厕所的管理模式.

复习思考题

1.景区 A 级评定与旅游厕所之间的关系是怎样的?

2.厕所新旧标准的不同之处有哪些?

3.厕所新标准更多强调了哪些方面的内容?

4.如何理解旅游厕所的人文关怀?

5.旅游厕所革命的背景是什么?

【案例研究】

如厕"还需导游陪"?

2015年2月3日,因部分中国游客的不文明如厕行为,泰国白庙曾在半天内禁止中国游客入内参观。半天后,尽管寺庙再次对中国游客开放,但要求中国游客在使用洗手间时,必须有随团导游陪同,如出现不当行为或破坏情节,将勒令导游负责清洗。

近年来,国人因在国外旅行如厕而引发的负面事件屡见不鲜。虽然发生在国外,但这也告诉我们,旅游厕所革命革的不只是厕所硬件建设,国人文明如厕的观念也必然是重点目标。

资料来源:澎湃视野.

讨论问题:

1.如何看待如厕"还需导游陪"?

2.旅游厕所革命的"软件"如何培养?

开阔视野

国外旅游厕所大家看

一、日本透明厕所

由藤本壮介设计的日本千叶市原itabu站透明公共厕所非常有名。公共卫生间是较小的公共场所之一,同时也是最私人的空间。而藤本壮介所设计的厕所,虽然同样是闭合空间,但是他却让厕所位于一个开放的背景下。

这座公厕的特别之处在于,这是一座透明的玻璃厕所,位于一座200 m²的花园之内。外围是2 m高的木质围墙,一条石板小路通向透明的卫生间。周围风景如画,植物郁郁葱葱。该厕所设计为无障碍的男女合用卫生间,奇妙地产生了公共与私人、博大和狭窄的碰撞。

二、欧洲国家旅游公厕要收费

大多数欧洲国家的公共厕所都要收费。一般来说,一些快餐店如麦当劳、肯德基、比萨饼店等,或咖啡店、大型商店、饭店等都有厕所,但有的要收费,费用相当于2.5~5元人民币一次。

法国如厕要投钱。法国人认为凡尔赛宫是他们相当尊贵的景点,观光客来到这里非常难得,因此上一次厕所,就要至少5法郎,约合人民币6.3元。

德国如厕留小费。德国高速公路旁,每5~10 km路程就会设置一个休息站,大约3个休息站中便会有1个休息站设有木板隔间式的公共厕所,费用为0.1~0.25欧元。

　　英国的公共厕所大多免费,如大英博物馆、剑桥、牛津、温莎古堡等地几乎都有免费的公共厕所。某些建设较落后的郡会实施"投币上公厕"的制度,费用 20~50 便士不等,合人民币 2~5 元。

　　俄罗斯景区公厕免费。莫斯科市内几乎所有景区内的公共厕所均为免费,只在市中心或步行街上一带有收费厕所,其价格均为 35~50 卢布(折合人民币 3~5 元)。

　　资料来源:《国外的旅游厕所怎么样?》,《中国旅游报》.

第4章
旅游景区服务管理

【学习目标】

通过学习本章,学生应该能够:

理解:旅游景区服务的概念和特点

旅游景区解说服务的作用

熟悉:旅游景区配套服务

旅游景区讲解服务规范

掌握:旅游景区服务的分类

旅游景区投诉处理方法

【关键术语】

旅游景区服务;旅游景区配套服务;旅游景区解说服务;新媒体解说;投诉服务;民宿

开篇案例

景区讲解服务需要"正规军"

2016年9月,《北京市旅游条例(草案修改稿)》规定,故宫、天坛、颐和园、八达岭长城、十三陵、周口店北京人遗址六大世界文化遗产景区今后将逐步实行"专任讲解员"制度,未取得这些景区讲解员证的人员不得在景区从事旅游团队讲解服务。中秋小长假,热门景区旅游出现"人从众"的景象,与之相伴随的是各色导游队伍。导游的作用不仅仅是给游客带路,准确生动的讲解对传播景区文化很有好处;而胡编乱造、信口开河、庸俗化的讲解则会拉低景区档次。所以,景区安排"专任讲解员"非常必要,将来应该从故宫等六地向其他"世遗"景区推广。

另据报道,一行50多人的团队到山西祁县乔家大院游览,本想了解大院建筑、晋商文化,花80元请了一位讲解员,结果却令人大失所望。世界文化遗产不仅是重要的旅游资源,更是展示民族历史文化的重要场所,"专任讲解员"可以规范讲解服务,让游客在体会到"游"与"乐"的同时收获"学"与"识"。

资料来源:何勇.《法制晚报》.

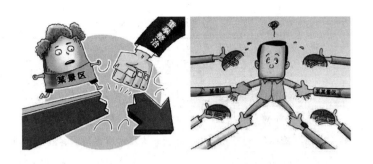

4.1　旅游景区服务

在旅游融入人们生活的当今,旅游业也被提升到了"国民经济的战略性支柱产业"的高度。如何进一步提高旅游业服务质量水平,把旅游业建设成为"人民群众更加满意的现代服务业",旅游景区服务显得越来越重要。景区服务质量的高低关乎到旅游者旅游体验的好坏,也是景区塑造旅游形象的重要因素。景区服务的管理是景区管理的核心内容之一,它直接关系到景区的经济效果,甚至景区的生存和发展,也关系到旅游消费者合法权利的维护。

4.1.1　旅游景区服务的含义

景区服务由核心服务与辅助服务构成(图 4.1)。旅游景区服务的内涵丰富,具有综合性的特点,可以将其分为两大类:第一类为核心服务,主要包括票务服务、讲解服务、餐饮服务、交通服务、商品服务、安全服务、娱乐设施服务等;第二类为辅助服务——景区游览服务,也包括在标准化服务的基础上,提供个性化的服务或延伸服务。

图 4.1　景区服务构成图

旅游景区服务质量的高低取决于景区员工的旅游修养和服务技能。根据英文单词"service",可从景区对员工服务的要求来理解景区服务的含义(表 4.1)。旅游景区服务是指发生在旅游景区服务者和旅游者之间的一种综合性服务,从旅游者角度看,是指旅游者在旅游准备阶段、旅游过程中和旅游结束后与旅游景区所发生的互动关系;从旅游景区角度看,是指旅游景区向旅游者提供的具有一定品质的有形和无形产品,需要一定的配套设施。

表4.1 景区服务含义分解

SERVICE 分解	分解内容	分解含义
S	Smile(微笑)	景区员工应微笑待客,让员工显得更具亲和力
E	Excellence(优质)	为游客提供优质服务,出色完成工作
R	Ready(快捷)	随时做好准备工作,按游客要求提供快捷服务
V	View(至上)	认真对待每位游客的要求,树立服务理念
I	Invite(款待)	景区提供像家人、朋友般的款待服务
C	Create(创新)	在工作范围内提供创新性服务
E	Eye(热情)	察言观色,预测游客需求,及时提供服务

4.1.2 旅游景区服务的特点

1) 旅游景区服务的综合性

旅游景区的服务行为依赖于多方面地介入,从而完成一整套的服务,包括食、厕、住、行、游、购、娱 7 要素,多方面地介入以及各方面之间的完美配合体现了旅游景区服务的综合性。它既包括游客在未进入景区之前的咨询、购票、虚拟游览等服务,也包括进入景区的接待服务、对客服务、投诉服务等,又包括在景区内的餐饮、住宿、交通、娱乐等服务,还包括游客离开景区之后的意见反馈服务。

景区服务的主要对象是游客,游客既是景区服务的消费者又是服务质量的评价者,游客的个性化使得景区对客服务异常复杂化。

2) 旅游景区服务过程的关联性

景区服务不是彼此独立的,而是相互关联的、相互影响的、能引起连锁反应的过程。只有在服务时序和内容上很好地连贯起来,才能提供给游客完整的服务。在服务的接触过程中,任何一个服务接触点都可能会发生失误,而无论哪一个环节出问题,都会影响游客对整个景区服务的印象和满意度。旅游者在发生服务失误后,便会发生抱怨行为,可能终止服务或向亲朋好友进行负面宣传,这对旅游景区的形象有着十分不利的影响。

3) 旅游景区服务的不可储存性——加深供需矛盾

实体产品有形故可以储存,景区服务的无形性以及生产和消费的同时性决定了服务不被消费则无法被储存,服务会随时间消逝,使景区服务具有不可储存的特性。景区服务的不可储存性意味着景区提供给游客的各项服务是无法被储藏起来以备将来使用的,是一个实时产生的过程,在对客服务的时间里必须最大化产品的使用价值,这对景区工作人员的能力有很高的要求。

旅游景区服务的不可储存性加深了旅游供需的矛盾。旅游旺季国内不少旅游景区在旅游高峰期间游客过多、分流不力,加重自然生态环境的负担,也超过了景区的服务接待能力,服务员工、服务设施超负荷运转,旅游旺季服务需求量过大、供给不足。相反,旅游淡季时对需求市场研究不够,景区开发过度,造成服务供给能力大大超过服务需求,以致员工、设施等资源严重闲置浪费。

旅游服务供给与服务需求的矛盾突出表现为数量矛盾、质量矛盾以及结构矛盾。数量矛盾是顾客数量超过景区最大承载容量而导致的矛盾。质量矛盾是知名热点景区顾客成规模地聚集于此,而其他景区顾客数量相对不足,质量矛盾可看成是数量矛盾的特殊状况。结构矛盾是指景区旅游服务层次、品质等不能满足顾客日益增长的需求与期望。

案例启迪

华山强风致游客滞留,景区应有反思

2016 年 10 月 3 日,华山景区主峰区(西峰)受到突发 8 至 9 级大风天气的影响,导致西峰索道停运,数百名游客滞留在索道上站的山洞里。4 日上午,早上 5 点滞留在西峰的 200 多名游客才全部下山。国庆 7 天假,出游已经成为国人的一种习惯,但安全问题始终是国庆期间的一大难点。华山主峰区因强风天气致使数百名游客滞留,好在游客有惊无险,次日全部安全下山。虽然此次事件主要是强风天气所致,但景区却不能因此推脱责任,事件之后的反思是应该且必需的。

国庆初始,面对大量出行的游客,各景区就应该对天气状况有所把握,特别是作为气候变化很大的山地景区——华山,更应该熟悉并预测当地的天气变化。即便突发天气难以预测,也应该有针对各种突发状况的紧急预案,以保障游客的安全和旅游体验。此次华山强风事件虽然有惊无险,但景区没有预测到强风这一问题仍需要进一步警惕和反思。不要因为主要原因是强风天气,"小概率事件"就推卸责任,更不要因为没有造成人员伤亡就不了了之。

不止如此,面对已经出现的强风天气,滞留的游客特别是老人和小孩,肯定会受到一定程度的惊吓和刺激。那么景区是否对游客进行了有效的安抚? 是否对来华山的游客数量进行了有效的控制? 景区的预备措施是否完善到位? 种种问题都要求景区深入反思。旅客来此游赏,目的是欣赏风景,体验民俗风情,获得美的享受和感悟。作为景区管理者,不仅仅要把美景风情呈现给游客,更要让他们感受到人文关怀和服务真情。

如今旅游市场高位运行,国民出游意识也日渐增强。但仍可发现,门票经济现象依然存在,某些景区只顾获取利益而无视景区承载量,甚至损害游客利益的情况屡见不鲜。华山强风游客滞留事件虽然是天气所致,但其预备方案落实情况和对滞留游客的服务意识、管理水平则是对景区品质的直接体现。由此,景区做好景观设置,加强服务意识,提升景区品质应成为重中之重。

华山强风事件是对景区公共服务质量的一次检验,而景区面对未预料的事件以及处理过程中出现的种种问题都需要对其进一步反思和改进。如此,景区才能给予游客舒适体验和安全感,也才能进一步向高品质现代化的旅游景区迈进。

资料来源:长江时评.

4.1.3　旅游景区对客服务

游客是旅游活动的主题,是旅游景区的"主角"。旅游景区大部分工作都是围绕游客进行的,景区对客服务质量的高低关系到游客的满意度。因此,做好游客的管理和服务是旅游景区的核心工作之一(图4.2)。

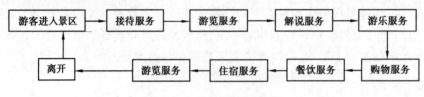

图4.2　景区对客服务流程图

1)票务服务

(1)门票

景区门票的设计要具备特征要素、功能要素和理念要素。门票一般类型如下:

①按照制作材料,分为纸质门票和电子门票(图4.3)。

②按照消费对象的特征,分为全票、优惠票。

③按照门票的适用期限,分为当日门票和年卡门票。

④按照旅游淡、旺季,分为淡季票和旺季票。

图4.3　景区纸质门票和电子门票

(2)票券票价

门票价格应根据不同景点的类型和级别制订,明码标价,保持票价相对稳定。票种齐全,如设通票、半通票等。

票券设计应美观大方,背面应有游览简图,使其有纪念意义和保存价值。甲种票应为中英文对照。

(3)票务服务

售票位置的选取。售票处应设在入口处显著位置,周围环境良好、开阔,设置遮阴避雨设施。售票窗口数量应与游客流量相适应,并有足够数量和宽度的出、入口。出、入口分开设置,设有残疾人通道。景区(点)内分单项购票游览的项目。应设置专门的售票处,以方便游客购票。

售票人员。售票人员需业务熟练,掌握各类票的价格和使用情况。认真准确回答游人咨询。态度热情,语气和蔼,音量适中。唱收唱付,绝无抛钱物现象。售票人员坐姿端正,佩戴工作牌号牌。

增设智能售票机。支持多种取、售票方式,实现一分钟售票、一秒钟取票,节约旅游高峰时期入园难的问题。满足线上购票服务需求。游客在网站上或者使用手机移动端预订并完成支付后,系统会自动发送一串辅助码或者是二维码图形给游客,游客在景区终端设备上通过输入辅助码号码或者直接在机器上扫描二维码的方式,自助打印景区入园小票,凭票游玩。

2) 入门接待服务

(1) 验票服务

设标志明显、有足够数量和宽度的出、入口。出、入口分开设置。检票人员站立服务,站姿端正、面带微笑,适时使用礼貌语言。配备检票装置,保证票面撕开处整齐。主动疏导游人,出、入口无拥挤现象。出口设人值守,适时征询游人对游览参观的意见和建议。设置无妨碍通道。处理好排队问题。

(2) 咨询服务

接受游客咨询时,应面带微笑,且双目平视对方,全神贯注、集中精力,以示尊重与诚意,专心倾听、不可三心二意。咨询服务人员应有较全面的旅游综合知识,对游客关于本地及周边区域景区情况的询问,要提供耐心、详细的答复和游览指导。答复游客的问询时,应做到有问必答、用词得当、简洁明了。接待游客时应谈吐得体,不得敷衍了事,言谈不可偏激,避免有夸张论调。接听电话应首先报上姓名或景区名称,回答电话咨询时要热情、亲切、耐心、礼貌,要使用敬语。如有暂时无法解答的问题,应向游客说明并表示歉意,不能简单地说"我不知道"之类的用语。通话完毕,互道"再见"并确认对方先收线后再挂断电话。

3) 排队服务

网络文章《我在黄山感受中国的拥挤》中提到黄山旅游景区人们拥挤排队的状况,大量游客聚集在"一线天"景点,使得该旅游景点处大规模排队,仅通过几十米的"一线天"景点就用了两个小时,而在黄山的光明顶上更是挤满了人,几无立锥之地。由于我国国情及节假日安排,每到旅游旺季或节假日,大量人群涌入这些景区,景区为增加收入,凡买票就可进入,从而导致各个景区内部的热门旅游景点排长队。

(1) 合理队列结构要满足的条件

使人感到等待时间长度短于实际时间长度。

队列秩序有条不紊,不给"加塞儿"者更多机会。

队列结构要能灵活调整。

(2) 景区排队的几种形式

①单列单人队列:一名服务员,成本低,游客等候时间难以确定。应设置座位或护栏。

②单列多人队列:多个服务员,接待速度快。增加人工成本。

③多列多人队列:多名服务人员共同操作。增加成本,各队列前行速度不一,不设栏杆。

④多列单人队列:一名服务员,栏杆多,成本高。

⑤主题队列:迂回曲折,需要两名或两名以上的服务人员。

(3)景区排队解决方案

①智能公布景区承载力。旅游景区会有大量排队现象的主要原因就是旅游景区有大量游客进入,而旅游景区其实并不能容纳这么多的游客。但是,旅游景区的管理者为了获得更多的门票收入而选择性地忽视这一问题,只要买票,均可以进入旅游景区,从而造成了旅游景区内部大量排队。因此,必须将景区的最大游客容纳量作为一个最重要的指标(因为它直接关系到景区的收入),在节假日之前提前在网络上公布景区最大承载力,达到最大值时,应停止继续售票。

②价格调节与限流。为让游客能够获得更好的体验,也出于消除旅游景区安全隐患的考虑,通过价格调节与限制入园的方式,来控制景区内的游客数量,使景区内的游客数量保持在最大容纳量之下。采用分时段计价的方式来制订门票售价,如根据旅游旺季和大小长假实行区别定价。即可以将门票的价格定得比平时高,具体的价格可以参照以往的游客数量。通过提高价格,减少部分对价格敏感的旅游者,而对价格不敏感、对时间敏感的游客却并不会减少。因此,虽然减少了游客数量,但由于价格的提升也不会让景区损失过多的收益。

旅游景区可以在旅游淡季推出低价票,以此来冲淡旺季所推出的高价票的影响,以补偿那部分旺季对价格敏感的顾客,同时可以吸引大量对价格敏感、对时间不敏感的游客,如学生、退休的老年人等。对此,也要发布广告,在网站、现场发布通告解释景区采用此种做法的原因,主要是让游客获得更好的体验,同时排除景区的安全隐患,避免踩踏等安全事故的发生。通过上述方式来缓解旅游者对这种管理办法的抵触情绪。

③区分首游览景点的门票入园制。为了让游客顺利地服从安排、分成几个小团体,前往不同的景点开始对景区的旅游,可将门票设计为具有首游览景点的门票。旅游者买的门票上会注明最先游览景点,因此在进入景区时就要按照规定搭乘前往该旅游景点的景区内部车辆,否则将不被允许进入景区。这种新型游览方式除了在门票上规定首游览景点外,还应注明接下来游客的旅游线路和游览顺序。当然,这种线路必须含有所有的著名景点,同时其设计也应是游客在景区的最佳游览路线。这条路线必须使游客能在各个旅游景点都能满意地旅游,还能游览完所有的著名景点。

④排队安排技巧。旅游景点的排队队伍不断迂回,这样就能使排队队伍的行进速度看起来更快些,通过这种方式可以有效提高游客的耐心。

分段排队。首先游客在旅游景点外进行排队,等候进入;当游客进入景点后,在景点内又再接着排队。这样看起来游客就已经结束了一次排队而进行了第二次排队,同时也进入了景区,使游客的心理体验将排队时间变“短”了。

在游客排队的时候,在设置的隔离物上展示该景点的文字或图案,也可以是注意事项、笑话等。当然,有大屏幕的视频播放器更好,这样在游客在排队的时候,能够有效地转移其注意力。在旅游旺季,在排队堵塞严重的地方提供娱乐表演,以吸引游客注意,使游客在排队中也能得到娱乐体验。

4）投诉服务

（1）游客投诉与抱怨的原因

游客投诉与抱怨的原因主要来自对景区人员服务的不满、对景区产品的不满、对景区硬件及环境的不满、对线上购买旅游产品与线下不符的不满等。

（2）游客投诉服务

景区应设专门机构或专人负责受理游客投诉，并在显著位置设立意见箱、意见簿，公布投诉电话，方便游客投诉。

严格按投诉处理程序处理投诉。投诉受理人员应耐心倾听并作好记录，按有关规定妥善处理，重大投诉要及时报告主管领导。

每天工作结束前整理好投诉内容，上报主管领导。档案记录应保存完整。

（3）投诉受理服务管理

景区工作人员应把游客的投诉视为建立诚信的契机，受理人员要着装整洁、举止文明，热情、耐心地接待投诉游客。

受理投诉事件，能够现场解决的，应及时给予解决；若受理者不能解决的，应及时上报景区负责人并及时将处理结果通知投诉者。注意收集反馈意见，科学分析，以便及时改进，提高服务质量。

要以"换位思考"的方式去理解投诉游客的心情和处境，满怀诚意地帮助客人解决问题，严禁拒绝受理或与游客发生争吵。

接待投诉者时，要注意礼仪礼貌，本着"实事求是"的原则，不能与客人争强好胜、与客人争辩，既要尊重游客的意见，又要维护景区的利益。

景区应设立专用投诉电话，并在景区明显位置（售票处、游客中心、门票等）标明投诉电话号码，且有专人值守。

案例启迪

景区建消费维权服务站　投诉不用出景区

商家不按合同或约定提供服务？旅游预付款拒不退还？旅游年卡限制使用？近年来，侵害旅游消费者合法权益的行为时有发生，遭遇消费欺诈怎么办？

2017年3月14日，湖北省旅游委为打造"灵秀湖北放心旅游"品牌再出新招，在全省127家4A级以上景区推动"12315旅游消费维权服务站"建设。消费投诉不出景区、投诉案件限时办结的做法将为游客消费送上一颗"定心丸"。"12315旅游消费维权服务站"实行挂牌服务，以畅通工商12315、旅游12301投诉举报电话以及互联网、微信等移动互联终端为诉求渠道，高效处理旅游消费纠纷，依法查处消费侵权行为。一方面，加强对维权服务站的动态管理和业务培训，增强维权服务站的工作实效，促进消费纠纷源头和解；另一方面，建立健全旅游消费事件应急处置机制，成立快速反应队伍，鼓励有条件的地方向社会承诺限时到现场处理旅游消费者诉求或限时办理消费者举报投诉。

资料来源:《湖北日报》网.

4.2　智能解说服务

由于旅游活动的异地性和暂时性,旅游者要想在较短的时间内,在一个陌生的旅游环境中获得较好的旅游体验,必然要求景区提供全面的引导游览服务。尤其是当旅游者面对的是除了"看头",还更有"说头"的文化景观的时候,专业的解说服务显得尤为重要,能起到锦上添花的效果。

4.2.1　解说的内涵

解说(interpret)一词最早是在 1871 年被称为"国家公园之父"的缪儿(Muir)作为解释和理解自然现象而使用。20 世纪 20 年代,米尔斯(Mills)在他的著作《一个自然导游的探险》(*Adventures of a Nature Guide*)中,首次运用"解说"一词描述他在洛基山中作为自然导游而从事的导游讲解工作,从此导游解说真正成了一种职业。

1953 年出现了解说长官一职,它是由美国国家公园的管理局任命的。解说活动在学术上被广泛认可则始于 1957 年《解说我们的遗产》一书的出版,弗里曼.特尔登(Freeman Tilden)的这本书是现代解说职业的第一个里程碑,它极大地丰富了旅游解说的内涵,此书的作者也因此被称为"解说之父"。他认为,解说并非简单的信息传递,它是通过真实的事物、亲身体验以及媒体展示来揭示事物内在意义与相互联系的教育活动。1961 年,美国成立了西部解说员协会和解说自然主义者协会,至此,解说作为一个专业得到了承认。1964 年,解说培训与研究中心在美国的西弗吉尼亚州成立,在此之后,解说进入了一个快速发展时期。1998 年比克(Beck)和卡伯(Cable)认为解说是旨在揭示我们的文化和自然资源的意义并通过各种媒体增强我们的认识、审美以达到保护古迹和自然奇迹目的的教育活动。1996 年,美国国家公园管理局(National Park Service,NPS)认为解说是将游客的自身认知与公园固有资源进行有意义联系的美妙结合。2006 年,美国国家解说协会(National Association of Interpretation,NAI)认为解说是在游客兴趣和资源内在意义之间,提供游客情感和智力连接的一种交流过程。总之,无论是人类一般活动还是旅游活动,解说是让游客进一步认识事物并具有教育目的的过程。

钟永德,罗芬认为,解说的发展有 4 个阶段:

第一阶段(20 世纪六七十年代)为"形成期"(the formative years),这一阶段解说还只是停留在使用修辞手法进行概念性描述。

第二阶段(20 世纪 70 年代中期—20 世纪 80 年代)为"媒介期"(search for the best medium),这一阶段开始关注如何与游客进行有效沟通,选择沟通媒介,研究其达到的效果。但在这阶段仅把解说作为一种活动的体验方式孤立地存在,而缺乏理论基础的支持。

第三阶段(20 世纪 80 年代到现在)为"名正期"(quest for legitimacy),部分学者开始对解说进行系统的评价,这时解说的研究转向了量化方向。因此,解说作为一种手段,不仅仅具有娱乐性的功能,还被赋予其管理游客的功能。

第四阶段(20 世纪 90 年代以后)为"初熟期"(early maturation),出现了更多成熟理论的应用,定性与定量研究相结合,并且进入沟通过程的探讨。

根据台湾台中教育大学环境研究所所长吴忠宏教授的研究,解说通常有 4 个特征。

①解说是一种服务,而不是单纯的教育与信息传递过程。

②解说者提供的沟通方式应当多元化,以提升受众的游憩体验。

③解说的目的是帮助人们了解和欣赏旅游地的文化及特性,激发人们对遗产保存、资源保育及环境保护的重视。

④解说还是游憩或资源管理的一种重要策略。吴忠宏在北京大学的环境解说演讲中再次提出"解说"是一种信息传递的服务,目的在于告知及取悦游客,并阐释现象背后所代表的含义。借着提供相关的资讯来满足每一个人的需求与好奇,同时又不偏离主题,以期能激励游客对所描述的事物产生新的见解与热忱。

4.2.2　解说系统构成

解说系统主要包括 3 个基本要素:解说受众(主要指接受解说的观众或游客等)、解说媒介(包括提供解说的组织机构、个人或解说人员,是解说内容得以传播的途径)、解说对象(解说的景点、事物等)。构建旅游解说系统的目的在于帮助旅游目的地实现教育、服务、塑造景区形象、管理与启发等方面的功能(图 4.4)。

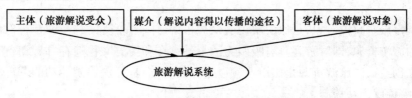

图 4.4　旅游解说系统的构成要素

1)主体

(1)理解旅游解说受众

旅游解说受众是指旅游消费者,即通过旅游达到了解、体验、享受旅游过程的目的的个人或团体,也可以理解为旅游解说信息的使用者,主要指游客。这里的游客包括真正意义上的旅游者和潜在旅游者。

真正意义上的游客(现实旅游者)是旅游活动的主体,是旅游解说信息的主要接受者和使用者。通过旅游解说系统,游客在整个游览过程中能接触到大量的关于景区的旅游信息。旅游者会下意识地对自己所接触到的旅游信息进行选择、整理、加工,最终将反馈对自己有用的信息。另外,游客也会将客源地的价值观、文化观等带到旅游目的地,对旅游目的地产生一定的影响,甚至是较大的思想冲击。因此,可以说旅游者不仅是旅游信息的接收者,也是传播者。

潜在游客因为具有旅游动机,除了受自由支配时间、身体健康状况、经济情况等个人因素的影响外,对旅游目的地的陌生感和信息了解不全面也是制约他们将旅游动机转化为现实的重要因素。因此,潜在旅游者也是旅游目的地信息的最初接收者,旅游者在旅行前收集旅游地信息的阶段就已经成为旅游解说的受众。

(2)理解受众对旅游解说的需求

游客的旅游解说需求与其基本属性和参与旅游活动的动机等密切相关。从游客的基本属性来看,游客对旅游解说系统的需求受年龄、受教育程度、婚姻状况、收入水平、职业、到访旅游地的次数等方面的影响。

从游客的旅游动机来看,旅游解说需求也存在差异,如以追求自然景色为动机的游客希望得到解说人员生动形象的讲解、为其提供咨询服务,对这类游客就可以提供偏重于人员讲解的解说服务。重在以学习体验为动机的游客,则希望能够举办学者专家的专题演讲,希望参与历史文化的重演,因此为这类游客规划设计的解说应该注重参与性和知识性。针对特殊群体(行动不便的游客、老年游客、儿童游客、特殊身份和地位的游客、国外游客等),应根据具体的情况,在旅游解说过程中重视这部分游客的特殊需求,以便为他们提供更好的解说服务。

景区在规划设计旅游解说内容、活动时,应综合考虑游客的基本属性、旅游动机、特殊群体的需求等实际情况来进行,尽量做到共性与个性相结合,充分体现人性化的理念,才能取得预期的效果。

2)客体

客体就是旅游解说对象,是旅游解说受众想了解、体验、享受的物质或精神对象,也就是我们常说的旅游资源,即对游客具有吸引力的自然存在和历史文化遗存,以及直接用于旅游目的的人工创造物。旅游资源是旅游业赖以生存的基础,是开展旅游活动的基础,没有旅游资源,旅游解说就无从谈起。

旅游资源的类型丰富多样,因此,旅游解说的形式和内容应该根据不同类型的旅游资源的特征来确定。如由于自然旅游资源是客观存在的、实实在在的自然物质实体,受地理位置、季节、时间、生态情况等的影响,还要考虑资源的不可移植性、不可再造性等特性。根据自然旅游解说对象的特征,在旅游解说设计时,有区分性地进行解说安排。而人文旅游资源包括依附于物质实体的精神文化,如庙宇、服饰、壁画等;超脱于物质的人类精神文明,如宗教信仰、民族风俗等。其主要具有精神文化性、可创造性和历史社会性等特性,丰富了旅游活动的内容。因此,针对这类旅游资源的解说又有所不同。

景区解说系统的规划设计者应有针对性地采取旅游解说方式和相应的解说内容形式,要善于从不同的旅游资源类型入手,创造出适合不同景区、合时宜的、满足不同类型游客需求的解说形式和解说内容。

3)媒介

旅游解说媒介或解说方式、解说手段是解说内容得以传播的一种途径,是对旅游景区进行最佳阐释的一种工具。近十几年来,人们逐步意识到解说的重要性,但是仍有一些景区一味地注重开发,而没有认识到解说的重要性。大多开发时间较为短暂的景区,由于发展受限,仍然大量依靠标志牌、导游、游客咨询中心、印刷物、电视等给游客提供自助解说服务。而开发时间相对久些的旅游景区,尤其是在国家或是世界上比较知名的景区,除了依靠传统的解说媒介,还会主动去寻求新的,更为有效的,使游客能得到更好享受的解说服务。

4.2.3　解说类型

旅游解说包括两种主要模式:一种是人员解说,另一种是非人员解说。目前比较受认可和推崇的是吴必虎提出的自导式解说和向导式解说。自导式解说是硬性的解说方式,如牌示、解说手册、导游图、语音解说、录像带、幻灯片等;而向导式解说则是软性的解说方式,如导游员、解说员、咨询服务人员等。

1) 自导式解说

一般情况下,旅游解说系统是指自导式解说系统,它是由书面材料、标准公共信息图形符号、语音等无生命设施或设备,向导游提供静态的、被动的信息服务。其形式多样,包括牌示、解说手册、导游图、触摸屏、幻灯片等。

(1) 游客中心

游客中心也称为景区游客接待中心,是旅游景区的文化、形象展示的重要窗口,集为游客提供旅游信息咨询服务、展示销售旅游产品、方便游客集散等功能于一体。它通常分为现实游客中心和虚拟游客中心(网络游客中心),二者共同产生作用,为游客提供便捷的旅游信息咨询,也为景区的形象宣传起着推动的作用(图4.5)。

图 4.5　景区游客中心

(2) 标志牌

标志牌具有解说、装饰、标志的作用。一方面,它向游客传递旅游服务信息,使旅游景区的服务、教育、使用功能得到充分的发挥;另一方面,通过标志牌的解说,有利于旅游者获取景区的相关信息。

①全景标志牌。全景图是旅游区整体形象在旅游者面前的第一次展现,能让游客对景区有一个整体的认识和了解,因而也是策划、设计的重点。全景图表示全园的总体结构和各景

点、道路以及服务设施,如餐厅、厕所、服务中心等的分布,有平面图、鸟瞰图、简介文字等表现形式,一般设置在景区的大门口。相对于平面图来说,鸟瞰图能够更加直接形象地把景区的整体轮廓呈现在游客面前。对于全景标志牌,建议使用沙盘技术,配以必要的讲解说明(图4.6)。

图4.6 景区全景标志牌

②景点标志牌。这类标志牌用以说明单个景点的名称、性质、历史、内涵等信息,可以体现解说系统的教育功能,对旅游者有较强的吸引力,游客愿意花较多时间阅读这类景点标志(图4.7)。

图4.7 景区景点标志牌

图4.8 景区指路标志牌

③指路标志牌。这类标志牌在游道节点,向旅游者清晰、直接地表示出方向、前方目标、距离等要素,有时可以包含一个或多个目标地的信息。

④警示标志牌。即告知游客各种安全注意事项和禁止游客各种不良行为的牌示,此种牌示多用红色,如"小心悬崖""请勿踩踏"等(图4.8)。

⑤服务标志牌。这类标志牌主要是指相关服务功能设施的引导牌示,包括厕所、餐厅、冷饮、小卖部、照相、游船以及商务中心等牌示(图4.9)。

图4.9 景区服务标志牌

需要注意的是,标志牌的特点要鲜明,设计要崇尚自然、个性与人文关怀的精神,要与普通的标准化的城市解说标志牌相区别开来。另外,还需要注意的是,标志牌设立之后,应经常检查,及时解决字体脱落、掉色等问题。如果疏于管理,即便是一个字的脱落,旅游者也会感觉"景色不错,可惜这里的管理不行"。

（3）旅游网站展示

旅游网站主要展示景区景点的特色、旅游信息、风景风光图片、风景片、景区新闻、旅游线路、旅游论坛等,向游客介绍旅游景区的基本情况,使游客提前领略到旅游景区的美景、历史文化内涵,吸引游客前来参观游览（图4.10）。

图4.10　景区网站展示

（4）音像制品解说

这是基于影像制品集图片、文字、声音、影像于一体的,可以生动、形象地传递景区各类信息的产品,使游客产生身临其境的感觉,增添游客参与旅游解说的乐趣,是宣传景区旅游形象、传播景区文化的重要方式。

可以采取的方式主要有两种:一是通过VCD、DVD、CD等影像展示,在景区可以设置多媒体放映厅、滚动液晶电子显示屏、幻灯片、电视等;二是背景音乐、语音提示、电子语音导览等声音展示,景区较多采用的是广播、背景音乐及电子语音导览器（图4.11）。

图4.11　景区多媒体放映厅

（5）印刷物品解说

景区印刷物品主要包括景区宣传折页、景区导览图、旅游指南、旅游风光画册、旅游景区名人传记等。它的主要印制内容涵盖了景区的食、厕、住、行、游、购、娱等方面。它的主要功能在于向游客传递旅游景区的各方面信息,使游客对景区的发展概况、管理状况、生态环境等了解得更加深刻,充分满足游客的精神需求,提升游客的游后体验质量,还有利于景区管理者作出决策,提高旅游景区的管理、服务水平。

2) 向导式解说

向导式解说也称导游解说或人员解说,主要是指专门的导游员向旅游者进行主动、动态的信息传达(图 4.12)。解说员的优点在于解说过程中可以和游客互动,随时回答游客提出的问题,而且这种解说不长期占用具体空间。但毕竟事情经过嘴的描述就会有不同的演绎,版本就会多起来。游客认为,导游员基本上都是在"背诵"那些解说词,没等游客明白就又开始"背诵"下一段,灵活性、针对性不强。由于讲解人员的素质参差不齐,人员解说的质量难以保证。

图 4.12 景区向导式解说

人员解说是目前游客比较青睐的一种旅游解说方式,其具有自觉能动性等方面的特点,方便与游客进行交流并实现双向交流,讲解内容灵活多样、形式各异。人员解说多数是付费的服务,成本比较高,在同等条件下,游客可能会更多地选择一些免费的介绍,所以人员解说还要同其他的解说方式相结合。

(1)景区对讲解员的要求

①硬件要求。涉外较多的景区应具备相应语种的讲解员,能完成景区涉外语种的讲解任务;普通话标准;获得景区讲解资格或导游资格证书。

②个人条件。要求语言表达能力强,五官端正、身体健康、性格开朗。

③知识素养。具有丰富的历史知识、地理知识、文学知识和一定的科学知识,特别要具备与景区讲解有关的专业知识。要解答形形色色的游客的疑问,必须要懂得多、懂得广、懂得深。这样才能寻找到与游客的共同点,进而提高自己的亲和力,使游客能更加开心地度过整个旅途。

④个人修养。有较强的事业心和团队精神,敬业、守纪。

⑤业务能力。熟悉导游讲解业务,带团经验丰富,有较强的现场导游能力。

(2)导游薪酬体制影响服务水准

导游是旅游接待工作的"一线员工",是整个旅游服务的关键环节。一次旅程成功与否,在很大程度上取决于带团导游的服务水平和努力程度,而导游人员的服务水平和努力程度又在很大程度上取决于他们所得到的报酬和待遇。世界上绝大多数国家的导游是自由职业者,理论上他们可通过谈判来确定自己的服务收费,而现实中导游服务收费在许多国家是既定的,或由政府机构来规定,或由导游协会和旅游产业界的协议规定。

国外导游收费范围为每工作日几十美元到 300 美元,欧洲各国导游服务收费差别不大,日收费一般为 100~200 美元。具体来说,美国导游服务日收费为 160~200 美元,但也有个别地区的收费水平偏低;英国导游日收费为 130~200 美元,个别地区低于 100 美元;意大利导游服务日收费为 100~200 美元;日本导游服务收费最高,日收费(8 小时)达 298 美元。国外导游收入形式分为以小费为主要收入和以工资为主要收入两种形式。

案例启迪

澳大利亚导游服务

"全球华语广播网"澳大利亚观察员胡方说,澳大利亚虽然没有全国性的统一导游机构,但是在澳大利亚的一些著名景点,对进入该景点的导游却有资格认证机制。

澳大利亚并没有全国性的导游管理机构,只要你认为能够胜任导游工作,理论上谁都可以成为导游。但是大部分从事导游工作的人员,都会通过 1~2 年的学习,取得旅游专业证书或者是专科文凭。虽然没有全国性的统一导游机构,但是一些澳大利亚的著名景点,对进入该景点的导游却有资格认证机制。比如,拥有著名的艾尔斯岩的澳大利亚乌鲁鲁-卡塔丘塔国家公园,对于当地的土著居民来说,这是一片重要的精神和文化圣地。为了准确地传递当地土著历史文化,以及避免游客在不经意间冒犯当地的土著居民,自从 2011 年开始,该国家公园就规定,所有带队进入的导游必须通过该公园的导游课程考核。一旦违规,将处以5 000 澳币,约合 25 000 元人民币的罚款。迄今为止,众多导游包括使用中文的导游在通过了资格考试之后,他们向游客传递的信息大都较为规范,很少出现游客不满的现象。

资料来源:《北京规定导游不能讲野史、传闻》,央广网.

4.2.4 智能解说服务

2014 年 1 月 31 日,张家界市核心景区武陵源风景名胜区为全国自助游客配置了"安导通",万仙山景区则推出"无需导游解说,游览景区手机客户端自动讲解"。随着智慧景区的建设,智能解说服务也备受推崇(图 4.13)。

图 4.13 景区智能解说

1)扫微信,听解说

景区布置语音智能讲解系统和 Wi-Fi,再通过微信"扫一扫"功能就能听景区语音讲解,语音导游讲解的自然度和流畅度均能达到真人讲解的效果。游客能根据个人游览节奏自由选择景点,有效获取自己感兴趣的景点信息,并且可以反复听取讲解。如虎丘景区憨憨泉景点的语音解说(图 4.14)。

图 4.14　景区微信扫码解说

2)采用录音方式听解说

这是将景区的全景解说、景点解说和景观解说采用数码录音的方式,存放到一个存储量较大的解说器上,形式就像以前市场上的 MP4 一样。旅游景区要将与景区相关的所有解说词以不同的语种全部存储到解说器上,并分割成不同的文件,即将每个景观的解说词分别归入景点文件,并将景点名显示在显示屏上面。

3)感应式电子导游器

采用这种方式,当游客携带解说器到达某一景点时,解说器会与之产生感应,就会启动信号,然后自动地解说。比如,基于 AVR 单机片的人体接近智能电子解说器就属于其中之一。

4)手控式电子导游器

手控式电子导游器,是为大多数零散游客创制的一种辅助导游手段。它可以让游客按照设定的经典路线,选择景点或展位的讲解,使其得到每个展位、景点的完整信息。

5)无线接收

这种媒介是由很多台无线调频发射机和游客接收机构成,它是在景区的各个景点分别放置调频发射机,当发射机开始工作后,游客可在景点周围收听到适合自己的导游词,它的功能和收音机相似。

6)手机接收

由管理机构划出一个手机号段给景区,游客到达景区,传一个信息给信息平台后,手机将变成一个自动讲解器。这种解说可以让游客随意游览,还圆满地解决了讲解器问题,非常适合自助游客。这种解说媒介适合推广采用。

景区智能解说服务是智慧景区建设的一部分,也是未来景区解说服务发展的方向。

案例启迪

英、德开发"智能导游"

国外景区智能解说服务开始比较早,2009 年,英、德两家公司在欧盟资助下协作开发了一款智能导游软件,用以促进文化旅游发展。该软件以"增强现实"技术为基础,让游客通过声光与影像,"亲身"体验被遗忘的历史时光。

当游客身处某地时,只需用手机摄像头对准眼前古迹或废墟,手机里的全球定位系统和图像识别软件就能判断位置,从而从游客所在的视角,在手机上显示这处古迹在全盛时期的样貌,还能展示遗址上残缺部分的虚拟重构。如游客来到科洛西姆圆形竞技场,就能从手机里看到角斗士格斗的画面,随着游客走动,手机上的画面还能自动变化,如同行走在过去一般。

除此之外,还有路线规划功能。通过交互路线规划工具,量身定做专属于游客自己的旅行方案,帮助游客远离大众线路,独辟蹊径,相当于一个全职导游。

资料来源:易览互动.

4.3　旅游景区商业配套服务

旅游业的发展潜力巨大,扩展空间广阔。旅游业被许多地方列为支柱产业,因此,旅游景区商业配套服务是发展旅游业必不可少的一部分,并受到越来越多的关注。

4.3.1　景区购物服务

游客购买旅游商品的目的是旅游纪念以及赠送亲友。游客都希望购买的物品能够代表自己去过的旅游区,即具有较强的旅游纪念价值,而旅游景区是最能够集中提供旅游纪念品的场所。旅游购物作为旅游的一个体验环节,其购物过程的愉悦程度将会影响旅游者对整个旅游过程的评价,甚至会影响到旅游者对旅游目的地形象的客观评价。

1) 购物在旅游景区中的作用

参考世界旅游组织关于景区购物含义的界定,旅游购物是"为旅游者作准备或者旅途中购买商品的总和,其中包括对衣服、工具、纪念品、珠宝、玩具、报刊书籍、音像资料、美容及个人物品和药品等的购买;不包括任何一类游客出于商业目的而作出的购买,即为了转卖而作的购买。"

购物在旅游景区的作用主要体现在以下方面：

①购物是景区旅游市场的重要组成部分。

②购物是景区创收的重要来源。

③购物旅游资源是景区发展潜力很大的资源。

④购物是提高景区整体竞争力的要素之一。

⑤旅游购物能增加当地居民的收入，提高就业水平，并能带动景区相关产业的发展。

"旅游购物"是旅游活动传统的七要素之一，也是非基本旅游消费支出项目之一，其支出的比例高低是一个国家或地区旅游发展成熟度的衡量标准之一。

根据中国社会调查事务所在北京、天津、广州、武汉等城市所作的主题问卷调查发现，90%以上的旅游者在外出旅游时都会购买一定的商品。现在旅游购物已不仅仅是满足旅游者的消费需求，而是使购物成为一种实实在在的旅游经历，满足了旅游者精神上的需求。通观整个社会的旅游环境，游客在旅游的过程中因为购物被损害合法权益的事件时有发生，不但没有给旅游者带来精神上的愉悦，反而还增添了一系列的烦恼，使旅游者对整个旅游目的地有了较差的印象。

2）旅游商品

（1）旅游商品的特点

旅游商品是旅游资源的一个重要组成部分，旅游商品的创汇在旅游经济总收入中所占的比重是衡量一个国家、一个地区旅游经济效益好坏的主要标志之一，直接影响着旅游业整体收入水平的高低和收入结构的合理性。广义的旅游商品主要包括旅游纪念品、旅游日用品、各种土特产、各种工艺美术品、文物古玩及复制品以及各种旅游零星用品等；狭义的旅游商品是指旅游工艺品和旅游纪念品。

旅游商品与一般商品一样，都是可见可及的物质形态，都具有使用价值和价值。但旅游商品是伴随着旅游活动而产生的一个特有的经济范畴，和一般的商品相比又有所区别。

①旅游商品的经营方式和一般商品有所不同。旅游商品的经营受游客流量大小、旅游市场波动影响大，这使旅游商品的生产和销售具有很大的波动性。一般的商品由于当地居民具有长期性和稳定性的特点，所以一般商品的生产和销售则具有相对稳定性。

②旅游商品的消费层次、品种特色等方面的要求与普通商品不同。一般的百货商品主要是为了满足当地居民的日常消费的需要，注重商品的使用性和经济性。旅游者在旅游过程中购买旅游商品，更注重它对旅游活动的纪念意义，因此旅游商品更注重商品的民族性、地方性、艺术性、纪念性，在其产品的品种、档次、包装、造型上比一般商品有着更高的要求。

③服务对象不同。一般的商品的服务对象主要是当地的居民，是为了满足当地居民日常生活的需要。旅游商品的服务对象是游客，游客是旅游商品存在的前提，没有游客旅游商品就无从谈起。

④销售网点的布局不同。一般的商品的服务对象是当地居民，为了方便居民的购买，销售网点多分布在居民的居住地附近。旅游商品的销售网点是根据旅游者的活动特点而布局的，主要设置在旅游城市的旅游景点区、风景名胜附近、宾馆饭店及商业繁华地带或大的

商业中心。

旅游商品也不同于旅游产品，旅游产品是一个整体概念，它是由旅游资源、旅游设施、旅游服务和旅游商品等多种要素组合而成。旅游商品主要是指旅游活动中人们所购买的物品，即旅游购物品。旅游商品的概念范围要小于旅游产品，旅游商品只是旅游产品的一部分，被包含于旅游产品之中，或者也可以说旅游商品实际上只是旅游产品概念集合中的一个子集。

（2）旅游商品的类型

根据不同的分类标准，可将旅游商品划分出不同的类型。旅游商品的种类繁多、分布广泛，不同的国家和地区往往根据自己的情况对旅游商品作出不同的分类。旅游商品的主要分类方法是根据旅游者购买的实际用途状况进行分类，可分为旅游工艺品、旅游纪念品、文物古玩及仿制品、土特产、旅游日用品等。

①旅游工艺品。这主要是指用本地特色材料制作的，具有独特的工艺、精美的制作、新颖的设计的艺术品，它是传统文化艺术宝藏的重要组成部分。作为旅游购物品的主要有雕塑、金属、刺绣、绘画、蜡染、各种玩具等艺术品。

②旅游纪念品。这主要指以旅游区的人文景观和自然景观为题材，体现地方特色传统工艺和风格的、带有纪念性的工艺品。这类商品的品种多、题材丰富、数量大、纪念性强，具有很强的艺术性、收藏性、使用性和礼品性，其中艺术性是最基本、最重要的特性。这种类型的旅游商品一般样式精美也不太昂贵，利于馈赠，还可留作纪念，给旅游者留下美好的回忆。

③文物古玩及其仿制品。这主要指国家允许出口的古玩、文房四宝、仿制古字画、出土文物复制品、仿古模型等。这类旅游商品真品相对比较昂贵，适宜于豪华型游客的购买；而仿制品则价格适宜，深受广大游客的欢迎。

④土特产品。这类旅游商品种类十分丰富，而且具有很强的地方特色，深受旅游者的喜爱，多为旅游者必购的自用品和礼品。

⑤旅游日用品。指旅游者在旅游活动中购买的生活日用品，包括鞋帽、洗漱用具、箱包、地图指南、化妆品、防寒防暑用品以及常用的急救品等。

⑥旅游消耗品。这是旅途中所消耗的商品，主要有饮食用品和日常用品。饮食用品是旅游者在旅途中消耗的食品、饮料、当地特色小吃等。

3）景区购物行为特点及服务程序

景区购物行为的特点主要有仓促性、非经验性和随意性（图4.15）。

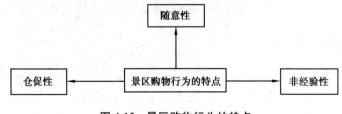

图 4.15　景区购物行为的特点

（1）旅游购物行为仓促性

仓促性一般是受到旅游行程的限制和旅游动态行为的影响,旅游者来不及也无法对旅游商品仔细辨别,也缺少对该产品的认识。选择时间的有限性要求旅游者在较短的时间内作出决策,并完成购买行为。旅游者在旅游过程中对造型优美、具有当地文化特色、其服务人员服务态度好的旅游商品容易在很短时间内产生购买意向。

（2）旅游购物行为非经验性

旅游者在旅游途中购物,一般对购买对象不太熟悉,是非经验性购买行为。另外,购买时间短、选择时间仓促,容易受到来自其他旅游者和购物氛围的诱导。再者,旅游者在景区购物容易造成购物遗憾,由于景区的异地性和旅游活动的动态性,旅游购物产生的遗憾往往很难弥补。旅游者大多是结伴而行或者跟团旅游,少数人购买商品的行为可以调动他人的购物欲望,旅游购物还具有一定的从众心理。

（3）旅游购物行为随意性

由于旅游购物是非基本旅游消费,所以是否产生购物行为由旅游者的兴趣决定。有些旅游者可能有既定的购物意向,有些旅游者可能没有既定的购物意向。即使有些旅游者有购物意向,如果供应的旅游商品毫无特色,与旅游者的购物需求不符,旅游者也会放弃购物。如果旅游景区商品品种丰富,有一定的地方特色,购物环境比较有吸引力,游客会因为即时的兴趣而产生购物行为。因此,旅游者购物行为的产生是多种因素综合作用的结果,具有一定的随意性。

针对景区购物行为的特点,旅游景区工作人员要为游客提供完善的购物服务(图4.16)。

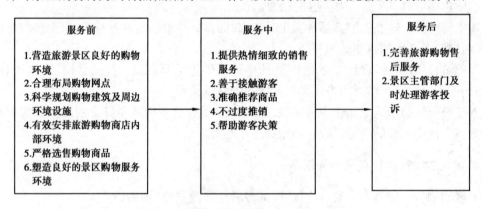

图4.16　景区购物服务程序

4.3.2　景区餐饮服务

餐饮是旅游景区的重要组成部分。它作为旅游景区的配套服务设施,不仅直接关系着游客的旅游体验,影响旅游景区整体形象,还与购物、住宿、娱乐等内容共同构成旅游景区产品体系,决定旅游景区盈利模式。

1)景区餐饮服务的特点

（1）消费层次高

旅游景区因客流量大以及地理位置特殊,人均消费比一般餐饮点高。随着人民收入水平的逐渐提高,游客对餐饮服务质量的要求也会越来越高。

（2）经营方式灵活

旅游景区餐饮服务的经营方式具有灵活性,主要有景区自助经营、承包经营、特许经营等多种经营方式。

（3）管理难度大

旅游景区餐饮服务因其经营方式灵活,缺乏有效的管理制度,所以管理难度很大。旅游景区的小餐饮店或家庭作坊,产品粗糙,环境卫生得不到保证,质量控制随意性强。

景区餐饮业的管理制度急需加强,因为目前旅游景区餐饮行业存在低值高价、偷工减料、以次充好的问题,这使游客消费时缺少安全感。

2)景区餐饮服务的作用

（1）餐饮服务是景区服务的重要组成部分

在新旅游七要素"食、厕、住、行、游、购、娱"中,"食"排在了首位。中国自古讲究"民以食为天",景区餐饮服务存在的前提是旅游者的餐饮需求,景区应根据游客的实际需要为游客提供高质量的餐饮服务。

（2）特色餐饮是景区的重要旅游资源

饮食文化是中国文化一个重要的组成部分,游客可以通过品尝美食了解当地的民风民俗、文化传统、历史沿革,甚至宗教习俗。旅游餐饮不仅仅是旅游者的生理需求,是旅游活动得以进行的必要手段,而且可以成为旅游的目的之一,即成为吸引旅游者的一种旅游资源,如美食旅游。景区的餐饮服务如果能根据客人的需求以及当地实际,恢复或开发一些名菜名点,推出特色餐饮,必然可以丰富旅游的内容,吸引更多的游客(图 4.17)。

图 4.17　跟着美食去旅游

（3）餐饮服务水平是景区服务水平的重要标志之一

餐饮服务的水平由多种因素决定，从游客的角度来看主要是由菜品的烹调技术和餐厅的服务两大因素决定。烹调技术的高低决定了菜品的味道好坏，而餐厅的服务水平则影响着游客购买、消费该产品时的心理状态。餐厅的服务除了服务人员的态度和技能，还包括餐厅的环境氛围、餐饮器皿等的质量水平，而这些都和景区的经营管理水平密切相关。

3）景区餐饮服务的类型及形式

景区内的餐饮类型主要包括大排档、快餐服务点、特殊餐馆、主题餐厅等。

（1）大排档

食摊大排档以供应地方小吃为主，由于花样繁多而且价格低廉，因此特别受到游客的喜爱。如南京的夫子庙是秦淮小吃的发源地，历史悠久、品种繁多，形成了独具秦淮传统特色的饮食集中地，是我国四大小吃群之一。

（2）快餐服务点

游客到景区的主要目的是参观游览，因此在游览过程中会选择简便易携带的快餐来节约用餐的时间；同时，快餐服务点的设置还可以省出大量的就餐空间，减少投入，增加销售额。由于快餐服务符合旅游餐饮的特点，在国外许多著名景区的餐饮服务大都以快餐服务为主。

（3）特色餐馆

特色餐馆主要指经营的特色菜品的餐馆。在一些著名景区，还有一些著名的传统老字号餐饮店。如坐落在西湖边上，素以"佳肴与美景共餐"而闻名的"楼外楼"餐馆。

（4）宴会餐厅

宴会是以餐饮聚会为形式的一种高品位社交活动方式，因此大型宴会餐厅非常讲究环境的设计，同时对于宴会菜单的设计以及餐具的配置都有严格的规定。

（5）主题餐厅

这种餐厅往往围绕一个特定的主题对餐厅进行装饰，甚至食品也与主题相配合，为顾客营造出一种或温馨或神秘、或怀旧或热烈的气氛，千姿百态、主题纷呈。如在三亚景区，有着各种各样的民族风情餐厅，比较有代表性的黎寨餐厅，就以"黎寨风情"为主题，餐厅装饰多以茅草盖顶，有木制墙裙，服务风格引入黎族待客风俗，清秀的黎家少女身着民族服装侍立两旁。

（6）农家乐和户外烧烤

农家乐餐饮为游客提供地道的农家饭，使游客在农家品尝五谷杂粮和天然野味的同时，身心得到一种回归自然的享受。户外烧烤也是景区常见的用餐类型，但考虑到烧烤时油烟对景区环境的破坏，这种餐饮类型不值得提倡。

（7）餐饮+娱乐

随着游客餐饮的多元化需求,景区的餐饮形式开始与各种娱乐活动相结合,呈现出多样化的特点。

①餐饮与歌舞表演相结合。采取饮食文化与歌舞艺术相结合的形式,使游客在品尝美味佳肴的同时,还能欣赏一台优美的歌舞表演。比较著名的有西安唐乐宫唐代歌舞盛宴,昆明世博园的"吉鑫宴舞"等。

②餐饮与康体活动相结合。这主要是指餐饮与垂钓、桑拿、洗浴等康体活动相结合。例如在一些景区,游客可以在鱼塘垂钓后,将自己亲手钓的鱼虾交给景区内的厨师烹制,更可亲自下厨,做出适合自己家人口味的美味佳肴。

③餐饮与郊野娱乐相结合。这种餐饮形式常见的有篝火晚餐、滨海大排档、野外烧烤。例如在承德坝上草原推出的"烤全羊"项目,同时附赠篝火晚会项目。

4) 景区餐饮经营管理的特点

（1）客源构成多样性

受市场区位等要素的影响,旅游景区餐饮客源以游客为主,周边居民消费较少,其核心客源来自全国各地,具有不同的消费习惯和消费水平。因此,景区餐饮在客源构成上具有多样性。

（2）经营管理复杂性

客源构成的多样性决定了旅游景区餐饮在市场营销和产品创新等经营管理思路上不能像社会餐饮一样,集中选择某个目标市场、开展经营管理活动。它需要更加灵活的管理方式才能满足不同地域、不同层次游客的消费需求,这使得景区餐饮管理存在着极大的复杂性。

（3）关联性

景区餐饮是构成旅游景区系统的子系统之一,这决定了它必然与景区其他组成部分存在十分紧密的联系。景区餐厅从财务上看是独立经营、自负盈亏,但从产品价值链的角度看,其在市场营销、人力资源、设备管理等方面都具有明显的依赖性。因此,其各项业务都需要与整个景区形成较强的关联性。

（4）管理主体多元性

景区餐饮的关联性决定了经营管理主体的多元性,景区餐饮管理不完全隶属于某个部门,而是由多个部门共同管理。餐饮部虽然是整个景区餐饮的核心部分,但其人力资源管理、市场营销等工作却被分摊到景区其他部门。

4.3.3　景区住宿服务

（1）景区住宿服务含义

景区住宿服务是指景区工作人员借助景区的住宿设施(如酒店、民宿、客栈等)向游客提供的,以满足游客在景区住宿、休息等需求为基本功能,同时也可满足游客其他需求的服务。

景区提供的住宿服务设施主要有宾馆、饭店、度假村、疗养院、民宿、客栈、房车、野营地等类型。

(2)景区住宿服务内容

景区住宿服务主要包括前厅部服务和客房部服务。其中,前厅部服务主要包括客房预订服务和接待服务(入住登记、问讯、礼宾、总机等服务),客房部服务包括清洁卫生服务(整理客房、补充物品、检查保养)、对客服务等。

景区住宿服务通常与餐饮服务等其他辅助服务相互配合,为游客在景区内的旅游活动提供最基本的条件,使旅游者的基本需求得以满足,并获得心理上的安全感。设施齐全、特色鲜明、服务舒心的景区住宿可为游客带来美好的旅游体验,延长游客在景区逗留的时间,提高游客的满意度和重游率。

(3)特色住宿——民宿

"民宿"这一词源自日本的"民宿"(音 Minshuku),民宿的广泛定义,涵盖甚广,除一般常见的饭店以及旅社之外,其他可以提供旅客住宿的地方,例如民宅、休闲中心、农庄、农舍、牧场等,都可以归纳成民宿类。民宿的产生并不是偶发于日本或中国台湾地区,世界各地都可看到类似性质的服务。

民宿在世界各国会因环境与文化生活不同而略有差异,欧洲大陆地区多是采用农庄式民宿(Accommodation in the Farm)经营,让一般民众能够享受农庄式田园生活环境,体验农庄生活。加拿大则是采用假日农庄(Vacation Farm)的模式,提供一般民宿,游客在假日可以享受农庄生活。美国都多见居家式民宿(Homestay)或青年旅舍(Hostel),不刻意布置居家住宿,价格相对饭店更为便宜。英国则惯称"Bed and Breakfast"(BNB),按字面解释,意为提供睡觉的地区以及简单早餐,费用大多每人每晚二三十英镑,视星级而定,价格会比一般旅馆便宜许多(表 4.2)。

表 4.2　各国民宿特色

美洲地区	欧洲地区	亚洲地区
发展特色:美洲民宿发展相对成熟,以居家式为主	发展特色:以英国、法国为代表,它们是民宿发展的发源地	发展特色:以中国台湾地区、日本为经典,它们是全球民宿发展精品的代表
开发形式:以青年旅舍、家庭旅馆的形式呈现,价格相对便宜	开发方式:优先保护农舍,结合开发,采用副业形式经营	发展趋势:不同主题风格的民宿成为旅游核心吸引物之一,并呈现高端化、精品化、重服务的趋势

　　传统的民宿定义已无法涵盖兴盛的各类民宿,泛民宿的特征表现为根植于乡村文化形态,为旅游者驻留而设计的文化主题鲜明、功能复合、兼具人文情怀与经营理性的特色住宿产品(图 4.18)。

图 4.18　特色名宿

　　民宿具有充分体现地域文化、服务个性化、主客互动的生活体验、共有情怀互动、极致服务理念及精彩的建筑设计等特点。民宿目前逐渐成为景区主要旅游产品,改变了传统景区住宿的模式(图 4.19)。

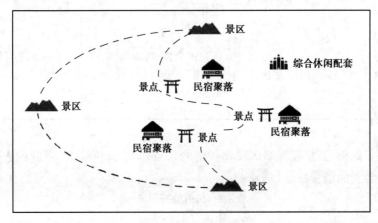

图 4.19　民宿与景区

　　我国民宿的发展起步较晚,行业力度较弱。各发展阶段如表 4.3 所示,民宿的出现使得我国景区住宿设施发生了较大的变化,景区从住宿基本功能向突出旅游特色、吸引游客转变,这也对景区住宿服务的管理提出了较大的挑战。

表 4.3　我国民宿发展阶段

发展阶段	20 世纪 90 年代:萌芽阶段	21 世纪初期:发展阶段	2010 年以后:拓展升级阶段
关键字	低端、分散、农家菜	个性化、情怀	精致化、中高端、小而美
自身规模	乡村个体农家乐	品牌化发展,区域拓展、模式复制	美丽乡村改造、集群式发展,形成民宿度假区域

续表

发展阶段	20世纪90年代:萌芽阶段	21世纪初期:发展阶段	2010年以后:拓展升级阶段
主要功能	主要承担住宿及餐饮功能	关注选址,依托景区发展,如人文古镇、自然山水景区等	成为景区的核心吸引力之一,体验多元化,旅游微目的地逐渐形成
民宿档次	价廉、档次低,设施不足	档次升级,设施健全	精品化、中高端、设施完善
民宿主题	基本无主题	个性化开始凸显,主题风格与服务理念开始衔接	关注人文,融入在地文化;但同质化问题也不断出现
民宿服务	村民自发的"热情好客"	民宿主个性化、特色化服务	在地文化交融,定制化活动体验
投资主体	村民自发经营为主	村民个体、村镇集体,以"村外"经营者与投资人居多	政府、酒店集团、跨界、社会资本、众筹等多投资方式

　　民宿不等于低价,近年我国景区民宿供给的品质升级、价格攀升、不低的入住率,也反映出了新一代旅游者的消费特征(表4.4)。

表4.4　民宿价格列举

单体:大乐之野		连锁品牌:正福草堂	
价格(元):1 200~2 000　　入住率:60%~70%		价格(元)(自营):380~1 380　　入住率:52%	
民宿区	价格区间(元)	民宿区	价格区间(元)
一号楼	1 200~1 600	同里(自营)	480~1 380
二号楼	1 600~2 000	周庄(自营)	380~1 080
三号楼	1 200~1 800	丽江(转让)	120~580
五号楼	1 200~1 500	——	——
六号楼	1 600~2 000	——	——

资料来源:根据民宿官网价格整理.

案例启迪

莫干山民宿群

○ 民宿经济已成为当地重要经济支柱

　　2015年德清民宿已达200多家，全年营收1.7亿元左右，民宿经济已成为当地重要经济支柱。

○ 多国资本投入，洋家乐带动民宿整体发展

　　德清有各类"洋家乐"35家，分别由来自南非、法国、英国和比利时等十余个国家的外商投资经营。"洋家乐"的成功，对莫干山民宿经济的发展至关重要。

○ 文化底蕴浓，建筑本身也是风景

　　名人故居建筑文化底蕴深厚，本身就是极具魅力的住宿依托。"一村一品"，差别竞争。

隐居莫干

隐居莫干有两处宅院，
一处依山，四周是满山翠竹；
一处傍水，脚下是潺潺溪水。
主人分别给它们取了名：
山隐、山隐。

大乐之野

共有两幢，
主幢两层楼各有两间客房，
均坐北朝南，以节气命名，
分别为"谷雨""小满"
"白露""小寒"。

资料来源：莫干山民宿旅游——携程旅游.

4.3.4　景区娱乐服务

（1）景区娱乐服务的含义

景区娱乐服务是指借助景区的设施给游客提供的各种娱乐活动,使游客获得视觉及身心的愉悦,常表现为非物质形态的体验。

（2）景区娱乐服务的内容

①按照产生时间和主题划分。从娱乐活动产生的时间和主题看,景区娱乐服务分为传统娱乐活动和现代娱乐活动两大类。如泼水节、赛龙舟、那达慕等传统节庆娱乐活动是民族历史文化的沉积;"又见平遥"等现代新兴娱乐活动体现了旅游者对景区娱乐活动的要求越来越高,需要景区精心策划。

②按照场地划分。

舞台类——这种娱乐服务因景区规模和类型不同而呈现出不同的特色。随着旅游者多元化需求的增加,该类娱乐服务也呈现出多样化的特色。如大型实景演出的出现,扩展了舞台的外延,使娱乐体验更震撼人心(图4.20)。

广场类——这是景区最早采用的娱乐形式之一。它是景区为了丰富游客的旅游经历和体验而策划的中小规模的、由游客参与的娱乐活动,活动内容比较丰富(图4.21)。

图4.20　"印象丽江"——大型山水实景演出

图4.21　广场嘉年华活动

村寨类——近年民族旅游受到越来越多的旅游者的青睐,一些民族旅游聚集地相继建立了以民族村寨为特色的景区。游客在景区内可以体验到许多具有民族特色的旅游活动,感受民族文化,获得精神愉悦感(图4.22)。

街头类——该类娱乐活动纷繁热闹,其源于过去或新兴的街头娱乐项目,包括传统项目如评书、套圈、杂技、绘画、街头行为艺术等。这类娱乐项目能有效地烘托景区的旅游氛围,也为艺术爱好者提供了展示的场地(图4.23)。

特有类——该类娱乐活动是景区为了适应旅游者求奇求新的心理,而不断推出的新型娱乐项目,其更新速度很快,如蹦极、滑翔等(图4.24)。

图4.22　肇兴侗寨

图 4.23　街头艺术展示

图 4.24　蹦极娱乐活动

（3）景区娱乐服务的目的和意义

①有利于提高游客的体验和满意度。景区娱乐不仅能让游客欣赏到精彩的节目，同时也能让游客参与到娱乐活动中，在旅游体验过程中获得较好的旅游体验，从而吸引游客重游景区。

②是景区直接创收的重要途径。作为旅游七要素之一的"娱"，利润空间较大，是景区创收的途径之一。

③拉动景区内相关产业发展，实现景区间接创收。景区娱乐项目的开发，不仅可以延长游客逗留的时间，还可以改善景区收入的模式，拉动其他六要素的发展，实现景区间接收入。

（4）景区娱乐服务管理总体要求

①保证各种娱乐设施设备完好。景区工作人员应加强对娱乐设施设备的定期维护和保养，必须在每天上岗前认真检查所有娱乐设施，保证其处于良好的使用状态，确保游客人身安全。

②提供清洁卫生的娱乐环境。景区工作人员应保持娱乐项目所区域的清洁卫生，每天上岗时、下岗前要认真打扫，为游客提供一个良好的体验环境。

③注重工作人员的素质培养。景区工作人员的培养是一项艰巨工程，应培养员工的学习能力。景区员工应具备良好的职业道德、文明素质、娴熟的技能和良好的心理素质，为游客提供高质量的服务。

④做好娱乐项目的配套服务工作。景区工作人员应耐心、细致地为游客讲解娱乐项目及设施的使用注意事项。对于过于刺激的娱乐项目，应事先告知游客娱乐活动的危险性，提醒其注意游乐安全。

总之，景区应保证为游客提供舒适、安全、清洁的娱乐环境，热情周到的服务，使游客有宾至如归之感，有利于塑造景区的旅游品牌。

复习思考题

1. 如何理解旅游景区的含义?

2. 景区对客服务有哪些?

3. 如何处理游客的投诉?

4. 如何看待"互联网+"背景下的景区解说系统?

5. 民宿的发展历程是什么?

6. 如何理解特色民宿成为景区旅游的吸引物?

7. 如何看待民族村寨旅游开发?

【案例研究】

还差一个月的免费门票

游客管女士一行来某景区参观游览,购买门票时同行的有一位老人出示老年证,但景区工作人员小赵称老年证上日期不满 60 岁(实际情况差 1 个月),不能予以优惠。工作人员小赵对游客作解释时间过长,从而造成大量来购票的游客在售票窗口滞留,造成游客投诉。

导游行为缺规范,迟到拖延是常事

2014 年 1 月,游客 Anda 在网上报名参加广州某国际旅行社组织的惠东顺寮湾旅游,旅行社要求游客早上 8:00 集合出发,但导游无端迟到 15 分钟,使整团人等导游到达才能出发,拖延了行程。中午休息时,导游告知游客有 1 个小时的自由活动时间,并约好 13:30 集合。等游客全部集合完毕后导游却迟迟不现身,让游客站在寒风中等了 40 分钟。

资料来源:旅游投诉案例,《南方日报》.

讨论问题:

1. 对于上述情况,你该如何应对?

2. 这两件事情分别会对相关景区造成什么样的影响?

3. 结合景区服务,有哪些更好的处理方式?

4. 导游服务应如何监管?

开阔视野

美国国家公园的解说与教育功能

美国的每个国家公园都有其独特的特点,而西奥多·罗斯福国家公园是少有的几个集历史纪念意义地与自然景观相结合的国家公园。西奥多·罗斯福国家公园位于美国北达科他州,始建于 1947 年。当时,美国国会为致敬西奥多·罗斯福总统的遗产保护精神,通过该公园的建立法案,并为其命名为西奥多·罗斯福国家纪念公园(Theodore Roosevelt National Memorial Park)。之后在 1978 年,国会为其正式更名为西奥多·罗斯福国家公园(Theodore Roosevelt National Park),并特别指定其 29 920 英亩①的公园土地为原始荒野而对其进行保护。

园内具有历史纪念意义的景观主要有罗斯福小屋、罗斯福纪念馆等。自然景观主要是其独特的地形地貌、正逐渐减少的草原;从落基山冲蚀的大量矿物质累积形成的一个个突起岩丘;河流冲刷质地较软的岩层形成类似“火星”的大面积荒地地质景观;大片原始荒野以及大规模野生动物群等。

西奥多·罗斯福国家公园(以下简称罗斯福国家公园)的使命就是为子孙后代维护和保护这些公园的自然资源和文化资源。公园分为 3 个区:自然景观为主的北区(North Unit)和南区(South Unit)以及作为罗斯福总统纪念地的核心区(Elkhorn Ranch)。公园在不同地点设置有不同的解说与教育服务形式,内容贴切、生动而令人难忘。

哈珀斯·费里规划中心在为罗斯福国家公园解说与教育服务做规划时,首先对公园现有资源和受众群体进行了全面分析,得出该公园现有资源可以吸引哪些游客前来参观及游客想要在该公园了解哪些资源的结果,以便规划中心为公园规划适合联系公园与游客的解说与教育项目。由于罗斯福国家公园的资源主要集中于奇特的地质地貌和深厚文化积淀的罗斯福事迹、印第安文化,吸引着无数喜欢地理研究和历史文化研究的游客;加之公园内自然资源分布广阔、人文资源分布相对集中,公园在主要且重要的地段上设置了涵盖多种知识信息的游客中心,为游客提供解说与教育服务。罗斯福国家公园里有 3 个主要游客中心,分别是北区游客中心、南区游客中心和 Painted Canyon 游客中心。这 3 个游客中心的解说服务设施略有不同,北区和南区游客中心的解说服务设施主要有下列内容:一部长达 17 分钟的公园电影,电影的主题是介绍罗斯福国家公园以及美国对荒野文明庇护的精神;展品和展览,其内容是野生动物的标本、地质地貌样品以及与罗斯福总统有关的历史收藏展品等;游客服务前台,是其员工为游客提供服务之处;西奥多·罗斯福自然与历史联合书店;一个公园与狄克森州立大学西奥多·罗斯福中心(The Theodore Roosevelt Center at Dickinson State University)合作的在线网上咨询平台。Painted Canyon 游客中心位于荒地景区附近,外带一个观景台,因此它的解说设施多了一个户外解说场地。这些设施所要表达的解说内容主要有 3 点:其一是罗斯福总统在这片土地的历史、贡献以及土著印第安部落的历史文化与风土人情;其二是地质地貌的科学知识;其三是以野生动物为主的生物生命科学知识。公园内的正式解说、非正式解说、艺术表演等解说方式也是围绕这 3 点内容而展开的。

资料来源:王辉,张佳琛,等.美国国家公园的解说与教育服务研究[J].旅游学刊,2016(5).

---

①　1 英亩≈4 046.86 平方米。——编辑注

第5章
景区旅游产品供给侧改革

【学习目标】

通过学习本章,学生应该能够:

理解:供给侧改革

　　　旅游供给侧改革提出的背景

　　　旅游供给侧改革的理论基础

　　　理论内涵与理论构建

熟悉:当下旅游需求侧所出现的新态势

　　　景区旅游产品供给的现状与问题

掌握:供给侧改革视域下景区旅游产品开发策略与配套措施

【关键术语】

供给侧改革;旅游供给侧;旅游需求侧;旅游产品结构;全域旅游;"旅游+"

开篇案例

大力促进旅游供给侧改革　推动我国旅游业发展迈上新台阶

国务院副总理汪洋2016年1月11日在京主持召开国务院旅游工作部际联席会议第三次全体会议。他强调,要深入贯彻十八届五中全会和中央经济工作会议精神,适应和引领经济发展新常态,加快转变旅游发展方式,着力推进旅游供给侧改革,发挥市场在资源配置中的决定性作用和更好发挥政府作用,促进旅游业持续快速健康发展,为国民经济稳增长、调结构提供持久动力。

汪洋指出,当前,我国居民消费步入快速转型升级的重要阶段,旅游业正迎来黄金发展期;同时,旅游业也处于矛盾凸显期,旅游产品供给跟不上消费升级的需求,政府管理和服务水平跟不上旅游业快速发展的形势。要落实好国家支持旅游业改革与发展的一系列政策,加快旅游基础设施和公共服务能力建设,大力发展乡村旅游,充分挖掘旅游消费和投资潜力。深入实施旅游精准扶贫。要加强旅游市场综合治理,建立权责明确、执法有力、行为规范、保障有效的综合监管机制,建立旅游综合监管主体责任清单,鼓励地方探索建立"旅游警察""旅游工商分局""旅游巡回法庭"等,通过标本兼治营造良好的旅游环境,让广大游客游得省心、游得放心、游得开心。

资料来源:新华社.

5.1 旅游供给侧改革概述

5.1.1 研究背景

工业革命后,随着科技进步、生产力水平提升,人们的物质需求得到极大的满足。但是,资本主义制度的固有矛盾引发了 1929—1933 年的经济大危机,企业破产、工人失业、市场需求急剧萎缩,在此背景下,凯恩斯提出政府应该通过货币政策、财政政策等来影响总需求。当时主张通过政府干预经济的凯恩斯主义政策确实推动了经济发展,促进了 20 世纪 70 年代欧美资本主义国家黄金时代的到来。然而,学界对凯恩斯学派理论的质疑一直没有停过,对于后来出现的滞涨问题,凯恩斯政策变得束手无策。20 世纪 80 年代,面对滞涨,供给学派认为应通过用"无形的手(市场)"来调控经济而避免政府的直接干预,主张通过减税降低企业成本,利用总供给带动总需求,最终实现供需平衡。但历史发展阶段性特征告诉我们,如果在相当长的时期内,过分偏重一方,其效力有下降趋势,负面效应也会随之出现。

长期以来我国一直强调需求侧改革,提出利用消费、投资、出口"三驾马车"拉动经济增长。在 20 世纪 80 年代,利用国内廉价劳动力,运用价格优势,大力发展对外出口贸易;20 世纪 90 年代通过扩大内需、增加投资等方式推动经济发展。在特定时期内,收效显著,这些供给与需求措施确实拉动了经济增长。但是,随着社会发展、人们认知水平提高以及可支配收入增加,供需矛盾等负面效应也逐渐显现。2015 年 11 月,习近平总书记在中央财经领导小组第十一次会议上首次明确提出,在扩大总需求的同时,要加强供给侧结构性改革,提高供给体系的质量和效率。这一改革思路是在中国经济发展新常态下"三驾马车"出现颓势的背景下提出的。究其根本就是近年来国家不断出台和调整刺激需求的政策所取得的成效相对不足。此后,供给侧改革在多个场合被国家领导人提及。改革开放以来,我国制造业的发展使得人们逐步摆脱物质层面的匮乏,物质需求得到满足,然而,由物质带来的幸福感也在降低。

除中国制造业等需要结构性变革外,旅游行业的供给侧改革也势在必行。据联合国世界旅游组织测算,2016 年,国内旅游人次达 44.4 亿,入境旅游人数达 1.38 亿人次。2016 年旅游总收入预计达 4.69 万亿元,同比增长 13.6%。中国旅游业对国民经济综合贡献达 11%,超过汽车、教育以及银行等产业。相对于物质产品需求的有限性,人们对精神和服务的需求具有无限性,人们未来的需求将上升为以精神文化的非物质产品为主。

因此,以娱乐休闲旅游等为主的服务型产业将在供给侧改革中发挥重要作用,但相应的旅游产业供给却显得不足。据国家旅游局统计数据显示,中国出境旅游购物市场规模已达

6 841亿元,中国游客主要遍布韩国、日本、欧美等发达国家和地区,韩国化妆品、日本生活用品等备受中国游客青睐。因此,在人们日益关注满足精神需求的社会现实面前,增加旅游产业供给无疑成为中国经济供给侧弥补短板的一种有效方式。

中国经济经过30多年的快速发展,巨大的旅游市场需求正在加速释放,伴随而来的也有供给与需求的不相匹配。一方面,低水平、同质化、粗放式的旅游产品大量存在;另一方面,高品质、个性化、精细化的新业态产品和休闲度假产品供给严重不足,呈现结构性过剩与结构性短缺并存的局面。所以,如何满足市场需求的变化、如何推进旅游"供给侧改革",是当下中国旅游业面临的一个重要命题。

5.1.2 理论基础

经济增长的动力问题一直是国外经济学家研究的重点且起步较早。先是以亚当·斯密等为代表的古典经济学派认为,经济增长产生于资本积累和劳动分工之间的相互影响,实现经济增长就要发挥市场在资源配置中的作用,让资本良性流通。接下来是以索罗为代表的新古典增长理论,采用C—D生产函数,认为推动经济增长在于增加生产要素投入量和提高全要素生产率。以罗默、卢卡斯等学者掀起的新增长理论将经济增长原动力从外生转化向内生,把知识积累和技术进步视作能否推动经济增长的关键要素。到新制度学派经济增长理论时,将制度环境纳入经济增长考虑的重要因素。总的来讲,在国外关于经济发展的动力有两种基本观点较为流行,影响也最大。一种观点是以马尔萨斯和凯恩斯等为代表的经济学家,主张通过"三驾马车"的运作刺激总需求,进而推动经济发展,强调应加强政府对经济的宏观调控。另一种观点是以萨伊为代表的古典派和以拉弗和弗尔德斯为代表的供给学派,主张供给因素才是经济增长的核心动力,主张尽量减少政府对经济的干预,充分发挥市场机制的自我调节作用。

国内学者依据经济学理论也对我国经济增长的动力进行过许多探索,例如,黄志刚等通过对实现经济增长的劳动、资本、效率等因素进行测算,探究了新常态背景下我国经济增长应该遵循的方向;林毅夫等认为农业改革、非公有制经济的发展和资本的积累对经济增长具有重要作用;靳涛等认为政府需要通过优化经济结构和体制机制改革推动我国经济发展。经济良性运转靠单一的"供给侧"或是"需求侧"显然都不可行,更重要的是要抓住经济运行的主要矛盾和矛盾的主要方面以实现供需平衡。从目前中国经济的发展现状来看,更典型的问题表现为市场的供给不能较好地满足日益增长的市场需求,"供需错位"严重阻碍了中国经济的长远发展。

总的来看,旅游经济增长的相关研究并未引起国内学者的足够重视,关注的重点多在于旅游对当地经济增长的影响以及旅游经济增长动力机制的构建。对于旅游供给侧改革的探讨较为薄弱。

5.1.3 理论内涵

所谓"供给侧改革",就是从供给、生产端入手,通过提高效率、提升竞争力来促进经济发展。供给侧改革是指通过采取优化要素资源配置,鼓励企业创新,促进淘汰落后产能,降低税、费负担和深化国有企业、战略性新兴产业和现代服务业等关键环节和重点领域改革等方式。其实质在于实现经济发展方式从投资驱动到效率驱动的转型,希望通过提高企业创新意愿和生产活力,提高全要素生产率,以实现经济的持续增长和长期繁荣。具体措施有清理僵尸企业,淘汰落后产能,将发展方向锁定为新兴领域、创新领域等。

旅游供给侧改革是在信息科技创新应用推动下旅游产业结构性调整引发的变革。目前,旅游供给侧改革主要指向三大问题:一是旅游产品的结构和供给效率;二是政府制度供给不足;三是旅游市场资源配置和企业创新。

国务院副总理汪洋指出,旅游产品供给跟不上消费升级的需求,政府管理和服务水平跟不上旅游业快速发展的形势。王兴斌指出,目前制约旅游业发展的因素是"供给侧结构不合理、不平衡,不能适应需求侧多元化、升级型的市场消费",同时认为企业是改革的市场主体,产品是供给侧的核心,创造"令人心动的有效供给"和"让人心安的产品质量",应成为旅游人的担当。国家旅游局局长李金早指出,旅游产品供给不足仍然是当前我国旅游业的主要矛盾之一,"供给侧改革最突出的问题就是制度供给不足。"虽然旅游供给侧改革的三大问题涵盖了市场主体、产品服务和制度监管等方面,即指向旅游企业、旅游关联企业和政府,但供给侧改革的根源在于旅游消费需求和消费方式的变革,因此应将供给侧与需求侧勾连起来。

目前,严格从学术意义上探讨旅游供给侧改革内涵的理论研究较为薄弱。程玉、王艳平基于"治本+产业规模"的思考,讨论了供给侧改革的经济形势及其背景变化,认为应大力提高产品质量、开展创新活动;同时,从语言学与当前经济形势两方面融合角度,研究了以供给侧代替供给方的知识意义,并有创见性地提出供给侧作为一个概念所具备的 4 个特征:近距离、竞合和、大数主体、一侧一方。该研究认为,旅游供给侧之改革可以从协商创新、第三方、社会事业入手,改变当今主要依靠企业、国有、个体的 3 种供应形式。

对于我国旅游业供给侧改革可能存在以下错误认识,要引起注意。

(1)简单地用西方供给学派认识我国旅游业供给侧改革

我国旅游业进行供给侧结构性改革并不能完全照搬照抄西方供给派学者的观点。首先,我国旅游业并非仅是要强调通过刺激供给来增加需求,而是要强调提高供给的质量和效率,增加有效供给。其次,我国旅游业的发展前景良好,旅游总收入和总旅游人次连年持续增长,并未出现发展停滞问题。最后,我国旅游业进行供给侧结构性改革不仅是要通过减税等政策作用于所有企业,更重要的是要解决旅游发展过程中的产业结构问题,助推旅游业转型升级。

(2)认为旅游业供给侧改革就是摒弃需求侧

我国旅游业进行供给侧结构性改革,要建立在适度扩大总需求的基础之上。过去以逆经济周期调整、注重刺激总需求的需求侧政策只能解决经济发展短期问题,会遗留下来许多结构性问题,不利于长期发展。我国旅游业要进行供给侧结构性改革,但并不是要忽视、摒弃需求侧。供给侧和需求侧都是我国旅游业发展的重要组成部分,两者平衡协调推进,才能实现我国旅游业的可持续健康发展。

(3)认为旅游业供给侧改革就是盲目增加供给

西方供给学派认为,供给能力越大,需求就越大,不会存在供给过剩的情况,因此就可能将旅游业供给侧结构性改革错误地理解为盲目增加投资、供给。但要注意的是,增加的旅游产品供给是否真的能够创造旅游需求,如果不能,则又会导致大量的低端旅游产品供给过剩,违背了供给侧结构性改革的初衷。旅游业进行供给侧结构性改革应该重在提高供给的质量和效率,提高全要素生产率,来优化我国旅游业的供给水平。

5.1.4 理论构建

新的旅游经济增长动力机制,要告别过去过度依靠"三驾马车"的发展模式,注重在供给侧和需求侧协同发力,同时依靠创新驱动来形成合力,实现旅游经济可持续健康发展(图5.1)。在供给侧,要由过去的主要依赖旅游要素推动(劳动力、资本、资源等)向供给侧的"三大发动机"(要素升级、结构优化、制度变革)驱动过渡。

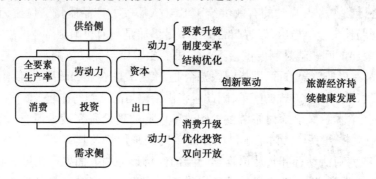

图 5.1 旅游经济动力系统

1)供给侧改革

通过"三大发动机"推动旅游经济可持续健康发展。

(1)要素升级

摆脱劳动力密集型以及对旅游资源严重依赖、过度开发的发展模式,利用高科技、先进技术、知识要素升级、自然资源、人文资源等旅游业发展要素,降低企业成本,提升企业利润;重视教育和旅游研究的作用,下大力气发展和培养高素质、高文化水平的旅游从业和旅游研究人员,创新教育理念,进行校企联合职业培训教育,使高校专业学生将理论与实践相结合,把失去的人口红利转化为人才红利。

(2)结构优化

第一,丰富旅游产品的结构。告别我国旅游业发展一直以来以观光旅游为主导的产品供给体系,尽快实现向集观光、休闲、度假、健康等并重并不断丰富的产品供给体系过渡;同时,密切关注并大力发展新兴旅游热点的相关旅游产品,注重探险游、分时度假、自驾游、邮轮游、私人定制、高端旅游等旅游产品的打造,以更好地满足国内游客日益丰富的消费需求,更多地吸引外国友人。

第二,优化区域发展结构。要注意三大区域旅游的协调发展。广大中西部地区,地大物博,自然、人文旅游资源丰富,旅游发展水平却严重滞后于东部地区,技术进步尤其缓慢。

因此,应注重对广大西部地区旅游发展给予政策倾斜,引进高新技术和先进人才,完善交通、互联网覆盖等基础设施建设,做好一些东部地区旅游产业的转移工作。可以大力推动东中西地区合作发展的旅游项目,形成跨地区经营的旅游组织,以实现区域间旅游经济的均衡发展。注意协调城乡差距。在推动新型城镇化过程中更好地发展旅游业,高质量地发展乡村旅游,实现旅游扶贫,推动城乡一体化。例如,浙江地区许多特色小镇的建设以及海南省全域旅游的试点均已在全国率先崭露头角,值得效仿。但发展乡村旅游切忌采用盲目开发、跟风建设、千村一面、破坏乡土等错误做法。

（3）制度变革

创新体制机制,提供政策支持,是旅游业发展落实供给侧结构性改革、旅游经济实现转型升级、培育新动能的核心所在。

第一,改变过去政府主导的旅游发展体制,让市场在资源配置中起决定性作用。政府应减少行政干预,简政放权,充分释放市场的活力。但同时也需要确立负面清单,规范旅游市场秩序,建立完善的旅游投诉、处理机制,完善相关法律,在许多旅游纠纷处理上做到于法有据、有法可依,为旅游市场良性发展提供一个法制化、规范化的大环境。

第二,对风景名胜区、自然保护区、森林公园等国有景区的管理、经营体制机制进行改革。向国外的优秀典例学习,完善相关的法律法规,建立统一管理机构,明晰旅游景区的产权、管理权和经营权。针对不同性质的具体景区项目,因地制宜、合理划分经营权可出让、可部分出让和不可出让的界限,实行政企分开、政事分开。不能再将景区发展作为地方政府的摇钱树和政绩工程,降低门票价格,提高其公益性。

第三,创新导游管理体制。改革原本封闭的导游管理体制,将导游开放为自由职业,让导游人员可以直接参与行业多元化的竞争。推动"互联网+导游"的新型发展模式,实现导游工作的透明化,建立导游工作的点评激励机制,让游客可以根据互联网自由选择导游。通过以上改革措施,可以摆脱导游对旅行社的依赖,切实减少不合理的零负团费、填坑团、逼迫游客购物等旅游乱象,优化导游工作者的从业环境,推动导游管理走向市场化、法制化。

第四,落实带薪休假制度,创新休假安排。落实好职工的带薪休假权利一直是我国发展过程中的一道难题,企业普遍缺乏落实员工带薪休假的自觉性,且尚无相关完备的法律法规,就形成了国内游客假期集中出游。因此,出台相关政策落实带薪休假,创新休假制度对于提高旅游供给质量具有积极意义。例如,可以灵活地给予地方政府自行安排休假的权利,地方政府可以根据当地民风习俗安排小长假,全国就可以错开统一的小长假出游高峰,提升出游质量。

案例启迪

为何我们有假不敢休?

调查称,中国上班族所承受的压力较大,八成人将旅游作为减压的首选方式。可是面对"黄金周"成"拥堵周"的现实,"带薪休假"对于大多数人来说依然是"水中月、镜中花",可望而不可即。实际上,带薪假能否落实,关键是事在人为。

　　带薪休假,又称带薪年休假,是指劳动者依照法律规定,在工作满一定期限后每年享有保留原职和工资的休假。带薪年休假是劳动者依法享有的劳动福利之一,劳动者可以与用人单位协商后确定某一段时间作为休假期间,在该休假期间内劳动者无需提供劳动,但用人单位仍需按正常工作期间向劳动者支付工资及劳动福利。

　　带薪年休假制度发源地是法国。20世纪30年代,200万工人大罢工之后,1936年6月7日,法国总工会和雇主协会签订了《马提翁协议》。1936年6月20日,法国《带薪假期法》正式颁布,规定法国所有员工只要在一家企业连续工作满一年便可享受15天的带薪假期,由此建立了全球最早的带薪年休假制度。之后,在工会等组织的努力下,法国人的带薪年休假权利写进了法国《劳动法》。

　　我国劳动者享受带薪年休假权利的法律渊源是《中华人民共和国宪法》第43条:"中华人民共和国劳动者有休息的权利。"1995年1月1日施行的《中华人民共和国劳动法》第45条明确规定:"国家实行带薪年休假制度;劳动者连续工作一年以上的,享受带薪年休假。"

　　2008年1月1日起施行的《职工带薪年休假条例》对我国劳动者带薪年休假权利的行使进行了具体明确的规定。为实施《职工带薪年休假条例》,人力资源和社会保障部于2008年9月18日颁布施行了《企业职工带薪年休假实施办法》。至此,我国劳动者享受带薪年休假的权利形成了宪法、法律、行政法规、部门规章"四位一体"的法律保障格局。

　　带薪休假为什么不能很好地得到落实?《中国青年报》社会调查中心对3 913人进行的一项调查显示,45.9%的人反对用带薪休假代替"黄金周",认为"不切实际";55.8%的人干脆表示,与其指望充满不确定因素的带薪休假,不如统一增加"黄金周"的休假时间。50.4%的人直言所在单位不实行带薪休假;78.1%的人认为,劳资双方不对等,员工没有话语权,导致带薪休假难以全面落实。

　　一名不愿透露姓名的国企员工说,他的单位确实公布了带薪年休假的规定,但是所谓"出头椽子先烂",根本没有人会向上级提出休假申请。"尤其是管理工作者,谁也不想因此影响前途。"

　　私企方面。中小型私营企业在国内占主流地位,因为不愿增加用工成本,一般不主动提出让员工休年休假;员工由于害怕影响自身发展,也不敢向企业提出休假要求。"事实上,很多公司在员工新进的时候,就会告知内部休假规定,这些规定通常对员工都是不利的。"

　　对于带薪休假难以落实的原因,72.6%的人认为是有关部门缺乏监管和处罚;66.3%的人认为是相关法律法规不够健全,缺乏实施细则。虽然国内有工会组织,但是它们并没有充分发挥作用,为劳动者争取更好的福利待遇。公权力支持力度不够,是带薪休假难以落实的重要原因。

　　带薪年休假权利的救济方面,世界各国采取了多途径、多层次的救济方式,如日本法律规定企业内设劳资纠纷化解机构,该企业可获得政府奖励;美国政府则设了调解机构;英国设有仲裁服务中心,独立于政府,提供免费咨询服务。

　　资料来源:《新观察》.

　　第五,进一步完善我国旅游公共产品供给不足的问题,像交通、互联网覆盖、厕所等基础设施建设急需加紧建设,尤其是广大中西部地区的基础设施条件差,严重制约着其旅游业的进一步发展。同时,旅游集散地、旅游咨询、旅游投诉、游客安全保障等方面的工作也必须下大力气完善解决,在现行政府提供公共产品效率低的情况下可以考虑旅游公共产品的市场化运作。总之,提高公共服务水平才能真正提高我国旅游业的供给质量(图 5.2)。

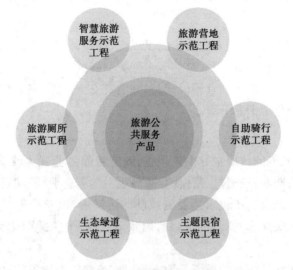

图 5.2　旅游公共产品供给

第六,鼓励、支持非公有制经济在旅游业供给侧结构性改革中发挥重要作用。国家可以根据地区实际情况,给予激励政策,降低税收来推动非公有制经济、民间资本大量涌进旅游业。鼓励 PPP(Public Private Partnership)发展模式,民间参与公共基础设施建设和公共事务管理的模式统称为公私(民)伙伴关系,指政府、私人企业基于某个项目而形成的相互间合作关系的一种特许经营项目融资模式。当前,许多民营企业已经成为旅游市场的主要力量,不仅可以带动就业、激发创业激情、充分释放市场活力,还可以化解过剩产能,而且这些民间企业往往更符合人民的需求(图 5.3)。

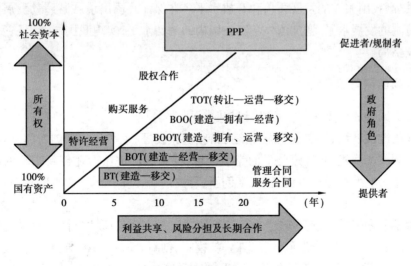

图 5.3　PPP 模式特点

2) 需求侧改革

通过"三驾马车"拉动旅游经济可持续健康发展。

(1) 消费升级

引导国内游客的旅游消费理念由过去的以观光、探亲访友、商务目的为主,转向度假、休闲、康体医疗、科研探究、探险、回归大自然等多种类型旅游目的;充分利用高新技术,提升国内旅游产品与商品的质量、档次和营销模式;做好消费安全保障,完善相关法律法规政策,维护消费者权益,以实现旅游消费升级。

(2) 优化投资

过去中国旅游业发展的政府主导模式严重,政府将旅游业视为政绩工程、"摇钱树",对旅游业进行大量投资;同时,还通过各种优惠条件吸引国有企业、民间资本、国外资本涌入旅游业。但是,由于地方政府过于追求用投资拉动旅游发展,以及旅游投资来源的分散、不规范等,造成了旅游业发展局部的"潮涌现象",以致星级饭店、主题公园等业态重复建设、产能过剩。

因此,未来急需优化旅游业的投资。地方政府应节制旅游投资的冲动,不再盲目追求短期利益,设立统一的投资管理机构,对旅游投资项目进行细致的可行性研究。严格旅游投资项目的审批,严厉打击投机倒把的违法投资项目,以达到规范旅游投资项目、优化旅游投资的目的。

(3) 双向开放

我国旅游业发展要借力于各种外交契机,以长远发展的战略眼光,打造旅游业全方位对外开放平台,推动旅游发展的双向开放。以中美旅游年为例,可借机发展中国旅游品牌的跨文化营销、中国企业的跨国投资,并同外国企业共同合作、深入学习,助推中国旅游企业提质增效,切实提高我国旅游的发展质量和开放水平。在保证我国出境旅游蓬勃发展的同时,着力提高入境游的发展水平,增加国外游客在国内的消费水平,实现我国旅游经济发展高质量的双向开发格局。

3) 综合供给侧与需求侧

通过创新助推我国旅游经济可持续健康发展。

要助推旅游经济增长,实现旅游经济可持续健康发展,也必须依靠创新驱动发展。建立国家有效的创新激励机制,构建公平的竞争环境,保护和促进旅游业创新实践的利润转化,为推动我国旅游业发展的理论创新、制度创新、科技创新、产品创新、营销创新等营造良好的环境。

推动旅游业发展的转型升级,急需引入大数据、云计算、互联网、物联网等先进技术,并探索其与传统旅游业态融合发展的新思路、新模式,创新旅游产品生产、营销模式;拓宽旅游资源边界,延长旅游产业链,利用"旅游+""+旅游"概念,使旅游发展不仅要与第三产业,如文体、医疗、房地产等领域深度融合,更要实现与工业、农业的跨产业融合(图5.4)。

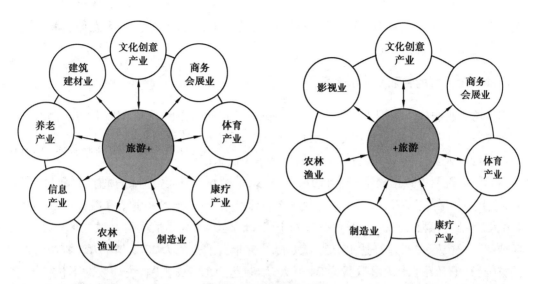

图 5.4　旅游融合发展

因此,要解决旅游经济发展过程中存在的一系列矛盾与难题,就要通过供给侧结构性改革推动旅游业转型升级,实现旅游经济可持续健康发展。这项工作责任重大、任务艰巨,必将是一场持久战,需要以坚定的信念,培育旅游经济发展新动能,改善优化旧动能,实现旅游经济的可持续健康发展。

5.2　供给侧改革视域下景区旅游产品开发

5.2.1　旅游需求侧态势分析

需求侧是相对于供给侧而言的一方,只有对旅游需求侧进行详细分析,才能够探究旅游供给侧改革的深层问题。

1) 都市人群的旅游偏好

中国已经进入大众旅游时代,生态体验、休闲养生成为国内旅游热点。这是因为,国内生活水平的提高带来了我国旅游者休闲理念的转变,从单纯观光阶段向追求多样化产品转变。旅游消费的主力人群都市人,渴望逃离日常繁忙、喧嚣的工作生活环境,回归清静的大自然,返璞归真,彻底放松身心。因此,生态体验、休闲养生成为现代都市人的追求。

2) 老年人的旅游偏好

旅游消费的另一主力人群是老年人。随着我国老龄化程度加深,对休闲养生的需求也越来越大。按照联合国的标准,60 岁以上老年人口占总人口的 10%,即为"老龄化社会"。我国总人口为 13.4 亿人,其中 60 岁及以上人口达 1.81 亿,占比已经达到了 13.26%,比 2000

年上升2.93个百分点。此时,应抓住休闲旅游发展机遇,建设满足游客生态体验和休闲养生需求的旅游接待服务设施。

3) 高净值人群的特征及旅游偏好

高净值人群由以下类型人群构成:个人年收入20万元以上;家庭年收入30万元以上;政府机关单位领导人;名牌大学或著名研究机构中的博导、学科带头人;有成功历史的自由职业者或专业人士;EMBA班就读学员;拥有高尔夫俱乐部会员卡的人。

胡润研究院调查数据显示,截至2016年5月,中国600万元资产高净值人群数量约314万人,比上一年增加24万人,增长率达到8%,为历年之最。千万元资产高净值人群已达约134万人,比去年增加13万人,增长率达到10.7%。亿万元高净值人群人数约8.9万人,比去年增加1.1万人,增长率高达14.1%。其中,广东取代北京成为2016年千万元资产人群最多的省份,其千万元资产人群数量为24万人,增幅达到17.7%。(本统计数据不包括台湾、香港及澳门地区)

2016年,"健康养生"首次成为高净值人群最感兴趣的话题。高净值人群对体育运动的热情也有上升趋势,排名第二。调查显示,疗养休息是高净值人群旅游的主要目的。医疗旅游的比例也在不断上升,而医疗旅游的主要目的包括疗养休息、体检、美容和抗衰老等。具有养生价值的"生态旅游"也逐渐成为中国高净值人群的理想追求。

休闲度假是年轻一代高端旅游者——"八零后"未来3年最期望的旅游主题。在旅游消费方面,过去一年中,年轻一代高端旅游者的平均家庭年旅游消费42万元,其中平均购物消费22万元,年轻一代高端旅游者在旅游中表现出很强的消费能力。在出游决策方面,年轻一代在目的地的选择上更有主见,79%的人认为自己是最主要的目的地决策者,并且经常不定时和十一黄金周出行,其中春节是家庭旅游的高峰期。

4) 家庭旅游市场

随着国内经济的发展和家庭成员文化水平的提高,家庭逐渐成为旅游群体中的一个重要群体,尤其表现为家庭长假出游。关于城市家庭旅游消费的最新研究表明,居住在广州等一类城市的家庭年均旅游消费支出要显著地高于居住二、三类城市的家庭。大城市的居民生活节奏快、工作压力大,客观上需要通过外出旅游的方式来放松身心、改变一下环境。另外,广州等一类城市交通发达,多处在铁路、航空、公路的交通枢纽地位,相对优越的交通条件提升了这些城市居民的出游力。因此,珠三角城市居民将旅游需求转变成现实的旅游消费行为会更加便利,这在一定程度上也会拉动家庭的旅游消费支出。

总之,中国的家庭旅游市场正从低端市场向高端消费市场转变,尤其对于高净值消费家庭而言,具有高度参与的互动性以及教育性的家庭度假产品将成为核心的吸引物。

5) 自驾游市场

自驾游游客的普遍性在家庭旅游中更为突出。居民私人汽车数量的增加在客观上提高了人们家庭出游的可能性;同时,我国公路里程数尤其是高速公路里程数的增加,使得人们出行更为便利,进而促进了远距离旅游业的发展。近十年来,随着人们家庭可支配收入的增加以及生活水平的提高,我国居民家庭私人汽车拥有量以每年同比约 25% 的速度持续增长。2015 年国内旅游 40 亿人次中,自驾游游客占 58.5% 以上,达到 23.4 亿人次。中国旅游车船协会预测,到"十三五"末,我国自驾游人数将达到 58 亿人次,约占国内旅游人数的 70% 以上。自驾车市场的逐渐成熟意味着游客消费的更多自主性,并对旅游目的地的核心吸引要素和便利基础设施提出更高的要求。

5.2.2　景区旅游产品供给现状与问题

1) 景区旅游产品供给现状

(1) 旅游景区产品总供给规模大,增长速度快

截至 2017 年 9 月 2 日,国家旅游局共确定了 249 家国家 5A 级旅游景区,高等级景区规模有所扩大,增长速度较快。

(2) 从类型和有效产能来看,整体效率较差,供给结构与需求结构不相匹配

表现在度假旅游供给不足,观光旅游供给过剩。从国家旅游度假区的试办到海南国际旅游岛的建设,再到强调旅游产品向观光、休闲、度假并重转变,中国一直致力于度假旅游的发展部署,成效却不显著。如旅游局的摸底调查显示,17 家国家级旅游度假区和 257 家省级度假区中,很多仍按传统观光旅游的需求来设计,以接待观光客为主,过分依赖环境气候优势,个性不突出,因此无法满足日益增长的个性化休闲旅游需求,效果不佳。

(3) 旅游房地产开发在度假区中普遍存在

这种地产开发只是一种旅游符号化现象,过于强调旅游标签,在景区内无规制建设,破坏了自然风貌。加上市场秩序混乱,导致游客体验差、评价低,最有代表性的是历年来游客关于海南国际旅游岛的投诉一直存在。

案例启迪

西班牙旅游业竞争力居首:促进房产投资

2017 年 4 月,世界经济论坛公布了最新的世界旅游业竞争力排行榜单,该榜单共涉及 136 个国家,按照价格、基础设施等 14 个方面的得分,取平均值进行排名。其中,西班牙旅游业的竞争力位居世界首位,得分 5.4(满分 7)。西班牙旅游业的强劲发展力,还助推了西班牙房产市场和投资移民的热潮。

一、西班牙旅游业的优势

1.旅游服务设施

西班牙的主要优势在于旅游服务设施,得分排名世界第二。旅游设施是指旅游目的地

旅游行业的人员向游客提供服务时依托的各项物质设施和设备。它包括交通运输设施、食宿接待设施,游览娱乐设施和旅游购物设施等。这些设施也是影响旅游质量的主要因素之一。

2.文化和自然资源

西班牙凭借丰富的世界文化遗产、数量众多的博物馆和体育设施,在文化旅游资源方面也位居次席。西班牙拥有十分优越的文化和自然资源,其大部分国土气候温和、风景迷人、阳光明媚。在3 000多千米蜿蜒曲折的海岸线上,遍布着许多天然的海滨浴场,其中有闻名遐迩的三大海滨旅游区。西班牙拥有许多王宫、教堂和城堡,还有许多古老、独特的民族文化传统和别具一格的民族文化娱乐活动,又以斗牛、舞蹈、吉他闻名于世。

3.航空陆路运输基础设施

西班牙以陆路交通运输为主,铁路交通系统十分先进,在欧洲乃至世界都居于领先地位。西班牙公路网由高速公路、国家级干道、自治区公路、地方公路等组成,交通便利,开车可以到达西班牙任何一个地方和任何一个城镇。西班牙共有47个机场、班次194万架次,客运量和货运量分别为2.09亿人次和6.07亿吨。发达的空中交通使各国游客都可以方便地抵达西班牙。

二、西班牙旅游业助力房产市场

西班牙旅游业的火热自然而然地带动了房产市场的发展。以西班牙的圣诞节周假期为例,西班牙各大旅游目的地的酒店全都爆满,价格也比平时高出许多。据TripAdviser统计,圣诞节周期间,西班牙最受欢迎的旅游目的地是马德里、塞维利亚、格拉纳达和马拉加。最昂贵的则是巴利阿里群岛(Balears),每晚平均花费167.65欧元;最便宜的是穆尔西亚(Murcia),74.9欧元就可以过一天。根据安达卢西亚酒店业协会公布数据显示,2017年圣诞节周,西班牙酒店预订率远超去年,增长了11.03%,高达84.44%。

资料来源:《西班牙旅游业竞争力居首》,搜狐网.

2)景区旅游产品供给问题

(1)旅游要素供给量多质低

当前,全国共有各类景区景点2万多家,星级饭店总数达1.5万家,旅行社总量超过2.7万家。但大批旅游企业产生的经济效应及其对"地方政府"的贡献度却事与愿违,在2014年星级酒店出现了负增长,旅游要素的大量供给却并未转化为旅游业的高效产能。旅游景区千区一面,创新意识不强,缺乏体验项目,主要依赖门票经济,星级饭店和旅行社效率低、技术进步慢,片面追求数量、规模增长,粗放式发展,在质量和效益的提升上明显不足。

(2)购物品与旅游产品质量不过关、缺乏新意,大量旅游消费外流

据统计,2016年我国出境旅游人数达1.22亿人次,比2015年的1.17亿人次增长4.3%,继续蝉联全球出境旅游人次世界冠军,旅游花费达1 098亿美元(约7 600亿元人民币)。

根据携程出境游订单数据,2016年我国游客花费总额最多的十大出境目的地,依次是泰

国、日本、韩国、美国、马尔代夫、印度尼西亚、新加坡、澳大利亚、意大利、马来西亚。距离我国最近的泰国、日本、韩国成为最大的赢家。

(3)旅游产品结构不合理

在数量众多的旅游景区中,大多数是大众化、同质化的观光型旅游景区,而休闲度假类旅游景区数量偏少且发展不甚完善,新兴旅游热点如健康旅游、自驾游、邮轮游、体育游、私人定制旅游、分时度假旅游、探险游等相关旅游产品更是开发不足,难以有效满足国内外游客日益多元化的消费需求。

旅游业公共产品存在供给不足问题。当前提高我国旅游发展质量的公共产品(服务、政策、基础设施)供给不足,无法满足游客和旅游发展的实际需要,基础设施建设(互联网覆盖、交通等)还难以覆盖到偏远乡村地区,旅游厕所仍存在少、脏、乱、差的问题,停车场、游客咨询中心、集散中心配套设施尚不完善,信息查询、顾客投诉、安全保障等方面也不甚到位。毋庸置疑,要提高旅游业的供给质量,解决好公共产品供给不足的问题需要下大决心和大力气务实解决。

5.2.3　供给侧改革视域下景区旅游产品开发策略

在供给侧改革的视域下,旅游产品开发与旅游项目建设仍需要遵循旅游产业的逻辑与开发规律。

1)以效率为原则,优化旅游产品要素配置

长期以来,政府主导旅游产业发展的模式,干预旅游要素的配置,导致旅游产品要素配置不合理,且供给效率低下。因此,旅游产品体系的供给侧改革,应以效率为原则,减少政府对旅游产品要素配置的干预,让市场在旅游产品要素的配置中起决定性作用,从而优化旅游产品要素的配置;释放过剩产能,引导稀缺的资本、劳动力、土地等要素配置到市场发展前景好、游客需求量大的旅游产品开发上来;重点加大对旅游产品的设计投入,挖掘文化特色与内涵,植入创新创意元素;弥补旅游产品体系中的短板,推动旅游购物品和旅游娱乐业的发展,更加重视对旅游服务产品的开发。与此同时,优化旅游产品要素配置,应积极推动新技术的应用,加快旅游信息化建设的步伐,全面提升旅游产品开发的运行效率与高新科技含量。

2)以需求为导向,优化旅游产品结构

在市场经济体制下,消费者有着更大的自主权,可以用货币对能够满足其需求的产品进行投票。然而,中国旅游业难以满足游客日益丰富的多样化和个性化的消费需求,旅游者不需要的旅游消费产品供给过多,而旅游者需要的旅游新产品则供给不足,呈现严重的供需错配、有效供给不足等问题。未来旅游消费的热点在旅游新业态领域,所以,旅游产品体系供给侧改革应以游客的消费需求为导向,不断优化旅游产品结构,适时增加有效供给。

第一,合力构建观光旅游、度假旅游以及特种旅游产品的产品体系。单纯的观光型旅游产品,往往层次较浅、缺少深层的互动性。为了更多地吸引游客参与其中,体验和满足多种

多样的旅游需求,就需要充分发掘和丰富资源的旅游功能,释放景区的生产力和创造力,更多地发展休闲度假游、文化体验游、风味美食游、特种旅游产品等旅游特色。突破传统的吃、住、行、游、购、娱等旅游基础要素和标准化、大众化的旅游行程设计,在旅游产品组合、线路规划和旅游产业布局等方面更好地考虑旅游者的旅游活动规律和对整体旅游体验的追求,策划和推出旅游综合体,并充分利用线上和线下渠道,与旅游者进行全方位沟通,提高旅游者的旅游满意度和资源利用率。

第二,积极践行"全域旅游"的发展理念,由"景点旅游"转向"全域旅游"。发展全域旅游不仅仅意味着旅游在地域空间上的延伸,还意味着旅游业态的丰富和拓展。北京大学吴必虎教授认为,全域旅游是一种发展的哲学,是一种政策导向,并不是学术概念,其实际意义是无景区化的旅游目的地。

从"景点旅游"向"全域旅游"转变,才能满足日益变化的旅游消费,才能建设人民群众更加满意的现代旅游业。旅游是一个无边界的产业,"旅游+"是实现全域旅游的最根本措施。"旅游+"是多方位、多层次、多种多样的,可以是工业、农业等大产业,可以是创意、教育、文化、养生、养老、休闲运动等具体产业,也可以是互联网、交通、购物等关联性产业。"旅游+"具有"搭建平台、促进共享、提升价值"的功能,但必须全局谋划,对现有资源进行整合提升,在适合旅游开发的区域内,立足地域特色,因地制宜、因时制宜地选择"旅游+"的优先领域重点突破,通过巨大的市场力量和市场机制,实现有针对性的产品创新,在供给端提高旅游产业水平。

3) 以精品意识为理念,提高旅游产品供给质量

改革开放初期,中国旅游业发展环境相对封闭,游客可选择的余地有限,国内旅游产品供不应求,只要有旅游产品生产出来,哪怕质量差一点也能销售出去。然而,现在中国已经融入全球化的浪潮,旅游业国际化程度不断提高。与此同时,竞争也越来越激烈,游客可选择的余地不断扩大,旅行经验也越来越丰富,对旅游产品的质量要求越来越高;而且中国已经进入大众化旅游阶段,传统旅游产品早已供过于求,而新的旅游产品又开发不足。

只要国内旅游市场无法提供高质量的旅游产品,游客就会去国外购买能够满足其需求且质量高的旅游产品。外部市场环境的改变和游客自身素质的提高,也对国内提供的旅游产品提出了更高的要求。为了适应外部市场环境的变化,满足游客对旅游产品提出的新要求,应着力转变旅游发展方式,不能再单一追求旅游产品总量的扩大,而要更关注旅游产品质量的提升。

4) 旅游供给侧改革配套措施

旅游供给侧改革是一个系统工程,不仅仅涉及旅游产品的有效供给,还涉及线上线下的融合、旅游基础设施的供给、休假制度的配套等。

(1) 协调旅游服务供应链,融合线上线下企业

旅游服务供应链涉及多个环节,任何一个环节的问题都会影响到整个供应链的绩效和竞争力,也会影响到终端旅游消费者对旅游产品的体验满意度。因此,努力协调旅游服务供

应链,适时融合线上线下企业是旅游供给侧改革的重要内容。

①完善以传统旅行社为核心的旅游服务供应链结构。

传统旅行社是各旅游供应商与旅游消费者之间的桥梁,与旅游服务供应链上的其他企业相比,理应充分发挥其融合剂的作用,在协调旅游服务供应链上资源、降低旅游服务供应链成本、使旅游服务供应链在有序运作方面有效行使自己的职能。传统旅行社应建立一套完善的供应商激励与淘汰机制,也可以通过自己的电子商务平台,或与在线旅游服务商融合,构筑与旅游者实时交流的平台,充分了解旅游者的旅游需求;再根据这些需求选择合适的旅游产品供应商,为旅游者提供个性化的服务,制订出最有竞争力的旅游产品。通过在线旅游平台,可大大缩短传统旅游预订中的烦琐环节,而且信息透明度、用户体验满意度和服务效率也会因此提升。同时,传统旅行社还应充分发挥目的地产品组合的优势,有效满足自由行旅游者的旅游服务需求。

②加强与在线旅游服务商与传统旅行社的融合,即线上线下形成优势互补,为团队游、自助游提供更加丰富的"旅游菜单"和更加便捷的旅游服务。

2015 年,全国旅游者在互联网上消费超过 4 000 亿元,携程 APP 下载量超过 10 亿,位居旅游行业前列。驴妈妈 APP 累计总下载量超过 5 亿,累计用户总数超过 7 000 万,无线端订单占比超过 70%,合作伙伴数量超过 3 万家。

2016 年 4 月,携程旅游率先在成都推出"移动互联网+门店"战略,与成都环球国旅、省中青旅、百事通、成都中港、成都华夏等旅行社集团签订战略合作协议,全市 1 000 多家门店和产品搬上携程 APP,这些门店同时也成为携程旅游的特约服务网点。

据称,驴妈妈将建成"100+"落地子公司,2 000 家全国门店,12 家亿元级合作伙伴。携程、驴妈妈等线上线下携手,为旅游者提供比传统模式下更为便捷、优质的旅游服务,对今后旅游服务供应链的完善具有示范性和导向性作用。

(2)完善旅游公共服务设施,提高旅游公共服务供给效率

作为"现代生活服务业"代表的旅游产业,其实是一个包揽传统与新兴供给服务要素的综合性产业系统,除了整合"吃、厕、住、行、游、购、娱"七大供给服务要素,还需要整合"信息、环境、契约、安全、支付方式、地方友好"等新兴供给服务要素。公共服务薄弱一直是旅游发展的重要瓶颈。以市场需求为导向,完善旅游公共服务设施,提高公共服务供给效率是旅游供给侧改革的重要内容。

①加强旅游公共服务供给的市场化与社会化,构建政府主导、多方参与的旅游公共服务体系。

旅游业基础设施是目的地旅游发展的基础支撑之一,但仅依靠景区自身的财力还无法做到尽善尽美,需要依靠市场和社会力量完成。在以市场和社会化为核心的旅游公共服务供给体系中,公众可以自主选择服务主体,公共服务供给形式也可多种多样,如民营化、合同出租、合同外包、公私合作、凭单制、用者付费、志愿服务等。这种供给制度既缓解了政府的财政压力,又能通过不同主体之间的相互竞争有效地为公民提供多种服务,从而实现资源的优化配置。要在借鉴国际先进经验的基础上,完善旅游公共服务标准,规范旅游公共服务;同时,充分利用现代科学技术,提高旅游公共服务的水平和质量。

②因地制宜地推动旅游公共服务配套设施的建设,提升旅游承载能力。

在旅游交通服务方面,要整合现有交通资源,构建中长程交通和目的地小交通相互衔接的完善的交通服务体系,使其成为旅游者与市民共享的空间载体。在旅游信息服务方面,要构建包括集散中心、旅游解说系统、旅游信息咨询服务、旅游电子网络信息服务、旅游信息自助查询服务以及手机随身游服务等在内的全方位的信息系统,契合旅游者多样化的旅游需求。

在旅游行业管理方面,依法治旅,做到有法可依、有法必依、执法必严、违法必究;建立权责明确、执法有力、行为规范、保障有效的综合监管机制,建立旅游综合监管主体责任清单,鼓励地方探索建立"旅游警察""旅游工商分局""旅游巡回法庭"等,通过标本兼治,营造良好的旅游环境,让大众旅游者游得省心、游得放心、游得开心。在旅游公共安全服务方面,着力加强旅游安全保障体系建设,出台《旅游突发公共事件应急预案》,建立和落实旅游部门安全生产管理责任制,形成完整、健全的旅游应急预案体系和救援体系。总之,旅游公共服务建设要践行以人为本的理念,使旅游更加安全、便利、惠民,不断增加旅游者福利,使旅游者更有尊严地旅游。

(3)以改革为突破口,培育旅游市场主体

旅游市场主体是旅游产品的供给者。中国旅游产品供给侧存在的各种问题,也折射出中国旅游市场主体存在着创新能力不强、灵活性差等问题。只有建设一流的、世界级的、创新型的旅游企业,才有能力提供丰富完善、品质优越的旅游产品。世界旅游强国发展的经验表明,一流的旅游目的地建设和一流的旅游产品开发,需要一流的旅游企业来推动,旅游企业是旅游市场的主体。旅游产品体系供给侧改革能否成功,一是能否以供给侧改革为突破口,培育旅游市场主体;二是需推动政府自身改革,加快转变政府职能,营造有利于创新的宏观环境;三是以政策为导向,引导传统旅游企业转型升级,培育创新型旅游企业。

总之,解决当下我国现阶段的国内旅游"不配套"问题的根本举措在于推进旅游供给侧改革,大力发展旅游业,提质增效。

开阔视野

旅游"供给侧改革"在路上

旅游企业是进行旅游"供给侧改革"的中坚力量,专家认为,未来综合性旅游O2O企业将最大化地从改革中受益。随着"供给侧改革"成为屡屡被提及的一个词语,一些旅游界老总们也纷纷站在自己的立场,给出了各自犀利的观点。

景域文化董事长洪清华:O2O战略落地倒逼供给侧改革

2015年12月17日,驴妈妈旅游网所属母公司上海景域文化传播股份有限公司登陆新三板,分析认为,景域文化将成为"中国自助游O2O(线上到线下)第一股"。作为能够同时服务于双边市场,更加熟悉O2O全产业链发展模式的景域文化,其董事长、驴妈妈旅游网创始人洪清华对旅游"供给侧改革"有着独到的见解。

洪清华在接受人民网记者采访时提到,在旅游度假领域,人们的旅游体验最差,因此也是"供给侧改革"获得红利最大的领域。在"供给侧改革"的具体实施路径上,洪清华希望通过O2O战略落地,与景区合作,倒逼供给侧改革。"驴妈妈要往线下走,线下部分也是供给侧改革的一部分。未来景域文化将继续深耕布局目的地资源端、互联网渠道端以及双边服务市场,使其形成'金三角',成为国内唯一旅游O2O产业链生态圈企业。"

洪清华提到,针对旅游体验经济的本质内涵,驴妈妈旅游网通过互联网思维和技术,提升游客预订及旅游体验。与此同时,驴妈妈旅游网目前正积极建设线下子公司和门店网络,以更好地满足旅游的服务经济特性。"OTA(在线旅行商)在线旅游预订的结束仅仅是旅游的开始,2016 年驴妈妈在全国有 100 家子公司,合作方均为当地排名前三的旅行社。从线上预订延伸至线下服务,让游客真正体验到好的产品、好的服务。"

同程旅游创始人吴志祥:"服务""口碑"两手抓

近年来,曾靠"一元钱游景区"模式杀出 OTA 生存血路的同程旅游,也开始发力旅游度假领域。2016 年成为同程旅游的出境旅游年,重点发力休闲游的"非标品"(除酒店、机票等标准化产品外的旅游产品)——出境游市场,在每个出境目的地均会推出性价比较高的品质游产品,满足游客的出游品质需求。

同程旅游这一做法也正是顺应了旅游"供给侧改革"的方向。同程旅游创始人吴志祥接受人民网记者采访时提到,"同程旅游将'服务+口碑'作为 2016 年的重点战略,运用大数据、CRM 技术,建立起了完善的渠道和城市营销,完善线上 OTA 和线下旅行社融合的 O2O 闭环,也给游客提供更为精准、贴心的服务。"

从吴志祥的观点可以看出,同程旅游将旅游业"供给侧改革"的重点放到了产品转型升级和技术创新上面。吴志祥认为,随着国民旅游需求从观光到休闲的转变,休闲旅游的产品升级及丰富度决定了是否能够让游客从移动观光转移到休闲停留,是否能够更好地满足不断升级的休闲旅游质量需求。"技术创新也是旅游行业进行供给侧改革的重要内容。OTA 天然具有的'互联网+'属性,通过将互联网技术应用于更多的旅游消费场景,如支付方式、虚拟现实等技术的应用,旅游和其他产业(如医疗、教育、文化、娱乐)的跨界融合,能够将游客的旅游体验得到极大的延展和深化。"

阿里旅行副总裁蔡永元:产品开发要注重多元化出游需求

对于旅游"供给侧改革",仅推出一年多的阿里旅行似乎走在了创新的前列。2015 年,阿里旅行借助自身平台身份和技术手段,推出了不泄露消费者隐私的"放心飞",可以实现先游后结账的"分期购",还有先住后付款的未来酒店"信用住"等一系列提高用户体验的创新产品。

2015 年 1 月 17 日,利用阿里旅行副总裁蔡永元来京开会的间隙,记者对其进行了旅游"供给侧改革"的专访。"与 OTA 不同,我们不采购旅游产品,不提供线下旅游服务,提供平台,这样的好处是可以让消费者与产品提供者直接对接,消费者不必在中间转来转去,但是困难在于商家太多,品质没办法保证。阿里旅行现在严格筛选商家,力争把好产品、好服务吸引到平台上来。"

依托阿里集团,作为一站式旅行服务平台的阿里旅行,通过大数据分析了大众出游的趋势。"我们发现,随着青年一代的成长和收入的提高,人们出游更加注重品质和旅行体验,所有旅游企业都应认识到这个变化。"旅游产品的开发和设计应更加注重人们多元化的出行需求,"比如出境游线路,很多年都没有改变,一些线路的特色都讲述不清晰,这是旅行社向线上转移需要注重的一点。"蔡永元对记者提到。

旅游企业"在路上","供给侧改革"正当其时

正如吴志祥所说,随着国民旅游需求的转型,供给的"产品"却相对满足不了消费者的需求,旅游投诉屡见不鲜,也侧面反映出产品供给和需求品质之间的落差。因此,旅游"供给侧改革"正当其时。

"未来随着技术、资本、人效等因素对于生产函数的优化,旅游行业渠道、要素、服务均将迎来较大变革。在旅游行业的大变革中,只有快速提升'有效供给',才能大幅改善游客体验。"洪清华认为,中国国内游的产品还不够,要改革利益链条,增加产品的丰富性,服务方面要向国外学习,尤其是游客认知的服务。

从旅游企业的表态来看,在"供给侧改革"的大浪潮中,旅游企业已经不甘落后地"在路上",积极参与行业改革。专家表示,尽管旅游业主要涉及的是消费和投资,但在促生产和保增长方面,旅游业通过作用于生产要素和生产技术,将在"供给侧改革"中发挥巨大作用。

资料来源:人民网,2016-01-20.

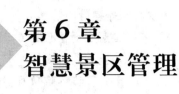

第6章
智慧景区管理

【学习目标】

通过学习本章,学生应该能够:

理解:智慧旅游

智慧景区

熟悉:智慧景区技术构成

智慧景区建设体系

掌握:智慧景区软管理

智慧景区与旅游业的关系

【关键术语】

智慧地球;智慧城市;智慧旅游;智慧景区;互联网+;智慧景区技术

开篇案例

"互联网+龙门"旅游很精彩

2015年7月,腾讯网与龙门合作"互联网+旅游"智慧景区的开发模式,双方依托腾讯的用户资源、云计算能力和微信、QQ等社交平台,整合双方的优势资源,把腾讯的互联网技术及资源与龙门石窟产业有机连接起来,以"互联网+"解决方案为结合点,让"互联网+"成为保护传承历史文化的新动力。腾讯结合龙门特色提出创意,发挥技术特长,私人定制"互联网+龙门"智慧景区,以龙门石窟官方微信服务号为主要依托,首期实现了4个板块、10项产品的上线启动。

"互联网+龙门"智慧景区首期项目,包括"互联网+购票""互联网+游园""互联网+管理""互联网+宣传"4大功能板块,借助互联网手段,实现微信购票、微信入园、语音导游、在线客服等功能。通过便捷性、趣味性和互动性的产品,为游客带来从入园前到出园后的全流程智慧体验。

在"互联网+购票"方面,游客可通过手机实现自主购买电子票,方式包括在龙门石窟官方微信服务号内购票、景区入口购票墙扫码购票、在各类宣传广告等媒介上扫码购票等。这样,可以避免游客在高峰期排队购票之苦,快捷、方便,同时也减轻了景区的售票压力。

游园方面,游客可以体验3大类10项产品。具体包括以下内容。

①通过扫码方式通过闸机,实现3秒自助快速入园,减少排队等候时间。

②通过向龙门石窟官方微信服务号回复景点数字编码,可体验对应的景区内64个景点的语音讲解、文字及图片说明,游客可便捷地了解所看到的景点信息。

③通过微信"摇一摇"功能(打开蓝牙),游客可以体验首期8项互动体验项目,增加在游览过程中的乐趣。

A.在大石门南侧的绿化景观内,摇出松林拼图小游戏,增加青少年游客的科普知识,同时,也增加趣味性。

B.在龙门桥下,摇出互动游戏"测一测与哪尊佛像最有缘"。游客将自己的照片上传至后台,通过对比,手机界面即会显示龙门石窟内哪尊佛像与自己最有缘。游客在随后游览中带着探秘感寻找到那尊最有佛缘的佛像,还可以分享到朋友圈中。

C.在宾阳北洞,摇出互动游戏"与剪刀手大佛"合影。宾阳北洞主佛"剪刀手"主佛,被冠以"史上最萌佛像"称号。游客上传与它的合影,可以测测"萌系指数",别有一番乐趣。

D.在万佛洞,摇出体验"360°全景洞窟"。出于对文物保护的考虑,龙门石窟中很多洞窟不可能让所有游客进入参观。通过在万佛洞360°体验全景洞窟,可以非常清晰地看到洞窟内的每个角落,弥补游客不能接触佛像的遗憾。

E.在奉先寺,摇出互动游戏"拜卢舍那、上心香"。奉先寺卢舍那大佛龛是龙门石窟最具代表性的佛龛,出于对文物保护和安全的考虑,游客不能上香祈福。为满足游客上香祈福心愿,腾讯专门设计"拜卢舍那、上心香"互动体验。游客进入页面,可以选择祈福的类型,然后选择祈福的内容或自行编辑,即可在手机上显示为亲友祈福点燃的三根香。游客可以将祈福内容发送给自己的微信好友,让对方在千里之外感受到祈福祝愿;同时,现场大屏幕会显示游客是某年某月某日第几位上香的游客。

F.在古阳洞,摇出互动体验"龙门送您祈福魏碑"。《龙门二十品》是魏碑体的代表,其中有十九品在古阳洞内,为历代书法家临摹的精品,以独特魅力吸引着海内外游客。游客摇出体验界面后,就会收到关于《龙门二十品》的图文介绍,之后可以写下对亲友的祝福,后台将自动生成魏碑体并发送给亲友。这样,可以让游客对《龙门二十品》和魏碑体有更直观的认识。

G.在古阳洞南至漫水桥间,摇出互动游戏"龙门石窟百科知识竞赛"。游客游览完主要景点后,对龙门石窟有了初步的整体认识,在此摇出此互动游戏,可以回答问题,测试一下自己对龙门石窟的了解程度,进一步增加对龙门石窟的认识。

H.在礼佛台,摇出互动体验"心语心愿:卢舍那下许心愿"。在面对卢舍那的礼佛台,空间相对空旷,游客通过此页面,可以与卢舍那对望10秒钟,然后大声说出心中的愿望,通过语音方式分享给远方的亲友。相信后者在听到祝愿后一定会感动,同时增加对龙门石窟的游览兴趣。

资料来源:《"互联网+旅游"第一例经典案例》,学习啦.

6.1　智慧景区建设概述

随着"智慧景区"概念的提出,国内许多景区管理部门纷纷投入智慧景区的建设。2010年九寨沟景区管理部门提出"智慧九寨"的建设,成为国内首个"智慧景区",也是国内首个将 RFID(射频识别)技术应用于管理的景区,并在 2011 前后两次举办了"智慧景区"论坛。之后,"智慧泰山"景区管理部门基于 3D-GIS 技术打造了景区信息集成平台,成功地运用到景区内虚拟旅游体验、游客流量监管、多项灾害监测等方面。黄山景区管理部门确立了"智慧黄山"发展战略。南京移动公司创新商务模式,搭建智慧景区综合地理信息平台,在玄武湖、红山两家 4A 级景区,将游客导航系统、客源分析系统、智能监控系统等"智慧化"功能融入平台,为旅游管理机构和游客提供体验感强、便捷性的旅游信息化服务。在实现数字化后,我国大部分 4A 级以上景区已经开始投入"智慧景区"建设。

6.1.1　旅游景区新变化

1)旅游供给与需求不平衡

我国旅游市场呈持续增长之势,但旅游市场日益复杂化,越来越难以满足旅游者需求。旅游市场不断扩大,丰富的低端旅游产品供给已经无法满足人们高质量的出游需求(表 6.1)。

表 6.1　旅游供给与旅游需求

	供　给	需　求
游客	旅游需求(选择或偏爱的旅游目的地、出行方式、支付方式、消费习惯等) 旅游体验(评价和投诉) 游客个人资料(花费、客源地、联系方式等)	旅游市场信息(旅游景区的全面介绍) 其他游客提供的旅游体验和攻略、游记、评价等
旅游经营者	旅游市场信息(景区景点种类、价格、特色、旅游线路、旅游项目、节庆活动、住宿、交通、餐饮、民风民俗等) 旅游经营数据(收入、利润、接待人数、从业者资料)	旅游需求(选择或偏爱的旅游目的地、出行方式、支付方式、消费习惯等) 旅游体验(评价和投诉) 游客个人资料(姓名、客源地、联系方式等)
旅游管理者	旅游政策法规信息 旅游管理数据(接待量、旅游收入、利润、客流量、客流预测、客源地、投诉处理、旅游预警、旅游规划和诚信监督等)	旅游经营数据(收入、利润、接待人数、从业者资料) 旅游需求(选择或偏爱的旅游目的地、出行方式、支付方式、消费习惯等) 旅游体验(评价、投诉和分享等)

　　景区是旅游的重要承载体,目前国内景区供给结构失衡的问题严重。一方面,知名景区人满为患,供不应求,不得不推出最大承载量管理和门票预约制度;另一方面,一些一般性景区经营惨淡,资源闲置。随着新的消费模式的出现和新的消费观念的改变,在新技术引领下,突破了线上与线下的限制。中国互联网络信息中心(CNNIC)发布第 37 次《中国互联网络发展状况统计报告》显示,截至 2015 年 12 月,我国网民数达 6.88 亿,其中,手机网民数达6.2 亿,在全体网民中占 90.1%。互联网特别是移动互联网成为人们的必备工具,互联网时代深刻地重塑了旅游市场需求和行为模式。

　　在"互联网+"背景下,旅游从线下活动走向线上和线下相结合,甚至随着移动网络的发展,线上和线下实时结合,覆盖了游前、游中、游后全过程。成长于互联网时代,甚至移动互联网时代的"网络原生族""手机原生族"的日益成长,让旅游和网络天然地结合在一起,难以分割。线下旅游活动有淡、旺季,而线上旅游活动在一定程度上抹平了淡、旺季,出现了一大批 O2O 旅游服务,基于位置的旅游体验成为旅游体验的重要组成部分。

2) 旅游市场信息碎片化

　　2013 年《中华人民共和国旅游法》(以下简称《旅游法》)的出台,加剧了我国散客化旅游的趋向。《旅游法》对旅行社强制购物的限制令旅游线路价格猛增,加速了散客时代的到来。据国家统计局和国家旅游局公布的数据,《旅游法》实施后的首个黄金周,全国共接待游客 4.28 亿人次,其中国内散客游比例达 70%左右。从团队到散客,带来的是海量流动、海量数据,这既是景区巨大的发展机遇,也是挑战。如每逢旅游黄金周和节假日多处景区发生游客滞留现象,说明目前景区管理模式不足以应对散客时代的海量流动。旅游者在整个旅游过程中的服务需求呈现全程化和碎片化并存的特性。

　　一方面,游客在旅游全程中都需要服务,需要"吃、厕、住、行、游、娱、购"等多方位旅游信息;另一方面,旅游者个性鲜明,旅游的随机性和自由度增加,旅游者不断产生出许多碎片化、随机性的需求,使旅游需求呈现出一种既全又碎的新特征。现代商业发展的根本在于掌握海量数据,散客时代为景区带来远比旅行团更丰富、更具变动性因而也更有参考价值的一手数据,能够创造新的商业价值、管理价值和服务价值。

3) 旅游资本涌现

　　随着智慧旅游市场价值的逐步凸现,智慧景区上下游产业均快速发展,并且成为资本追逐的重要领域。2013 年《旅游法》出台后,蚂蚁短租、途家、面包旅行、在路上、蚂蜂窝、高德、快捷酒店管家、爱周游、千夜旅游网、穷游网、酒店控、丸子地球、去哪儿、途牛旅游网等先后获得了资本市场的投入。

　　资本的涌入快速推动了智慧景区上下游产业的发展,逐步形成智慧旅游产业体系。发展智慧景区,必须将其放在产业链一环中进行考量;同时,国家提出旅游供给侧改革,提倡旅游资本以合适的方式进入旅游领域。

4) 旅游者化身宣传者

　　旅游信息主要依托人际传播,人成为旅游信息最重要的传播工具,如在微信朋友圈、微博中,转发和评论成为一种关键的信息传播形式。以旅游局和景区的官方微博(微信公众号)为例,其每一条信息的发出,都可能历经无数次的转发、评论、回评、再转发,旅游者无形中化身为某个景区或景点的宣传者。

来自旅游者的宣传使得旅游信息更具可信度、语言更亲民,对民族文化特色鲜明的景区来说,如云南,跨市场、语言和文化的游客变得日益重要。来自海外的游客,有着不一样的旅游观念和文化价值,带动了云南旅游业在小部分群体中口碑的形成,进而反过来影响近中程游客,使国内游客日益青睐云南。如何适应新的旅游者特点,如何满足游客的服务需求,如何提供新的旅游方式,这些都需要新的智慧和新的服务。

6.1.2 我国智慧景区现状

我国景区按照景区信息化发展水平,可分为初级信息化景区、数字景区和智慧景区 3 种类型。目前我国大部分中小景区还处于信息化建设的起始阶段,主要依托计算机、局域网、多媒体和互联网技术初步建立了办公自动化系统和景区门户网站。数字景区主要集中于规模较大、实力较强的国家级或省级风景名胜区和自然保护区等,主要依托 3S 技术完善信息网络和基础应用系统,如办公、电子商务、门禁、售票、财务、监控、GPS 定位、GIS 地理信息等方面。

智慧景区在我国现在正处于建设阶段,2012 年国家旅游局确定了包括云台山景区、峨眉山景区、泰山景区、黄山景区、颐和园景区等 22 家智慧旅游景区试点单位。这些景区主要是在建设数字景区的基础上,通过物联网、互联网等技术,实现对景区基础设施、资源环境、游客活动、灾害风险等方面的精细化管理。其中,九寨沟景区、黄山景区、颐和园景区、泰山景区、武夷山景区走在了智慧景区建设的前列(表 6.2、表 6.3)。

表 6.2 国家旅游局 22 家智慧旅游景区试点一览表

序 号	所在地	景区名	序 号	所在地	景区名
1	北京	颐和园	12	江苏	中山陵
2	安徽	黄山	13	辽宁	老虎滩海洋公园
3	广东	白云山	14	内蒙古	响沙湾
4	广东	华侨城	15	山东	泰山
5	河北	避暑山庄	16	陕西	华山
6	河南	云台山	17	四川	青城山
7	河南	殷墟	18	四川	峨眉山
8	黑龙江	镜泊湖	19	云南	石林
9	湖北	清江画廊	20	浙江	西溪湿地
10	湖南	张家界	21	浙江	溪口风景区
11	江苏	中华恐龙园	22	重庆	武隆喀斯特旅游景区

表 6.3   2015 年智慧景区 TOP10

排　名	景　区	IBRAND	ISITE	IPOWER	总　分
1	江苏扬州市瘦西湖风景区	95.67	94.78	97.38	97.09
2	北京故宫博物院	95.12	91.27	98.53	96.74
3	安徽黄山市黄山风景区	91.93	93.22	96.69	95.52
4	浙江杭州西湖	94.43	89.32	94.85	93.70
5	四川九寨沟	94.90	94.39	92.78	93.31
6	北京颐和园	90.10	88.51	94.62	93.10
7	山东泰山	88.93	72.32	97.15	93.02
8	四川成都青城山—都江堰	86.59	79.29	96.00	92.45
9	山西五台山风景名胜区	78.40	78.63	98.30	92.35
10	福建厦门鼓浪屿	92.74	81.52	95.31	92.29

资料来源：中投顾问产业研究中心.

1) 九寨沟景区

九寨沟景区的智慧景区建设在我国一直处于领先地位。九寨沟景区自 2004 年展开"数字九寨"建设，并创新建立了"资源保护数字化、运营管理智能化、旅游服务信息化、产业整合网络化"的应用体系，实现了旅行社全部网上订票。

2010 年以来，九寨沟两次召开"九寨沟智慧景区研讨会"，以国家高技术研究发展计划（863 计划）《基于时空分流导航管理模式的 RFID 技术在自然生态保护区和地震遗址博物馆的应用》为发展契机，建立了集成的、高速双向通信网络。通过先进的传感和测量技术、先进的控制方法及决策支持系统的应用，有效改善了景区商业运作和公共服务关系。

通过信息化手段，解决旅游旺季景区景点游客拥挤、乘车站点的拥挤、车辆调度不畅等问题，实现优化的综合实时管理调度。从 2010 年九寨沟提出建设"智慧九寨"智慧景区伊始，智慧景区开始进入游客的视野（图 6.1）。

2) 颐和园景区

颐和园智慧景区现已实现智能游客统计、四季花讯实时更新、实景导览等多个项目。智能游客统计系统主要是指在游客进入园区后，系统自动识别并进行记录；游客出园区时，系统也能自动识别。这样就能实时准确地掌握园区内的客流量，随时根据客流作出引导调整。颐和园的数据库也由过去单纯的内部管理改为兼顾服务游客，如数据库里的植物数据，包括花草树木的位置、面积、花期等，现在都能通过微博向游客播报。

利用数据库的信息，景区根据花讯设计赏花线路并在网站和微博上公布，及时更新园内

图 6.1 九寨沟智慧景区官网

最便捷的赏花地点和赏花路线,方便游客参观游览。颐和园景区现在已实施实景导览系统,可以 360°全景展示园区,有景点的图像,又有文字介绍,同时还有语音解读。据有关资料显示,颐和园景区下一步将给古树、庭院花卉编制二维码,方便游客了解植物的相关信息,如植物名、品种、花期以及开花的照片等信息(图 6.2)。

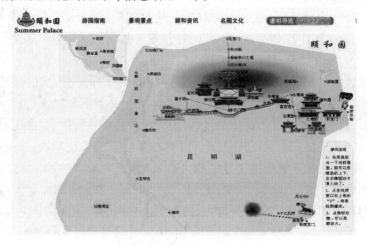

图 6.2 颐和园智慧景区官网

3) 泰山及其他景区

泰山景区基于 3D-GIS 技术打造了景区信息集成平台,将景区虚拟旅游体验、游客流量监管、多项灾害监测等运用到景区的日常运营和维护中(图 6.3)。

黄山景区确立了"智慧黄山"的发展战略。2014 年 1 月,我国有 35 家景区发起成立"智慧景区联盟",大部分 4A 级及以上的景区都已经投入"智慧景区"的建设,这些景区将在应用新兴技术推进智慧旅游方面深化合作。

图 6.3　泰山智慧景区旅游电子商务网

4)九寨沟、黄山、泰山智慧景区建设经验总结

目前国内智慧景区的发展趋势,是先发景区引领,逐步形成网络化格局。一方面,九寨沟、张家界、黄山、武夷山、泰山、颐和园景区等在智慧景区建设方面进行尝试并取得了一定成效,形成智慧旅游先发景区引领国内智慧景区建设的潮流,带动其转型升级;另一方面,2012 年国家旅游局公布了 22 家景区为"全国智慧旅游景区试点单位",新的网络化格局已经形成。

随着信息化技术普及率越来越高,智慧景区建设是当下旅游行业进行管理改革和服务提升、实现可持续发展的必然要求和大势所趋。它不完全是智能景区,信息化建设是核心内容也是基本手段,放在首要位置的是旅游者,努力为旅游者提供便捷、个性化的服务。

旅游景区从数字景区起步,目前已经走到了大服务转型的关键阶段,旅游区的组织结构调整、人才培养和培训、业务流程优化等也要同步纳入信息化管理体系。但建设"智慧景区"需要有长远规划思维,不能一蹴而就,更需要长期不懈地努力。应加大对大数据、云计算等相关人才的培养和培训,提高数据分析能力,为基于大数据的决策提供科学支撑。运用创新智慧景区的营销手段,重视新技术的学习和应用,为游客提供更好的服务。

6.1.3　我国智慧景区存在的问题

我国智慧景区的建设,到目前为止已经取得了不凡的成绩,为游客的智慧游览、景区的智慧管理提供了非常多的实践经验,但依然存在一些问题。

1)智慧不突出

目前国内大部分旅游景区已经建立了自己的网站,一些旅游景区开始尝试在线商务运营和营销,部分景区尝试发行电子门票。但总体来看,信息技术在旅游景区的管理运营中的运用还不普遍,虽然在某种程度上已基本实现了智能化,但由于系统缺乏自动识别、反馈和修复等特性,与真正意义上的智慧化仍存在一定的距离。真正的智慧景区应该是以游客为中心,把细节做到极致,注重与游客的互动和游客的感知,在细节方面不断优化和完善,使更多的游客通过手机、电子屏等终端体验"智慧景区"。

2)重管理、轻服务

许多景区在建设智慧景区的过程中存在"重管理、轻服务"的问题,人才培养跟不上智慧景区建设的脚步。很多智慧景区的建设只注重内部的管理,运行了包括智慧调度系统、智慧监测系统等在内的一系列智慧系统,注重防火、安全、客流量配置等问题,为景区智慧化打下了良好的基础。但这些景区在投资比例与方向上过分偏重于管理,这就导致了景区管理人员与游客之间的信息联络不畅,没有很好地将景区内部的信息情况及时反馈给游客,方便其做出更好的应对措施。

3)应对散客不暇

随着互联网发展和旅游交通的便捷,自助游市场越来越发达,近年来散客旅游发展十分迅速,一些大中城市和沿海地区,散客比例能占到半数及以上,散客接待能力已成为衡量一个旅游景区成熟度的重要标志。"智慧景区"的建设尚未能适应散客时代,在旅游黄金周期间散客数量暴增的时刻,不能很好地利用景区智慧旅游系统对游客进行分流。2013 年十一黄金周期间,九寨沟景区出现的游客拥堵事件就反映了现在"智慧景区"中所存在的严重问题。这一年黄金周期间,九寨沟景区内游客总量虽然并未突破历史最高值,但游客中团队与散客构成比例的变化、自驾游客和自助游客占比的增大,导致了景区入口和内部交通的瘫痪。

4)重硬件、轻软件

我国的智慧景区多停留于硬件的"智慧化"。我国景区在实践中侧重于设施设备的投入和管理,对软件投入不足反而限制了学界研究的范围。智慧景区概念的提出是近几年的事情,对这一新概念的认识刚刚开始,从简单的设施设备智慧化开始,有一个逐步深入完善的过程。在智慧景区实践中发现单纯的硬件智慧化难以解决旅游中出现的各种实际问题,遂逐渐从偏向硬件投入和研究向软、硬件平衡方向发展,未来应是软、硬件双重投入。

6.2　智慧景区理论概述

安徽天堂寨景区内无线 Wi-Fi 覆盖游客中心、公交车队、峡谷上站、虎形地、索道上下站,可支持 1.5 万人同时上线。景区内先进的自助售票系统使用深大智游宝,可连接 90% 以上 OTA,支持扫码、读取身份证换票入园。游客来源地、性别、年龄等可自动生成数据报表。国外的一些目的地或景区,如澳大利亚推出"文化漫步",为用户提供自助游指南。英国伦敦博物馆开发了自己的 APP，为用户提供定位和博物馆介绍等信息。韩国打造特色应用，注重社交与实用功能，为用户提供 GPS、饮食、住宿、交通等信息，完善用户的出游体验。美国加州迪士尼乐园也曾推出一款重视体验与互动的 APP，这些优秀的经验都值得我国旅游目的地和景区学习和借鉴。

6.2.1 智慧景区相关理论

"智慧景区"相关理论如图 6.4 所示。

图 6.4 "智慧景区"相关理论

1）智慧地球（Smart Planet）

2008 年，IBM 总裁兼首席执行官彭明盛先生在纽约市外交关系委员会做了一次重要的演讲，题目是"智慧地球：下一个主导议程"（A Smarter Planet：The Next Leadership Agenda）。彭明盛首先提出"智慧地球"的概念，其核心是以一种更智慧的方法，通过利用新一代信息技术来改变政府、公司和人们相互交互的方式，以便提高交互的明确性、效率、灵活性和响应速度。2008 年，IBM 公司首先推出了"智慧地球"的商业计划，使"数字地球"这个概念更具体、更商业。智慧地球有 3 个方面的突出特征：一是更透彻的感知，即通过构建分布广泛的传感器及传感网，去感知自然界及人类社会的方方面面；二是更全面的互联互通，即借助于物联网和新一代互联网，使人与人之间、人与物之间、物与物之间全面互联；三是更深入的智能化，即借助于云计算及智能化技术，使我们的生活充满智慧。"智慧地球"对未来世界的智慧运转勾勒出了一个愿景，它的目标是让整个世界更加智能化，涉及个人、组织、政府、自然和社会之间的高效互动，为人类社会提供更好的发展契机。

2）智慧城市（Smart City）

"智慧城市"是在"智慧地球"的基础上发展而来，它是在城市建设和管理中的具体实践，原本只是由 IBM 公司提出的一个商业计划和项目。在"智慧地球"概念框架下，"智慧城市"被认为是以物联网为重要基础，赋予各类物品感知功能，使各类物品产生"智慧"、为人所用，并依托于互联网、电信网、电视网、无线宽带网等多网组合，实现更全面的物与物、物与人、人与人之间的互联互通和相互感知，实现更有效的数据整合、更好的业务协同和更强的创新发展能力的城市。2006 年，新加坡提出 2015 年建成"智慧国"的计划。我国台北市提出建设"智慧台北"的发展战略，上海、深圳、南京、武汉、成都、杭州、宁波、佛山、昆山等城市也相继制定了"智慧城市"的发展战略。

我国科技部于 2009 年启动了"智慧城市"的相关调研和立项，并将武汉和深圳作为全国"智慧城市"建设试点城市。据报道，武汉"智慧城市"建设计划用 3 年时间，实施 8 项智慧应用体系,发展 7 个支撑性智慧产业,促进加快经济发展方式转变,在城市管理方式和发展模式上实现突破,建成高度信息化、全面网络化的智能互联武汉,使武汉"智慧城市"建设整体水平跻身全国先进行列。

3) 智慧旅游(Smart Tourism)

"智慧旅游"是一个全新的概念,严格来说,国外并无"智慧旅游"这一专业术语,尽管也涉及"智慧旅游"方面的研究,不过并没有进行独立研究,而是把"智慧旅游"放在发展城市中进行研究。"智慧旅游"这一词语是从"智慧地球"和"智慧城市"演变而来。韩国旅游局积极推进移动旅游信息服务项目,韩国首尔基于智能手机平台,开发了"I Tour Seoul"应用服务系统;美国在推进智慧旅游方面也是较为积极,成功推出"国家信息基础设施(NIL)和全球信息基础设施(GIL)"的计划,2006 年在宾夕法尼亚州波科诺山脉的度假区引入 RFID 手腕带系统。

目前,关于智慧旅游概念的解读,不同学者的解读角度不同。叶铁伟利用云计算、物联网等新技术,通过互联网或者移动互联网,借助便携的终端上网设备,主动感知旅游资源、经济、活动和旅游者等方面的信息并及时发布,让人们能够及时了解这些信息,及时安排和调整工作与旅游计划,从而达到对各类旅游信息的智能感知、方便利用的效果,通过便利的手段实现更加优质的服务。黄超、李云鹏认为,"智慧旅游"也称为智能旅游,是利用云计算、物联网等新技术,通过互联网移动互联网,借助便携的上网终端,主动感知旅游资源、旅游经济、旅游活动等方面的信息,达到及时发布,及时了解、安排和调整工作与计划,从而实现对各类旅游信息的智能感知和利用。吴学安认为,利用移动云计算、互联网等新技术,借助便携的终端上网设备,主动感知旅游相关信息并及时安排和调整旅游计划。朱珠、张欣认为,"智慧旅游"是通过"智慧"的旅游管理平台,利用全国各地的旅游资源,借助云计算和物联网技术,实现旅游的集约化、智能化、统一化管理,提高国家对分散的旅游资源管理的决策能力,扩大旅游产业所涉及的服务业领域,以旅游业为主导,带动"食、住、行、游、购、娱"相关产业的发展;利用物联网技术,在各类旅游资源中敷设多种类型的传感设备,用于感知旅游资源的 ID、属性、状态、位置等各类信息,形成智慧旅游感知体系的神经末梢;采用最先进的无线传感自组网络技术,与互联网相结合,用于传递各类感知或控制信息,形成智慧旅游感知体系的传入/传出神经网络;结合 GIS 技术、信息资源整合技术与商业智能技术,整合各类感知信息,进行数据分析等加工再利用过程,形成智慧旅游感知体系的大脑(图 6.5)。

在整合相关学者针对"智慧旅游"方面的理解与表述后,本书认为,"智慧旅游"是伴随着互联网技术发展及新生代旅游者消费习惯的改变而出现的一种新型旅游模式,目的是满足旅游者的个性化需求与深度体验需求,借用"互联网技术"搭建"互联网+旅游"平台,将旅游消费者与旅游供给者(旅游景区、旅游经营者、旅游服务者等)双方信息透明化、及时化,实现旅游价值的最大化及旅游需求最大化。

图 6.5　智慧旅游应用体系

6.2.2　智慧景区的理解

我国智慧旅游模式已经在一些景区获得尝试,总体来看,很多景区在实施智慧旅游模式上仍然属于探索阶段,对智慧旅游的概念还没有统一,在研究上缺少理论支持。学者对智慧景区的概念总体上不及智慧旅游、智慧城市的概念阐述得深入与完整,也体现了智慧景区的研究处于初级阶段。

章小平、邓贵平认为,智慧景区是能对环境、社会、经济 3 大方面进行最透彻的感知、更广泛的互联互通和更科学的可视化管理的创新型景区管理系统。智慧景区是在“数字地球”到“智慧地球”转型这一重大背景的基础上,结合旅游景区特性,运用人类最新文明成果,构建智慧网络,实现景区智能化发展;将最新管理理念同最新技术成果(尤其是物联网)高度集成,全面应用于景区管理,从而更有效地保护旅游资源,为游客提供更优质的服务,实现景区环境、社会和经济全面、协调、可持续发展。李洪鹏、高蕴华、赵旭伟认为,将物联网、泛在网、移动通信和云计算等新兴的信息技术集成起来构建智慧网络,增强人类感知、控制和管理的能力,实现更加精细和动态的方式管理景区,达到“智慧”状态,极大地提高资源利用率和生产力水平,从而更有效地保护旅游资源,为游客提供更优质的服务,实现景区环境保护、社会和经济全面、协调、可持续发展。党安荣、张丹明、陈杨认为,智慧景区构建的核心就是通过物联网、互联网、空间信息技术的集成,实现景区的资源环境、基础设施、游客活动、灾害风险等全面、系统、及时的感知与精细化管理,提高景区信息采集、传输、处理与分析的自动化程度,实现综合、实时、精细、可持续的信息化景区管理与服务目标。邓贤峰、李霞认为,智慧景区是指在智慧城市以及智慧旅游的总体目标指引下,以物联网、云计算、下一代通信网络、高性能信息处理等现代通信与信息技术融合为基础的,结合创新的服务理念与管理理念,激活旅游景区存量资源,围绕游客感知和景区管理两条主线,建设以游客互动体验为中心、以一体化信息管理为保障的景区信息化和智慧化服务管理体系。葛军莲、顾小钧、龙毅认为,智慧景区的实质则是用智慧技术和科学管理理论的高度集成来取代传统的某些需要人工判别和决断的任务,达到各项工作业务的最优化,推进景区管理和服务电子化、瞬时化、便捷化、系统化、精准化和高效化,营造出一个个运作规范、高效的智慧景区。

　　我国景区"智慧化"建设处于探索阶段,对智慧景区的理解大同小异,比较流行的智慧景区概念是"景区在全面数字化基础之上建立可视化的智能管理和运营,包括建设景区的信息、数据基础设施以及在此基础上建立的智能化管理平台和决策支持平台"。深入分析可知,智慧景区是以新技术为支撑,广泛应用物联网、云计算、GIS 等新技术;智慧景区建设依赖多种技术集合为基础构建的智慧网络;在建设特点上强调"智慧化""全面化""精细化""互动性""协调性"和"可持续性"等。短期目标要更有效地保护旅游资源,为游客提供更优质的服务,实现景区环境保护;根本目标是实现社会、经济和环境的全面协调和可持续发展。但以上概念都只强调了智慧景区建设硬件要求,而忽视了软件的提升。笔者认为,智慧景区最大的特色就是"智慧","智慧"的目标是借助各类高新技术融合所形成的智能网络实现管理的最优状态。"智慧"管理的主体是景区,"智慧"管理的对象是人和物。智慧景区建设主要涉及 4 个方面:优化和再造景区管理业务流程;通过物联网对景区旅游设施建设监测;对游客、社区居民、景区工作人员实现可视化管理;打造多方(政府监督部门、旅行社、酒店等)参与景区管理的平台。

6.2.3　智慧景区技术

　　智慧景区技术涉及云计算、物联网、移动通信技术、虚拟现实技术和 GIS 等技术。

1)云计算

　　云计算是继分布式技术、并行计算、网格技术等之后的计算模式的最新发展。它是将计算任务分布在大量计算机构成的资源池上,使各种应用系统能够根据需要获取计算力、存储空间和各种软件服务。换言之,就是抛弃单独使用本地计算机或远程服务器计算方式,将计算分布到各台计算机上,使景区能够将资源切换到需要的应用上,根据需求访问计算机或存储系统。旅游者或者管理者在景区内手持手机、iPad 或者计算机即可获取相关信息;同时,旅游者自身也是重要信息源,他们可以利用各种终端服务器发送与旅游相关的信息。

2)GIS 技术

　　GIS 技术是旅游规划研究领域的热点问题。1962 年,由罗杰·汤姆林森最新提出并构建了世界上第一个具有实用价值的地理信息系统——加拿大地理信息系统。旅游地理信息系统是地理信息系统在旅游行业中的应用,它是在计算机技术的支持下,以旅游地理信息数据库为基础,对旅游地理信息进行采集、存储、管理、分析和应用的计算机信息系统。旅游地理信息系统在旅游行业中的运用往往与其他技术相结合,包括多媒体技术、GPS、RS 和虚拟现实技术等。

3)物联网

　　当游客进入景区后,会收到景区提供的电子版导游图。当游客发生意外时,只要一个按键就能获得及时营救;当景区达到或者即将达到最大环境容量时发送预警信息,并启动游客疏导预案,清楚计算出需引导人数、输送车辆数以及重点地段人员安排计划及引导路线等;

当景区内输水管道发生堵塞时,安置在该段的感应器就会发送报警信息并预测可能发生的危险、估算损失等。这便是物联网,它是通过射频识别(RFID)、红外感应器、全球定位系统、激光扫描器等信息传感设备,按约定的协议,把任何物品与互联网连接起来,进行信息交换和通信,以实现智能化识别、定位、跟踪、监控和管理的一种网络。随着物联网技术的不断发展,智慧景区面临着重大发展机遇,如九寨沟景区基于物联网新技术构建智慧景区框架走在时代前列,有必要在不断攻克物联网技术难题的基础上,在物联网、云计算、移动通信技术以及 GIS 等多领域融合问题上进行更多的积极探索,以促进我国景区开发与管理质量的提升。

4)虚拟现实技术

虚拟现实技术前身是模仿生物在自然环境中的视、听、动等行为的交互技术,其演变过程经历了蕴涵虚拟现实思想、虚拟现实萌芽、虚拟现实概念的产生和理论初步形成以及虚拟现实理论进一步的完善和应用 4 个阶段。虚拟现实是一种由计算机和电子技术创造的新世界,是一个看似真实的模拟环境。它通过多种传感设备,用

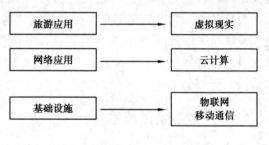

图 6.6　智慧景区核心技术支撑

户可根据自身的感觉,使用自然技能对虚拟世界中的物体进行考察和操作,参与其中的事件;同时,提供视、听、触等直观而自然的实时感知,并使参与者"沉浸"于模拟环境中。目前,它已经被广泛应用于旅游景区的三维全景展示、旅游信息服务、旅游地理信息系统设计、旅游景区规划与设计等领域(图 6.6)。

6.3　智慧景区建设的思考

旅游者需求变化是景区"智慧化"的原动力,随着科技进步和移动网络的普及,旅游者手持便携式移动终端机就能实现网络访问、智能搜索、实时分享等功能。旅游者行为的变化对旅游景区提出了智能化、信息化、互动化的要求。智慧景区是一个复杂的系统工程,既要利用新的科技,又要与管理理论相结合,更重要的是在建设过程中有系统的思考和设计,是对旅游景区硬件和软件的全面提升,代表了景区信息化建设的最新方向。

6.3.1　国内智慧景区建设内容

基于《国家重点风景名胜区数字化景区建设指南》,从 2004 年起,我国开始开展"数字景区"示范工程。到目前为止,已有包括九寨沟、黄山和中山陵在内的 24 个国家级名胜景区实施了数字化景区试点工作。中投顾问发布的《2016—2020 年中国智慧旅游行业深度调研及投资前景预测报告》显示,目前国内智慧景区的建设主要有以下几个方面(表 6.4)。

表 6.4　国内智慧景区建设内容

建设方	建设内容	主要内容	建设现状
景区	移动终端应用	景区介绍	2013 年出现,开放较好的如故宫系列
景区	微信公众号	景区介绍门票预订	2015 年国家旅游局与腾讯达成战略合作,以"公众号+微信支付"为核心,推动免费 Wi-Fi、智能导游、电子讲……功能全覆盖
景区	服务设施	语音讲……	……分景区已配备
景区	服务设施	Wi-……	……开始建设,目前已实现在景区……在建设
景区	服务设施	智慧停车	部分景区尝试建设
景区	电子门票	自助扫码验票	大部分景区已实现,但仍需工作人员辅助
景区	电子门票	身份证识别	2013 年起,背景、山东、福建等地的部分景区开始试行身份证验票系统,在网上实名购买门票的游客可直接刷身份证进入景区
旅游局	公关服务平台	导游投诉游客信息查询、游客入口	国家智慧旅游平台 12301
旅游局	移动终端应用	景区介绍	2013—2014 年部分旅游局尝试推出联合 APP,效果有待市场检验
第三方企业	移动终端应用	景区图文介绍	2013 年出现,如景点通、口袋旅行等
第三方企业	移动终端应用	景区语音讲解	2013—2014 年开始兴起,如 51 导游、玩伴、声旅、听游天下
第三方企业	移动终端应用	电子化购物	2014 年 7 月,淘宝旅行宣布推出"码上游景区绿色通道计划",用户扫描景区门口的二维码就可购票,免排队并有专属通道进景区。

资料来源:中投顾问产业研究中心.

　　由表 6.4 可知,唯一能让景区、旅游局和第三方企业同时涉足的是景区讲解服务。景区和旅游局单独开发 APP 的成本高昂,由于技术和人才的匮乏,国内大部分景区 APP 的设计较为粗糙,用户体验比较差。智慧景区的建设有重要意义,可从整体上简化服务流程、提升服务效率,通过网络解决景区和用户之间信息不对称的问题,推动自助游的发展。通过电子化、智能化服务,让用户自助获取服务,并通过智能停车系统、智能导流系统、智能热感系统等管理系统提升景区的自我管理功能。优化线下旅游业的产业链,推动线下吃、住、行、游、购、娱等各服务行业联动,为用户提供一体化服务,促进了传统景区由单纯的门票经济模式转向多元化的整体经济模式,促使线下旅游业的升级。通过微信购票、Wi-Fi 连接等游客行为积攒旅游大数据,为景区的精准营销提供数据支持。

6.3.2 智慧景区建设体系

智慧景区最核心的是最大限度地满足旅游者的需求,其建设体系也应将旅游者的需求作为出发点(图6.7、图6.8)。

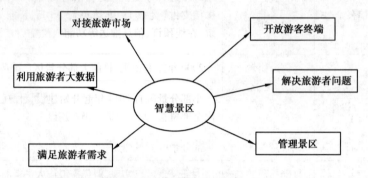

图6.7 智慧景区对接各方

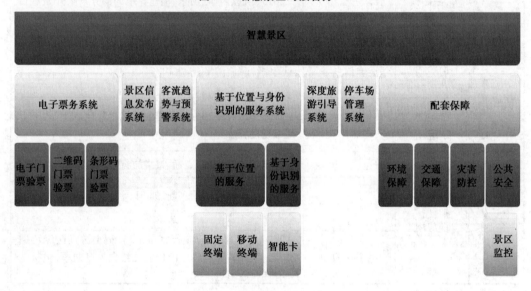

图6.8 智慧景区构建体系

1)满足旅游者需求

随着散客旅游时代的到来,自助游、自由行成为新趋势,旅游者个性化需求日益显现。各旅游景区借助于现代信息技术,为游客提供定制化旅游服务。游客可以依据自身的需求、偏好、时间、消费习惯,设计私人的旅游方式、旅游线路、消费项目,从而满足游客的个性化需求。

景区借助现代技术获取游客大量信息,如通过物联网、大数据的使用,监测游客的位置信息、消费习惯、在景区的行为方式,游客在微信、微博等社交网站上的评价,了解游客的旅游消费习惯。旅游景区和旅游相关企业通过各类旅游网站、微博等媒介,发布景区承载力信息、旅游线路信息、交通、住宿、餐饮、优惠、价格信息、旅游游记,景区天气、客流等动态性的信息,为游客自己定制旅游线路提供充分的信息服务。

搭建便捷的旅游交易平台,使游客能通过各类客户端,在线完成旅游服务购买活动。它包括第三方旅游交易平台,也包括景区自建的旅游电子交易平台。例如,南京市在天猫商城开设了"南京旅游官方旗舰店",提供游、宿、购、食、娱、行等信息查询和在线交易服务。又如江西省旅游局建设的江西智慧旅游网,利用 WEB3.0、移动互联网技术为游客提供个性化旅游定制服务的平台。它依据游客的年龄、爱好等,为游客在景区的游览线路提供个性化建议,游客可选择个性化的讲解语言(各种方言)、讲解风格,借助现代识别技术,为其提供定制化的导览服务。

2)利用旅游者大数据

大数据时代来临后,随着新型技术的应用,能随时随地对旅游业进行监测,对游客行为进行自动识别、感知,从而获得海量旅游数据。如何利用这一海量数据,既是对资源的再利用,也是整个智慧景区后续建设的关键所在。

以旅游者为中心,构建旅游数据中心。通过技术搜集整合相关旅游数据库,将景区、旅行社、酒店、旅游相关产业信息资源以及游客信息整合到一起,形成旅游云数据中心。例如,西樵山风景区在游客服务中心建设了数字化信息机房,建立了统一的数据中心,从而实现了信息资源集中、高效、便捷的管理和应用。游客在利用信息的同时,也会展示其自身消费行为、游记等旅游信息和旅游偏好,因此,收集游客旅游行为信息、建立游客旅游信息反馈机制,能让旅游者主动参与数据的制造和分享。

对旅游大数据进行分析和深度挖掘,获得有关旅游者的旅游偏好、发现旅游业发展态势和旅游业特征,为景区、酒店等相关行业产品开发、市场营销提供参考。借助于"数据云",通过网站、计算机、触摸屏、手机、iPad 等移动终端,将相关信息推送给游客,提供随时随地随需的旅游信息服务。例如,苏州智慧旅游建设中"一云多屏"就是通过计算机、手机、触摸屏、数字电视和其他设备,全方位地向游客提供信息服务。

3)对接旅游市场

国家提出旅游供给侧改革就是指旅游的供给与旅游需求出现了偏差,旅游市场发生了变化。从近年来旅游类微博、旅游微信公众号的发展可看出,新技术、新型媒体的出现,改变了旅游消费模式和旅游消费行为,旅游需求日益受到新型社交媒体的影响。市场营销组织应更多地介入智慧旅游所创造的生态系统,借助自媒体,吸引更多游客参与,建立互动渠道。

从市场信息传播来看,微博已成为旅游信息发生与传播的重要平台,正在全面改变旅游信息制造、传播和互动方式,塑造新的旅游市场需求和旅游营销模式。

实际上,在智慧旅游时代,旅游海量数据的建立、挖掘和利用,能够提供关于游客身份特征、爱好、位置、消费模式等的精确信息,了解游客的个性需求。进而在市场营销过程中,旅游业能够依据这些数据,对潜在的游客进行精准的营销,为游客推送精确的个性化的旅游信息,从而实现更加直接的市场营销。景区微信公众号已成为一个景区传递信息、服务发展的重要渠道,其影响力不容小觑。2016年3月28日开始,《中青报旅游周刊》每周推出全国5A级景区的微信公众号综合影响力排行榜前50强景区名单(图6.9)。

总第一期 (3.20—3.26)	全国5A级景区微信 公众号影响力排行榜				微信号:cydtour	
公众号	发布	阅读	头条	平均	点赞	WCI
1　婺源风景名胜区	5/5	13.7万+	13.7万+	27 529	2 024	979
2　三清山旅游	5/5	11.7万+	117 980	23 596	3 122	956
3　景德镇古窑民俗博览区	7/10	13.3万+	130 504	13 316	1 425	895
4　欢乐长隆	7/28	13.5万+	92 188	4 847	1 128	777
5　五台山	6/55	18.4万+	55 258	3 357	1 348	748
6　九寨沟	6/10	51 735	47 958	5 174	1 360	733
7　避暑山庄及周围寺庙	5/5	27 680	27 680	5 536	1 291	697
8　明月山旅游	6/6	31 327	31 327	5 221	619	683
9　千岛湖旅游	2/16	47 884	23 154	2 993	481	663
10　普陀山	1/3	18 029	11 098	6 010	108	621
11　太姥山旅游	6/6	24 292	24 292	4 049	180	621
12　无锡灵山胜境	7/7	28 381	28 381	4 054	106	593
13　绍兴旅游	5/5	18 837	18 837	3 767	98	587

图6.9　全国5A级景区微信公众号排行榜(节选)

4)开放游客终端

游客终端成为智慧景区旅游的关键入口,终端工具的普及率成为整个智慧景区智慧旅游顺利推进的关键。

(1)手机类客户端

景区为游客提供基于多种智能手机操作系统的旅游类APP,供游客下载和使用。游客可以获得旅游查询、旅游预订、位置服务、线路游览、景区解说,乃至聊天结伴、微博、照片上传等多种服务(表6.5)。但一些旅游者并不愿意为了一个景区专门下载一个APP,甚至在旅行结束之后,会选择删除软件。

表 6.5　　国内智慧景区旅游手机客户端举例

地　区	名　称	主要内容
厦门鼓浪屿	智游鼓浪屿	基于中国移动"TD 无线城市"平台的"智游鼓浪屿"手机客户端,市民可以实现自导自游
杭州	杭州智慧旅游	手机 APP 实现定位、信息、交通、景区导览、语音讲解、导购服务等功能
上海	iTravels 上海	依据游客查询线路的时间和所处的地理位置,推荐旅游线路,推荐景区或景点
云南	壹旅图探索系列——背着手机玩云南	"了解云南 16 个州市""TOP24 最美景区""6 条线路玩转云南""行走云南必知秘籍"等 10 大板块
南京	南京游客助手	集吃、住、行、游、购、娱等信息功能服务于一体的手机旅游通

资料来源:各地旅游局发布资料整理.

（2）二维码技术

二维码又称"QR Code",QR 全称"Quick Response",是一个近几年来移动设备上超流行的一种编码方式,它比传统的 Bar Code 条形码能存更多的信息,也能表示更多的数据类型。景区利用二维码技术,为游客提供终端信息的接入和获取。

（3）景区触摸屏

一些景区设置了游览的客户端,结合导航、语音解说、行程规划等功能供游客选择,设置了 LED 显示屏、触摸屏等多媒体服务终端,还有智慧景区多媒体展示中心。它借助 360°动感环幕立体影院、虚拟仿真技术设备、电子沙盘、多点触摸互动屏等环境设备,利用声、光、电等多媒体科技手法,来展示景区景观、自然文化遗产、生物多样性、古文物再现和虚拟旅游,使游客享受亦真亦幻、身临其境的新旅游体验服务。

（4）第三方定制软件

为迎合游客的旅游需求,许多企业开发出旅游移动通信工具和软件,如携程旅游、去哪儿、同程旅游、途牛旅游等;行程计划和定制类的软件如 Everytrail 随我游、途客圈、在途网等;旅行产品预订类软件,如携程无线、艺龙旅游、去哪儿等;通过手机实时分享拍摄的照片、旅游经历、用户体验等信息的分享型软件,如面包旅行、嗡嗡、途客、蚂蜂窝、猫头鹰等;工具性软件,如旅行翻译官、墨迹天气等。

5）解决旅游者问题

智慧景区的便捷性要求也对景区应对游客管理方面提出了更大挑战。如何借助物联网等现代技术,实现对景区精细化、动态化、全面及时的智慧管理是景区发展的关键。

（1）景区门票管理

景区借助智能识别的技术推行电子门票,实现景区门票的电子化、智能化管理,能够帮助景区实时统计游客进入人数,为游客疏导提供数据支撑;另外,也可以改变以往纸质票需人工检票的高成本、低效率状态,消除了游客的排队问题。而且电子门票通过电话、互联网、移动互联网等方式实现了景区门票的预订或预售,为游客提供了方便。

（2）游客定位服务与管理

运用先进的移动互联网技术、定位技术、地理信息技术,通过终端的移动设备,为游客提供基于位置的服务（location based service）,为景区提供及时动态的位置监测服务。

（3）实时监测游客的位置

获得游客位置之后,能了解到游客在景区内的实时分布,判断哪些位置游客数量密集、哪些景点是最受欢迎的景点,进而能够掌握游客的高峰时段流量。

（4）游客流量管理

借助景区电子门票和实时位置服务实现对景区游客流量、车流量的统计,当游客量超过一定预警线后可实施相应预警方案,并及时地引导、疏散游客。实现对游客的可视化监测管理,分析景区内游客分布的热点区域,实现对热点景区的人流控制。这一信息既可以为景区管理部门监测管理使用,也可以传送给游客,使其依此作出相应的旅游调整。现实中一些景区建立了相应的系统来实现对游客的流量管理（表6.6）。

表6.6　国内智慧景区游客容量检测

地　区	主要内容
黄山	通过景区指挥控制中心或任何一台能上网的计算机,可实时掌握景区所有入口进山人数、各索道上下行动态人数
北京	借助景区智慧旅游系统可监控游客流量,并测算出景点景区的旅游舒适度和安全指数,对景区景点的售票、客流控制发出预警
四川九寨沟	依据标有射频技术的游客门票,可对游客进行跟踪定位,监测游客的容量和流向,判断每个景点游客人数是否达到饱和;每个工作人员配有"景管通"的3G智能手机,可随时将相关信息向景区智慧中心报告,且监控中心也会随时将这一信息向各个景点的LED显示屏即时发送提示信息,提醒游客选择合适的景点,及时解决旅游旺季景区景点游客拥挤、乘车站点拥挤、车辆调度不畅等问题

资料来源:各地旅游局发布资料整理.

此举可为游客提供及时的救援服务。通过对游客位置的时刻监测,当出现求救之后,能够在第一时间定位游客的位置,立即展开救援行动。如在四川九寨沟景区,监控中心根据游客手中带有射频技术的电子门票便可对其进行跟踪定位。大连市旅游局建设了基于大连市电子地理信息系统的智慧旅游应用,为游客提供基于位置的旅游服务。

案例启迪

智慧游

北美一些景区,如迪士尼乐园、波音飞机制造工厂这种吸引成千上万来自全球游客的人工建造景点也是要花时间等候入场的。为了保证游客安全、保证参观品质和长效维护,这些景点管理严格有序,如对客流量进行限制、设立固定的参观时间、派导游讲解等。在这种情况下,智慧旅游的优势就很明显了。网络预订既能确保拿到参观的门票还能取得一定的折扣,避免临时跑去却扑个空。游客只要在网络上付费后就能打印出预定信息,届时向景点入口处出示一下即可进门,连换票的手续都免了。

加拿大人一般选择自助形式进行境内旅游,很少跟团。这样不仅行程上比较自由,且能省去不少服务性开支。智能手机在北美十分普及,而且网络使用普遍、网络服务和维护发达。一般营业场所都提供免费网络服务,大型超市等公众场所甚至无需密码便可自动上网。尤其现在资讯日益发达,可以说几乎没有查不到的信息。相关网站都可以提供各种详尽的旅游攻略,是很好的免费向导。所以,即使旅游者根据当时的游览体验临时更改行程也不会出什么问题。

资料来源:《国际先驱导报》.

6) 管理景区

利用智能监控技术,能实现对景区资源和环境动态的监控。首先,通过射频识别、红外感应器、全球定位系统、激光扫描等技术,能实现对景区资源的监测。景区内重要资源都设置有一个 ID,特别是对一些文物资源,能监测这些资源的状况,对其损害程度进行识别。其次,能实现对景区内空气、水、地质等环境的监控,包括温度、湿度、风速、风向、雨量、光亮度、烟雾度、可燃物状态、噪声等信息,对景区的环境状况有实时的了解。借助对景区的环境监测,获得对自然灾害及时、全面、透彻的感知监测,如一些山地景区在潜在滑坡体安装传感器网,可监测山体形变,及时对滑坡灾害进行预警。不仅如此,通过对景区资源和环境状况的监测,也能够测度景区的承载容量。最后,还可以实时监控景区人流量,动态公布景区环境承载力、生态承载力、旅游者心理承载力,避免景区人流量爆棚,导致旅游者旅游满意度下降,同时对景区环境造成破坏,为景区实时"限流"提供科学依据。

环境和资源监测得到的数据,可实时同步地通过移动智能终端向游客推送,使游客获得及时更新的信息,并作出相应旅游行程的调整。智慧景区的建设,能实现对景区资源和环境的实时监测,保护景区资源和环境,实现景区的可持续发展。

复习思考题

1.景区与智慧景区的关系是怎样的？

2.如何理解智慧旅游与智慧景区的关系？

3."互联网+"是如何运用到智慧景区中的？

4.你认为,智慧景区的技术除了教材中所列举的还有哪些？

5.谈谈你对智慧景区所搜集的旅游大数据的理解。

6.在"互联网+"背景下,智慧景区如何实现运用这些旅游大数据？

7.如何理解"智慧景区硬件与软件"双手都要抓？

【案例研究】

"智慧"给景区加点儿"料"

智慧不是万能的,但我们却无法否认伴随着智慧理念的植入,景区的管理正在一点一点地发生变化,"智慧"为景区注入了新的活力,也为游客带来了便捷的体验。

一、电子年票挖掘大数据——北京电子年票

只需拥有一部智能手机,懂得刷二维码,花上100元,就可365天畅游北京近40家特色景区……4月22日,北京首次推出的电子年票正式与市民游客见面了。

旅游年票有电子年票和纸质年票两种形式。游客购买后会获得相关票号,并可通过微信、短信等形式转送亲友。电子年票激活后以二维码的形式存储在游客手机中,在游览北京相关景区时,游客只需出示手机二维码,就可以实现检票入园。并且,年票在一年有效期内,同一个景区可以无数次免费游览,但同一天只允许进入一次。

据年票发行方北京市风景名胜区协会秘书长王庆伶介绍,电子年票的推出是践行智慧旅游、提升游客体验的有益尝试,既节省出游费用,又节省排队时间。通过该电子平台,后台还可以为游客统一推送交通、餐饮、景区客流量等服务方面的即时信息。

山水明和文化传播有限公司总经理李纯刚介绍,游客可通过指定官网和指定公园两种方式购买这种年票。据了解,自销售启动的3天内,已销售150余张。他说,游客在激活时需上传使用者的照片和身份证号码,存储于"云端",因而,电子年票不存在伪造、丢失的情况。

"在对以往电子门票充分调研的基础上,北京风景年票产品在设计上遵循'越智慧、越简单'的理念,游客和景区只需各自拥有手机,就可实现二维码扫描,既不需要复杂的流程,也不需要额外添加设备。"李纯刚说。

另据了解,为提升游客使用体验,电子年票通过收集用户基本信息、记录入园次数,并通过对用户习惯的数据分析,可对他们进行精准定位,继而推送信息。

二、老景区焕发新活力——肇庆星湖

免费无线网络、数字监控系统、电子门票、景区二维码、新媒体营销……作为广东的老牌景区,肇庆星湖自2013年以来全面"拥抱"新技术,实施了"智慧星湖"工程,使景区焕发新活力。目前,"智慧星湖"项目一期已投入运营,受到游客好评。

(1)启动"智慧星湖"

作为首批国家重点风景名胜区、首批国家4A级旅游景区之一,肇庆星湖(包括七星岩、鼎湖山两大景区)久负盛名,曾在广东旅游发展过程中担当大任。

然而,近两年肇庆星湖在基础设施和服务创新上面临极大的挑战。"当时的规划主要是满足游客看一看、玩一玩的观光需求。现在来看,服务、设施水平有些落伍啦。"星湖管理局有关负责人说。

如何使老景区焕发新活力?肇庆星湖瞄准了"数字景区"这个突破口。2013年5月27日,"智慧星湖"一期启动建设,包括全面电子闸口、无线网络覆盖、网络数字监控、智能化广播系统、景区综合布线等六大工程。"智慧星湖"项目是利用先进的智能化信息技术和物联网技术,对景区软硬件系统进行升级改造,提升景区管理水平和游客体验,从而优化景区形象,打造知名旅游品牌。该项目首期投资460万元。

(2)提升管理水平

星湖管理局有关负责人表示,"智慧星湖"是星湖景区转型升级的重要举措,也是景区打造生态文明和科学发展的示范窗口。"智慧星湖"一期工程包括在七星岩、鼎湖山景区入口共安装高速入口、出口电子翼闸21个通道;在各入口均设置1个无障碍通道;配置5台无线手持检票设备以应付游客高峰期检票需求。建起以景区智能售检票管理系统为核心的智能化管理平台,游客可以实现在线订票、支付。高速出入口电子翼闸具有二维码(手机二维码彩信)阅读功能,在网上购票的游客,购买成功后将接收到景区系统发送的二维码彩信,只要将图案放在景区门口闸机阅读器上一扫描,就可以识别进入景区,省下换取纸质票根的过程。

(3)升级游客体验

"智慧星湖"的建设,最直接的受益者是游客。随着网上购票功能及电子门票系统的完善,从关注、购票到进入景区,游客均可通过手机实现。星湖景区已全面"触网","星湖美美""人间仙境七星岩""原始森林鼎湖山"等微博、微信客户端同时上线,时常发布更新景区有关介绍和活动信息。在游览过程中,游客也可以通过扫描二维码,获得解说词,"把导游都省了"。对于持有年票卡的当地市民来讲,星湖景区推出了身份证和年票卡捆绑升级服务,身份证可当门票"刷",非常便捷。接下来,星湖景区还将逐步推进年票卡与公交卡、银行卡等卡类的兼容,实现"一卡通"。

资料来源:第一旅游网.

讨论问题:

1.北京旅游景区的电子年票是如何体现智慧景区理念的?

2.从旅游者的角度谈谈对于电子年票的实施你有哪些更好的建议？

3.肇庆星湖景区是如何实现"老景区"到"智慧景区"转变的？

4."智慧星湖"的"智慧"体现在哪些方面？

5.谈谈你对"智慧景区"的"软服务"的理解。

开阔视野

看国外如何"智慧旅游"

一、新加坡"智慧旅游计划"

1.背景

1964年成立新加坡旅游促进局，领导和推进新加坡旅游业发展。2006年，推出"智慧国2015计划"，确立"智慧化立国"发展理念，全面实施从"传统城市国家"向"智慧国"转型的发展战略。

2.主要应用项目

一站式注册服务。借助生物身份识别技术为商业人士免去烦琐的注册登记手续，在新加坡商业会议旅游中得到广泛应用。下一步，将面向医疗旅游人群进行推广。

智能化数字服务系统。该系统着眼于增加游客在新加坡的旅行体验。游客可通过互联网、手机、公用电话亭、交互式电视和游客中心等渠道获得一站式旅游信息和服务支持，包括购买相关旅游商品或专门服务。

无处不在的移动旅游服务。为游客整合旅游前、旅游中、旅游后的信息服务。游客可利用智能手机等移动终端，在任何时间、地点接收到旅游信息，并根据游客位置、需求、选择取向提供具有个性化的针对信息服务。

交互式智能营销平台。在"我行有我，新加坡"平台上，游客可根据个人喜好直接在互联网上定制自己的新加坡行程，包括旅游路线规划、旅游签证、酒店预订、机票购买、活动预订、交通选择等。可通过邮箱及时订阅新加坡最近发生的动态，了解新加坡新闻、即将举办的大型活动等信息；同时，通过该平台实时分享自己的旅游经历。

二、澳大利亚：智慧游瞄准中国游客

张小慧在澳大利亚攻读商科硕士学位已经快一年了。学校假期期间，小慧母亲特地从中国来悉尼看望在悉尼大学留学的女儿，母女俩约定利用张小慧的学校假期到凯恩斯去好好玩一趟。为了安排好自己与母亲的这次旅游行程，张小慧浏览了好几个在线网站，根据网站上提供的信息，阅读了有关住宿、好玩的地方、水上活动、美食餐馆等信息，阅读了旅游者的评论，最后在网站上几乎订好了此次旅行所需要的一切。其实，在澳大利亚，像张小慧这样采用"智慧旅游"方式来安排自己旅程的游客越来越多。

"智慧旅游"是一种借助物联网、云计算、下一代通信网络、高性能信息处理、智能数据挖掘等技术，使旅游物理资源和信息资源得到高度系统化整合和深度开发，激活并服务于公众、企业、政府等对象，面向未来的全新的旅游形态。

在澳大利亚的主要街道上的商铺和景点，"澳大利亚欢迎您"的中英文标语随处可见，这

是澳大利亚旅游业启动欢迎中国游客项目的见证。现在,澳大利亚旅游业界为了顺应中国游客出境游的这个新常态,"智慧旅游"发展很快,有些旅游客户端是专为访澳中国旅客和在澳华人打造的,为旗下会员提供澳大利亚本土吃喝玩乐、打折优惠及个性化旅游服务。其中一个亮点是让会员在澳大利亚可以轻松使用中国人习惯的支付系统进行支付。

而像澳大利亚阿德莱德市街景地图操作指南,主页面由街景实景视图和电子地图视图构成,分别占据左右两个区域,其中电子地图视图中的 Marker 图标所指示的位置就是当前街景图像所处的地理位置。用鼠标拖动电子地图中的图标可查看任意位置的街景地图中国游客带来了很大方便。梦幻世界已针对中国市场推出许多服务,如剪羊毛表演提供文字幕、为中国游客提供中文地图、全日皆可抱考拉等,园区还可免费无线上网。

不久前,澳大利亚旅游局决定引入 30 家中国优选合作伙伴精英旅行社所提供的独家高端、定制化的优质旅游产品,中国游客可直接登录订购产品和线路。

资料来源:《智慧旅游在国外的发展现状》,国际先驱导报.

第7章
旅游景区新媒体营销

【学习目标】

通过学习本章,学生应该能够:

理解:新媒体的概念

新媒体的特点

熟悉:新媒体的主要类型

旅游景区新媒体营销的概念

掌握:旅游景区新媒体营销与传统营销的区别

旅游景区新媒体营销的主要手段

【关键术语】

新媒体;传统大众媒体;新媒体营销;传统营销;精准营销;口碑营销

开篇案例

故宫淘宝的萌萌哒商品

2014 年 10 月,一条"北京故宫设计的耳机,还是入耳式的,会有人愿意戴着听歌吗?"的微博引起网友的广泛关注,其转发量达到了近 2 万次。配图中所显示的耳机,是故宫博物院的一款衍生品,形似清代的朝珠,且是时髦的入耳式设计,十分有趣。

对于如此穿越的设计,网友"祥瑞御免的 daisyhanke"评论:"南红+鸡油黄老蜡,老佛爷亲盘百年包浆,轻松拥有皇家姿仪,享受路人朝圣目光。"令网友忍不住调侃:"难道上早朝的时候大臣们其实都在听歌?"而更多人则为这样的产品所倾倒,连呼要"买买买"。

不到故宫怎能买到故宫的衍生品? 机智的网友们很快搜到了北京故宫博物院的网购店铺"故宫淘宝",网上被疯转的朝珠耳机的确在淘宝店有售,售价为 120 元。但记者看到,该商品目前显示"已下架",店铺工作人员告诉记者,下架的原因是因为"没有货了"。

"故宫淘宝"其实已是淘宝上的"五年老店"。它有着与端庄肃穆的故宫博物院截然不同的气场,店铺头像是呆萌的 Q 版皇帝,页面设计则是清新的漫画风格,就连产品价格前都有迷你金元宝的图标,可以说是"卖得一手好萌"。除了网络上大热的朝珠耳机外,"故宫淘

宝"中藏有诸多意想不到的故宫产品,如尚方宝剑圆珠笔、顶戴花翎官帽防晒伞、印有"如朕
亲临"的故宫创意行李牌、Q 版御前侍卫手机座、Q 版宫廷人物摆件、"黄袍加身"亲子文化
衫、康雍乾抄经本临摹字帖等。另外,还有一款与台北"故宫博物院"的热门商品——康熙御
笔"朕知道了"胶带相媲美的雍正亲笔"朕就是这样汉子"的折扇(图 7.1)。

图 7.1 "故宫淘宝"部分商品

故宫博物院文化服务中心的相关负责人之前在接受媒体采访时表示,故宫的藏品是可
以看的,但不可以带走,而这样的故宫产品就是起到了纽带作用。"它是可以带走的故宫,也
是流动的故宫。"而这些看似呆萌的故宫产品,则是故宫专家和设计团队耗费几年心血创作
完成的。故宫文化创意团队的负责人曾指出,人们印象中的故宫好像很严肃,但他们设计出
的故宫产品不那么僵化,可以颠覆大家印象里的故宫。另据媒体报道,这些可爱的设计大都
是由出身各大美院的设计人员设计出来的。

资料来源:舒晓程,《"故宫淘宝"卖的商品萌萌哒》,网易新闻.

7.1 新媒体概述

7.1.1 新媒体概念

告别以传统营销为主的媒体 1.0 时代,新媒体的出现标志着社会进入了媒体 2.0 时代。
关于新媒体的含义,国内外学者意见不一。早期,联合国教科文组织对新媒体给出的定义
是:新媒体就是网络媒体。清华大学新媒体研究方面的专家熊澄宇教授认为,"新媒体就是
依托计算机信息处理技术和互联网对各种信息进行传播的媒介总和。它不仅具有像电视、
报纸、广播等传统媒体的功能,还拥有互动性、即时性、拓展性和融合性等特点"。他认为,新
媒体不是一个绝对的概念,而是一种全新的信息传播载体,其受众人群达到一定的规模,就
可以称这种信息传播载体为"新媒体"。他在中国网络媒体论坛上提出,如今的新媒体主要
是指"在计算机信息处理技术基础上产生和影响的媒体形态,包括在线的网络媒体和离线的

其他数字媒体形式",把新媒体的内涵扩展到数码电子音乐播放器等非网络媒体的范畴。阳光卫视创始人吴征的观点与他的观点不谋而合,他给出新媒体的定义是:"互动式数字化复合媒体。"他指出,新媒体是通过个体为导向的分众传播媒介,通过窄播的传播模式实现信息传播者与受众之间的充分交流。

蒋宏等学者认为,从新媒体的内涵角度来分析,新媒体是指 20 世纪后期在全球科技飞速发展的背景下,在社会信息传播领域出现的建立在数字技术基础上的能使传播信息快速拓展、传播速度加快、传播方式多样、不同于传统媒体的新型媒体。就外延来说,新媒体包括了光纤电缆通信网、有线电视网、图文电视、电子计算机通信网、大型电脑数据库通信系统、卫星直播电视系统、互联网、手机短信、多媒体、信息的互动平台、多媒体技术广播网等。此定义涵盖了所有的新媒体类型,但随着科技的飞速发展,新媒体的外延还会不断延伸。

综上所述,本书认为新媒体是相对于电视、广播、报纸、杂志等传统大众媒体而提出的,以用户为中心,利用计算机信息处理技术,通过互联网、移动网络等通信手段,传播数字图像、文字、声音等信息,鼓励用户参与信息的创造和传播的一种新兴媒体,它主要包括网络社区论坛、社交网络、网络视频、微博、博客、微信、门户网站等互联网应用形式。

7.1.2　新媒体特点

作为现代较为主流的媒体形态,新媒体遵循"用户为中心"的原则,鼓励用户主动创造信息和互换信息,突破时空限制的信息交流使用户之间的关系更加亲密。与传统媒体相比,新媒体在营销渠道、营销产品个性化、营销理念、消费者需求、传播模式、营销管理等方面均存在差异,其特点主要表现在如下几个方面。

1) 互动性

由于技术的缺乏,传统大众媒体在信息的传播方面往往是单向的,传播者和接收者之间的互动较少,接收者往往是在被动地接受信息。随着网络技术的发达,新媒体实现了信息的双向传播,在发布各类信息的同时便可收到相对应的反馈信息,大大增强了传播者与接收者之间的互动性,同时也促成了接收者与接收者之间的互动交流。

借助互联网技术,以新媒体为渠道,传播者可以将自己的信息传播给任意一个网络用户,同时任意一个网络用户都可以在新媒体所提供的参与空间里对传播者所发布的信息作出反馈;并且每个网络用户之间还可以相互分享该信息,在实现信息共享的同时自己的角色也由接收者变成了传播者。新媒体的互动性,赋予了每个用户以传播者和接收者的双重角色,也促进了用户之间的无障碍沟通交流。

2) 即时性

现如今,人们的时间越来越碎片化,快速地进行信息浏览成了人们的生活习惯,信息传递的即时性在当代社会中显得尤为重要。相比于报纸的日更和杂志的月更,新媒体利用方便快捷的 PC 端和移动端实现了信息的裂变式传播,极大地提升了信息的传播速度,保证了信息传播的即时性。

借助新媒体的传播,每一条最新发生的事件信息都能够在第一时间传送到每个用户的 PC 端和移动端,而每个用户又可以选择在任意的时间或地点来查阅信息,打破了时间和空间的限制。同时,每个用户还能够随时随地通过新媒体对自己感兴趣的信息进行搜索和浏览,保证了信息查阅的即时性。

3) 多样性

相对于传统大众媒体,新媒体的多样性主要体现在其载体的多样性和内容的多样性。载体的多样性,主要表现在新媒体对 PC 端和移动端的全面侵入。新媒体的常用载体有网站、微博、微信、QQ、论坛等,这些载体通过电脑软件和移动 APP 等方式保证了在 PC 端和移动端均能够拥有用户界面。

借助互联网技术,新媒体可以将电视的视频传递、报刊的文图传递、广播的声音传递等信息传递手段融为一体,从而能够将一条信息的图片、文字、音频、视频等内容整合为一体,再利用各个传播载体传播给每一位用户。这种内容多样性的创造最大限度地满足了不同用户的需求。

4) 大众化

新媒体的大众化主要体现在内容创作和审美的大众化。传统大众媒体信息内容的创作大多是出自专业人士之手,如报刊编辑、摄影家、电台主播等。新媒体的互动性让每个用户都可以担任传播者,这也导致了信息内容的创作不再集中于专业人士之手,而是人人都可以进行创作。每个用户都可以根据自己的个人喜好进行信息内容的创作,再根据个人的习惯选择相对应的载体进行传播。

同时,由于新媒体内容的多样性满足了不同用户的需求,让每个用户都能够在较短的时间内找到符合自己审美的内容板块,保证了内容审美的大众化。反过来,内容审美的大众化也使通过新媒体传递出来的信息能够较快地找到自己的受众群体。

5) 个性化

新媒体遵循“以用户为中心”的原则,这也导致了新媒体相对于传统大众传媒来说更具个性化。在新媒体的双向信息交流系统中,每个用户对信息不仅具有选择权,可以选择自己喜欢的新媒体载体,而且具有操控权,可以查阅和订制自己喜欢的信息。也可以屏蔽和删除自己不喜欢的信息。

基于用户信息使用偏好和特点的大数据,新媒体可以分析出用户对信息的不同需求,根据需求划分出不同的特定群体,从而针对不同的用户群体提供个性化的信息内容。同时,在划分出来的每一个特定用户群体中,用户与用户之间的互动交流也是个性化的,每个用户都可以有选择地与他人分享信息。这种极具个性化的信息传递彻底打破了以往用户被动接收信息的格局。

7.1.3　新媒体传播特征

（1）主体和受众广泛性

随着新媒体的广泛应用,任何人都可以通过互联网、微博和微信等新媒体工具发表个人观点,每个人既是信息的传播者,又是信息的接收者。

（2）传播即时性

在新媒体时代,互联网信息不受时间、地点和空间的限制,可以随时随地进行传播。尤其是在危机事件发生期间,如果企业不及时作出解释,有可能会让公众产生误解。

（3）信息海量性

伴随着互联网搜索引擎技术的不断升级,各种新媒体工具的搜索功能得到不断扩充,公众获取信息的方式因新媒体搜索功能的创新而逐渐增多。

（4）形式多样性

新媒体传播形式丰富多样,可将文字、图片、音频和视频等融为一体,将传播内容进行无限扩展。

（5）传播交互性

任何人都可以参与新闻制作流程中新闻线索搜集、采访、信息整合和发布等各个环节,并且可在事后发表个人评论。

7.1.4　新媒体分类

伴随着 PC 端和移动端各项技术的日发成熟,新媒体的类型也越来越多。当前,尤其以 PC 端的官方网站、移动端的微博、微信以及 APP 这 4 大传播工具被各个行业所重视,并成为大多数企业营销的必设平台。

1）官方网站

官方网站是众多政府机构和企业最早涉及的新媒体营销渠道之一。政府机构为了推广当地形象和介绍当地生活服务信息,会建立起相对应的官方网站,而由政府机构直接建设的官方网站也是最具权威性和公信力的新媒体平台。企业通过建立官方网站,在 PC 端打造专属名片,为目标客户群体提供了一个方便快捷的企业信息浏览窗口,推进了自身形象的快速传播。

在企业的官方网站上多设置有公司简介、人员架构、公司新闻、产品类型、联系方式等板块,丰富的内容展示让接收者能够全面而快速地了解企业。同时,由于投放网站广告的费用低廉,企业常会在官方网站上不定期地投放广告,并有针对性地向目标客户群体推荐企业的促销活动(图 7.2)。

2）微博

作为新媒体研究的一个重要领域,自媒体显得更加私人化、平民化、自主化,其核心在于

图 7.2　乌镇旅游官网

普通大众的信息自主提供和分享,社会由此迎来了以受众为主导的媒体 3.0 时代,即自媒体时代。微信、微博是目前中国较为成功的自媒体形式。

作为一种在线用户获取和分享信息的媒体式平台,微博具有文字简练、使用方便、互动性强等特点,使微博在中国拥有庞大的用户量,并且发布和访问方式日趋移动化。截至 2016 年 9 月,微博月活跃用户达到 3.906 亿,这意味着中国微博市场将全面进入成熟期。目前中国拥有新浪、腾讯、网易和搜狐等多个微博平台,其中以最早开通的新浪微博最具代表性。多个微博平台的兴起,在迅速扩大微博用户量的同时也吸引着各行各业的营销者加入。

营销者们根据不同的营销目的,可以随时随地在微博上发布营销信息,实现在最短的时间内用最简短的文字把最有效的信息传输给最大范围内的人。与此同时,微博下设的评论功能能够让接收者直接对所看到的信息进行点评,发表自己的看法,实现与营销者的实时互动。

微博的高普及率使得所有信息都展示在大众面前,受到所有人的监督与检视,这就要求营销者要充分保证营销信息的准确性,任何虚假信息的发布都会直接影响到微博主所代表的集体或个人的信誉。在微博平台中,所有微博主既是信息的发布者也是接收者,在随心所欲地发布信息的同时也可以对自己感兴趣的信息进行评论,并且可以根据自己的兴趣爱好建立微博交际圈,实现个人的社交需求(图 7.3)。

3) 微信

相比微博,微信从开始投入市场便被定位为社交聊天软件,属于一种在用户关系上构建出来的社交平台。从 2011 年由腾讯公司出品推向市场,到 2012 年推出公众平台服务并超越微博成为新兴互联网服务,再到 2016 年 9 月平均日登录用户达到了 7.68 亿,其中 50% 的用户每天使用微信超过 90 分钟,微信已经成为当前国民最为依赖的社交软件。

随着微信通信技术的发展,原先的手机短信和语音通话作用被大大减弱。微信现在拥有共享实时位置、语音通话、摇一摇、附近的人、漂流瓶、朋友圈、群聊天、微信支付等多个特色的功能板块,并且有跨平台添加好友和直接添加手机联系人为好友的功能。利用微信,用户不仅能够加深与熟人的沟通交流和搭建起与陌生人的交际桥梁,而且还能把独具个性化的信息发布到自己的朋友圈并与好友在朋友圈中互动。

图 7.3　故宫微博公众号

微信公众平台服务的推出,更是将微信的信息传播功能推向了极致。通过微信公众平台,任何个人和集体都可以打造专属于自己的微信公众号,利用公众号群发推送、自动回复、数据分析等功能,在实现文字、图片、音频、视频等要素融合发布的同时还可以进行精准营销。优质的公众号推送内容,往往能够为该公众号带来数量庞大的粉丝群体和广告效益(图7.4)。

图 7.4　故宫微信公众号

4)移动 APP

移动互联网技术的发达推动了智能手机、平板电脑等移动终端的普及,进而带动了移动 APP 市场的发展,很多 PC 端网站都推出了对应的移动 APP。移动 APP 通常指能够在移动端的 iOS 和 Android 系统上运行的应用软件,也是我们常说的智能应用程序。相比 PC 端的应用软件,移动 APP 具有服务获取快速便捷、沟通交流日常化、应用内容丰富等特点,让移动 APP 在短时间内被大众所接受并逐渐影响着用户的生活行为习惯。

通过在智能手机、平板电脑等移动终端上运行移动 APP,用户能够根据自己的需要选择不同种类的移动 APP,体验其相对应的应用功能,定制个性化服务,让很多问题通过智能手机、平板电脑等移动端就能得到解决(图 7.5)。

图 7.5　景区移动 APP

案例启迪

案例一:北京颐和园的官方 APP 智能系统

2015 年 1 月,颐和园的官方 APP 在北京正式上线。这款手机 APP 软件由北京颐和园管理处的官方推出,兼具导游、人物讲解和信息查询等多种服务功能,它可根据 GPS 定位功能为旅游者自动解说颐和园中 112 处景点的说明,基于 8 万多字的讲解资料、160 多张图片、9 条超精品线路的推荐,主要通过各种文字、百样的图片兼各种语言的语音方式,将颐和园中的各种景点、定位电子地区、游园百科注意事项以及各种旅游信息推荐给旅游者。

案例二:陕西省渭南市旅游景区旅游 APP 的信息系统

2015 年 3 月,陕西省渭南市旅游专属的"渭南旅游"APP 在安卓市场正式上线。"渭南旅游"APP 系统是将渭南市中所有市、县的旅游景点、人文景观、风味特色小吃、住宿和购物等 9 类项目的各种图片和文字信息编辑于其中,并定期不断更新和进行系统的升级,让旅游者随时随地都可用 APP 设备查询到所需的园区旅游信息,掌握景区的风景、文化和相应的园区活动等内容。

资料来源:王兴华.旅游园区 APP 信息服务营销模式研究——以桂林市象山景区为例[D].桂林:广西师范大学,2016.

7.2　旅游景区传统营销到新媒体营销的变革

7.2.1　旅游景区新媒体营销

近年来,各旅游风景区在大力开发市场的同时,越来越注重借助新媒体的传播方式来提升景区品牌,新媒体的优势日益凸显。新媒体充分借助网络传播手段的实效性和互动性,能将有关信息及时发布,使游客及时掌握与景区相关的各类资讯信息,从而赢得游客的好感和舆论支持,使良好的经济效益和社会效益并存。新媒体建设日益成为景区与游客互动的纽带和桥梁,成为景区吸引游客、服务游客、满足游客的必要手段。

1)旅游景区媒体营销变化

电视、广播、报纸和杂志是最为传统的营销媒介。经营者通过对自己产品的精心设计和包装后,在电视、广播、报纸或杂志上对自己的产品进行广告宣传和营销,以最短的时间让消费者了解产品,然后信任产品,最后购买产品。从 20 世纪 80 年代开始,我国旅游景区开始利用传统媒介展开旅游景区活动的推广宣传,主要是以单向传输为主,与受众交流极少。

随着新技术和新产业的发展,营销的环境变得更加复杂,传统媒体已经不能完全适应这种变化,新媒体的运用将使产品的营销方式更加完善,它体现了网络营销的最新发展阶段。旅游景区开始运用新媒体展开旅游营销。

网络时代带来巨大变革,营销思维也发生了巨大变化。微博、微信、博客、网络电子杂志等新兴媒体的出现,为企业营销提供了更为广阔的平台;而新媒体的体验性、交流性、差异性、创造性、关联性,使旅游行业也进入了新媒体营销时代。新媒体为一些旅游目的地的宣传提供了新思路,开辟了新方向。

2)新媒体营销的内容

在新媒体时代下,信息的受众与传播主体的界限变得模糊,信息的接受者也可以转变成信息的传播者,信息的传播由单向变为双向,这在很大程度上提高了信息传播的速度、深度和广度。新媒体的这种优势给营销方式带来了深刻的变革,新媒体营销内容大致包括网络市场调研、消费者行为分析、企业网站推广、网上信息发布、顾客服务、网上促销、建立网络品牌等。

(1)网络市场调研

研究企业所处的环境是营销活动的首要工作,不管是传统媒体还是新媒体,都必须据此制订营销方案。但是,网上市场调研的优势非常明显,在时空和地域上都不受限制;调研范围广,调研时间短;调研成本低,可以花费较少的人力和物力;信息可以用多媒体形式表现出来。另外,还可以利用搜索引擎、网站检索、发送邮件的方式,了解网络消费者的构成、偏好,甚至是网络竞争对手的竞争策略方面的信息。

(2)消费者行为分析

新媒体营销的主体是大量的网络使用者,网络市场是一个庞大的市场。但是,网络市场上的消费者行为特征和行为模式与传统市场有显著的不同。因此,要开展有效的网络营销活动,首先要深入了解这个群体的需求特征、购买动机和购买行为的模式。互联网作为大量信息交流、沟通的平台,已经成为越来越多有着共同爱好的群体聚集和交流的地方,并且形成一些特征鲜明的网上社区论坛,了解这些网络社区的群体特征和偏好是对网上消费者行为分析的关键。

(3)企业网站推广

目前,越来越多的企业建立了企业网站,这种虚拟的网络销售平台给一些企业带来销量的增加。但是,如果这个网站的知名度不高,纵使企业的产品再好,营销策略再合理科学,网络的销量也不会有很大的突破。企业进行网络营销的开始阶段,主要工作就是加大网站的推广力度。一般企业的做法是通过在百度等搜索引擎上打广告,让顾客很容易检索到企业的网站信息;或者在相关商业网站上添加友情链接,或是选择在一些人气较旺的网络社区论坛上发布广告,发送邮件给用户也是不错的手段。然而,目前大量企业的网站访问量不高,网络营销效果不显著,这与大部分企业重视实体市场,疏于网站推广有很大的关系。网站推广是网络营销的核心职能。

（4）网络信息发布

新媒体背景下,通过网络销售产品,首先需要在互联网上发布产品信息。网络信息的发布不仅是树立网络品牌、推广企业网站的方法,也是实施网络营销策略、扩大销售量的手段。它可以同时向多种受众发布信息,如标准顾客、潜在顾客、公共媒体、合作伙伴等。现在很多新媒体也提供了一个多样的信息载体,表现出极佳的优越性。

（5）顾客服务

传统模式的销售在顾客服务方面通常存在滞后性,新媒体营销往往能够提供更加便利的在线服务,消费者在购买产品前、购买过程中、购买产品后都能享受到及时、优质的服务。顾客的服务项目从常见问题的解答到产品社区论坛的交流,各种信息服务的内容和工具,无所不包,对提升消费者的满意度具有重要意义。如国内主流电商企业都提供全天候的客服在线服务,解答客户的问题,确保产品交易的顺利完成。

（6）网络促销

互联网的多样性为新媒体营销提供了丰富的促销手段,营销的最基本要求就是提高产品的销售数量。利用网络进行促销具有很大优越性,消费者可以很直观地看到产品的介绍、说明、图片,甚至在促销过程中还可以加入视频、声音、动画等信息,进行图文并茂的介绍。消费者如果看中了某个产品也可以直接在网上下订单,进行网上购买,从而达到网络促销的目的。

（7）建立网络品牌

新媒体营销的一个重要特点是在网上建立和推广自己的品牌,是以网络为基础的新经济,其本质就是注意力经济,拥有注意力的企业将拥有一切,网络品牌的价值越来越体现出它的重要性。

3）新媒体营销的优势

相较于传统媒体,新媒体营销的优势是非常显著的。随着互联网和通信技术的发展,新媒体日益显现出强大的优势。

（1）营销方式柔性化

新媒体技术的发展,使营销变得含蓄、隐秘,更加有技巧。营销,不再是单纯的推销产品,而变为一种更加委婉的信息传播形式。企业的营销往往会通过建立网站,开通企业微博、微信进行,甚至会选择在各大社区论坛上为产品的营销造势。这些为消费者了解产品提供了全面的信息。传统营销依靠的是简单的宣传和叫卖,而新媒体营销则颇有渗透影响的意味。移动传媒设备的发展,更为这种潜移默化的营销提供了必要的条件。无论消费者身处何方,只需拥有一部智能手机或平板电脑,就能够轻松浏览产品,获得信息。

（2）营销范围全球化

互联网信息技术的全球化发展,为在全球范围内开展新媒体营销提供了可能性。传统的媒体如报纸、杂志、广播、电视具有地域性,而网络的传播则更加具有优势。信息的交流和传递只需轻轻敲击鼠标,便可轻松实现信息的互换。在此基础上,目的地营销在传统方式的基础上,将互联网与移动传媒作为平台,以迅猛的速度覆盖了全球的消费者。一次成功的营销,完全可以吸引全球范围内消费者的目光,实现营销的全球化。

（3）营销模式双向化

新媒体营销的最大优势在于营销传播模式是双向的,营销的主客体不再有严格的界限,任何新媒体传播节点上的个体都能成为营销的主体。传统的营销受到时间、空间上的限制,在更新产品信息上具有延迟性,营销效果不佳,与消费者的即时互动不强。新媒体营销在发布信息之时,就可以和消费者进行网络上的互动和交流,及时了解他们的需要,满足他们的需求,并且可以在第一时间得到意见反馈,进行产品的重组和改善。新媒体营销传播模式的双向性提高了营销的效果和个性化。

（4）营销过程简洁化

传统的营销模式,消费者往往需要花费很多时间去进行同类产品的比较,然后艰难地作出选择。新媒体的营销则为消费者节省了大量时间,消费者可以通过互联网或者移动设备很快进行产品的挑选和择优,有些企业甚至可以根据顾客的需求进行私人定制。新媒体营销使企业销售产品的过程变得更加简洁、快速、高效。

7.2.2　旅游景区新媒体营销与传统营销对比

1）传播方式

旅游景区的传统营销平台对于旅游者来说是一种单向的推介式宣传,而新媒体营销平台则是一种主动寻求信息互动交流的双向平台。在旅游景区的传统营销中,由于景区信息的宣传推广往往是旅游景区单方面发布的,旅游者在这个过程中没有任何信息的控制权,只能被动地接受信息。

在旅游景区的新媒体营销中,由于新媒体平台的互动性和便捷性,旅游者开始拥有信息接收者和发布者的双重身份。与此同时,为跟踪旅游消费者的消费行为,旅游景区的营销者越发重视与旅游者的互动交流,通过双向的沟通交流发现旅游者的需求,以发布有针对性的旅游景区信息,吸引潜在的旅游消费者,从而达到推广宣传旅游景区的目的。

2）营销思维

与其传播方式一样,旅游景区的传统营销思维讲究的是单向的景区目的地形象输出,追求的是产品宣传推广的重复性和统一性。旅游景区营销者通过不同的传统大众媒体对同一信息进行撒网式宣传推广,以强化旅游者对旅游景区的初步认知,让旅游者被动地接受旅游景区的目的地形象建构。

由于新媒体中旅游景区营销者和旅游者的交互性强,传统营销的这种方法便不再适用。旅游景区的新媒体营销遵循的是"以用户为中心"原则,追求的是从旅游者的角度出发创作景区营销信息。在营销的过程中,旅游景区的营销者会充分强调个性化,重视口碑营销和精准营销,同时以病毒营销的方式进行信息的推广与传播。

3)用户反馈

由于技术的限制性,传统大众媒体很难让营销者与接收者实现实时互动,这也导致了旅游景区的传统营销很难收集到用户的反馈信息或者反馈信息滞后,更不用说对用户的反馈信息作出分析处理。在旅游景区开展新媒体营销的过程中,新媒体拉近了营销者与旅游者的距离,用户的反馈被充分地利用了起来,甚至成了旅游景区营销者开展营销活动的主要关注点。

旅游景区营销者不仅可以随时随地地查看和回复旅游者反馈的信息,而且可以定期对旅游者的反馈信息进行汇总分析,了解旅游者的消费行为特征。同时,借助新媒体平台,旅游景区还可以迅速地对景区危机公关作出应急处理,规避了传统营销危机公关处理滞后的问题。通过时刻关注旅游者的反馈信息,及时地对较差的评论或者危机事件进行回复,从而减少潜在旅游者对旅游景区差评或者危机事件的无端猜测,尽力地将新媒体上的景区负面影响降到最低。

4)用户维系

在旅游景区的传统营销中,由于无法直接面对旅游者,营销者只会关注产品是否具有良好的营销效果,而不会去关注对旅游者的后续服务,这也导致了旅游景区传统营销的用户维系能力低。

旅游者的购买决策趋向理智化,在购买一个旅游景区产品前往往会做足攻略,从多个方面了解该产品,并且会与同类型产品进行对比。这就要求旅游景区在开展新媒体营销的过程中要重视与每一个旅游者的关系维系,及时回复旅游者的反馈信息,提高自身的用户维系能力,培养旅游者对旅游景区的忠诚度。在这个以旅游者为中心的旅游景区新媒体营销时代,用户维系是一项很必要的景区营销能力。

5)营销成本

在开展旅游景区传统营销的过程中,无论是报纸杂志的广告版面费、户外广告的费用,还是知名电视台插播景区宣传片的费用,抑或是撒网式的旅游景区宣传单派发,都是需要较为昂贵的营销成本来支持的。新媒体的信息传播具有覆盖面广、速度快等特点,再加上新媒体发布信息的门槛低,甚至只要成为注册用户就可以发布信息,所以旅游景区新媒体营销的成本相对经济实惠。经济实惠的营销成本,也成了吸引众多旅游景区加入新媒体营销市场的原因之一。

7.3 旅游景区新媒体营销手段

移动互联网给营销带来的最大变革就是,将自媒体运营权最大可能地交给了旅游景区,除了维护传统的官方网站之外,将自有新浪微博、微信运营好,也是营销的基础,更是用户的归口和进行旅游大数据分析的保证。

7.3.1 旅游景区官方网站营销

1) 树立品牌形象,确保网站的权威性

在选择前往一个旅游景区旅游前,由于旅游景区官方网站的权威性,旅游者往往会选择旅游景区官方网站,对景区景点、景区票务、周边服务等信息加以核实。

在开展旅游景区官方网站营销的过程中,树立品牌形象、确保网站的权威性显得尤为重要。一要明确自身的景点特色,发掘自身景点与同区域其他景点的不同之处,在官方网站上大力展示景区所获得的荣誉、宣传口号及热门景点美照。二要学会模仿学习,多关注、学习国内外知名旅游景区官方网站的建设,在模仿精英建设的同时打造自己的网站。三要斟酌文字,任何一条发布在官网上的信息都要经过多方的斟酌修改,杜绝错别字和歧义词,为旅游者提供最具权威和真实的旅游景区信息。

2) 组合单项产品,丰富网站建设内容

随着大众休闲时代的到来,旅游者的旅游消费逐渐偏向个性化,对旅游景区的产品需求更加个性化和多元化,也对各大旅游景区官方网站的建设提出了更高的要求。

首先,旅游景区要充分丰富自身的产品内容,了解各单项产品的旅游者需求度,根据旅游七要素设计搭配富有层次感的产品组合,实现各单项产品的组合营销。其次,要丰富网站的建设内容,除了有基本的景区简介外,还可以建设会员申请系统、在线预订交易板块、营销活动板块、宣传微电影板块、3D 导航系统、节庆活动板块、热门摄影点等内容,在完善旅游景区官方网站综合服务的同时提供给旅游者更多的选择。

3) 重视客户关系,实现产品私人定制

现如今的新媒体营销,讲究的是以用户需求为主,营销的是符合客户需求的产品。这就要求旅游景区官方网站在营销的过程中要充分重视信息互动板块的建设,尤其是与旅游者有亲密接触的景区游客论坛等板块。在信息互动板块的建设上,旅游营销者要充分重视客户关系,不仅要及时解答每位旅游者提出的问题,而且要及时处理好旅游者的投诉意见,与旅游者建立起一个良好的互动交流平台。同时,旅游景区营销者还要关注景区官网后台用户数据,建立对应的客户营销数据,了解每一位到访旅游者的旅游需求,为实现景区产品的

私人定制奠定良好的基础。

7.3.2　旅游景区"双微"营销

微信与微博可绑定在智能手机上,适合以活动为主的旅游,其自带的拍摄、分享、评论等功能也满足年轻人渴望"晒"的心态,让游客更加主动地去帮助宣传,也更容易将营销内容辐射到更广阔的用户群。微信与微博功能拓展性很广泛,如旅游线路预览、门票预订等功能已逐步进入平台。

1) 重视粉丝经济,培养景区黏性客户

微博和微信都是需要依靠强大的粉丝群来保证信息传播效力的。因此,旅游景区开展"双微"营销,需要重视粉丝经济,培养景区黏性用户。粉丝经济是一个逐渐积累的过程,粉丝会根据自己的现实需求自由选择关注某个微博或者微信。为了能够让粉丝保持新鲜感,任何一个旅游景区的官方微博或者微信都需要不定时地更新信息,并且要时刻保持与粉丝之间的互动。

旅游景区营销者通过观察自己与旅游者、旅游者与旅游者之间的图文互动信息,要能够较快地捕捉到当前粉丝的消费倾向,明确粉丝对景区的主要关注点,并且有目的地将景区"双微"营销的重点调整到当前的粉丝热点上。

同时,旅游景区可以通过微博和微信向粉丝不定期地推送景区各类产品信息以及促销活动,让旅游者能够在未到达景区前对景区有个清晰的认识,培养起旅游者的购买欲望。

2) 创新信息内容,采用多种营销模式

对于微博和微信而言,一条独具创意的信息内容,往往能够吸引大量粉丝的转发和互动,而枯燥无味的信息发布往往只会让粉丝拒之千里。因此,旅游景区营销者在开展"双微"营销时,要学会创新信息内容,采用多种营销模式。

首先,营销者要充分关注意见领袖的信息,关注网络新用语和新事件,学会把名句和热点融合到景区的活动宣传中,让景区信息显得亲民化和大众化。其次,要采用精准营销策略,营销者要明确自己的用户市场需求,以保证每一条信息的推送都能够找到相应的接收者。最后,要创造口碑营销,营销者要注重网络口碑的维护,用线下的人性化服务来保证线上的用户口碑。

3) 把握传播时机,制造旅游互动话题

任何一条信息的传播时机,都是每个营销者应该重视的内容。在开展旅游景区"双微"营销的过程中,为了能够让景区所发布的信息在短时间内被粉丝转发和评论,旅游景区营销者在把握好传播时机的同时,还需要制造出有关旅游活动的互动话题。

营销者要学会从当前社会热点以及节假日信息中发现自身景区信息的传播时机,并且要巧妙地将景区产品信息包装成能够产生互动的话题,有意识地诱导粉丝自发地转发评论。通过粉丝们的自发行为让景区信息开始病毒式的传播,以达到良好的营销效果。

例如,从《中国旅游报》公布的旅游景区新媒体排行榜可以看出,排名前 10 位的欢乐长隆、五台山、江西龙虎山景区、避暑山庄等景区,并不见得都是著名的旅游景区。相反,正因为借助新媒体运营的成功,一些不太为人所知的地方,反而异军突起、引人关注(图 7.6)。

景区	中国旅游报 新媒体排行榜						联合发布

位次	公众号	发布	总阅读数			总点赞数	新榜指数
			头条	平均	最高		
1	欢乐长隆 happy-changlong	7/28	29万+ 15万+	10 677	35 395	2 729	808.9
2	五台山 wtscqcom	6/48	25万+ 64 097	5 344	26 912	3 776	792.3
3	江西龙虎山景区 jxlhs_weixin	5/5	14万+ 14万+	28 047	10万+	574	779
4	避暑山庄及周围寺庙 bsszgfwx	5/6	91 189 80 370	15 198	52 462	1 446	751.5
5	星湖美美 xinghumeimei	6/20	11万+ 62 579	5 861	25 995	631	748.3
6	三清山旅游 sqs-2013	5/7	88 493 67 117	12 641	28 438	761	742.7
7	横店影视城 HappyHengDian	4/12	59 403 32 234	4 950	11 290	147	702.4
8	武汉灵泉寺 wh-lingquansi	4/9	38 985 35 904	4 331	33 451	326	689.1
9	九寨沟 jiu-zhai-gou	5/9	40 708 39 355	4 523	16 148	169	686.2
10	无锡灵山胜境 ls_wuxilingshan	7/14	37 569 19 403	2 683	3 935	196	669.6
11	厦门海上明珠 xmhsmz	3/12	32 027 19 875	2 668	10 715	42	660.6
12	天台山旅游 zjttsly	6/13	28 800 21 986	2 215	5 615	157	656.3

图 7.6　中国旅游景区新媒体排行榜

4) 如何微信营销

微信营销作为一种新型自媒体营销方式,主要是依托微信的公众账号——服务号和订阅号实现。商家依托微信公众平台进行数据库植入和功能开发,通过微官网、微推送、微支付、微活动、微 CRM、微服务等功能实现营销。微信用户只需关注商家的微信公众号,就可以收到精准的微信推送信息,享受微信服务号的服务,通过线上的活动推广吸引用户在线下体验营销产品。

建立旅游微博和微信是简单的事情,但如何维持"微营销"平台并不容易,让其对旅游企业的宣传作贡献也并不简单。利用"微产品"的特性,结合旅游本身的特点,是"微营销"的关键。

（1）内容是关键

对于旅游行业的"微营销"而言,枯燥的景区介绍和产品介绍是吸引不了游客的注意力的,而类似于旅游攻略、省钱攻略、自驾攻略、美食攻略等信息的分享更能吸引游客的眼球。"微营销"是在丰富的内容中营销,而不是为了营销而对内容敷衍了事。

（2）交流是重点

微信和微博作为沟通工具,交流是重中之重。旅游"微营销"不能只局限于向游客传递信息,也必须有游客反馈的渠道,并要即时回复,有问必答,甚至可以将企业、景区打造成拥有个性、思想的"人"。增加沟通不但可以增强用户的活跃度,增加游客满意度,还可以从与游客的交流中收集、反馈信息,及时补充不足。

（3）功能要利用

在微信中,游客回复关键词,就可以得到景区某方面的详尽资讯、历史典故,让景区大数据整合于每一位游客的智能手机中。

而微博可以创建#话题#,借此开展诸如摄影大赛、造型大赛等活动,让游客在享受参与其中的乐趣的同时,也无形地将景区宣传给他们各自的朋友圈、关注群。诸如此类的功能还有很多,将其逐一用透,是"微营销"成功的要素之一。

（4）维持关注度

由于旅游在大多数情况下并非重复性消费,单纯的景区、企业内容很难长时间维持关注。关于这个问题,景区、企业可以利用微博、微信,定期为游客发送优惠二维码,游客前往景区扫描二维码即可获得礼品或折扣优惠,为游客提供一个再次旅游的理由。

有地区特产的景区也可以通过微博、微信,将商品与淘宝等购物媒介绑定,形成景区体验、微博(信)宣传、淘宝购买的产品售卖链,让本来只能作为副产品的旅游特产,成为另一个具有独特价值的品牌(图7.7)。

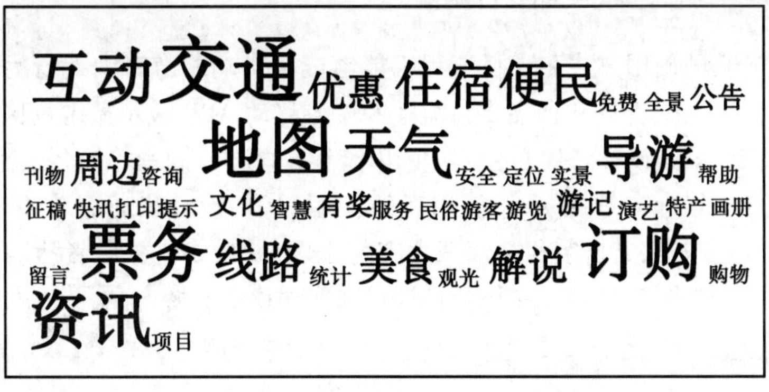

图 7.7　旅游景区微信公众号高频词汇

7.3.3 旅游景区移动 APP 营销

1) 保证设计官方性, 借助多种渠道推广

由于设计开发的独立性, 旅游移动 APP 市场出现了鱼龙混杂的局面, 涌现出很多非官方的旅游移动 APP。为了提升旅游者使用的信任度, 旅游景区务必要保证本景区移动 APP 设计的官方性, 采用独具特色的景区 Logo 作为 APP 头像, 并在移动 APP 的诞生之初就申请官方验证(图 7.8)。

旅游出行APP排行榜

排名	APP名称	出行服务质量/60%	操作易用性/40%	综合评分
1	携程	95.12	93.79	94.59
2	去哪儿旅行	93.67	95.5	94.40
3	同程旅游	91.79	92.57	92.10
4	途牛	90.71	91.61	91.07
5	到到无线	89.67	92.08	90.63
6	艺龙旅行	90.51	90.23	90.40
7	阿里旅行-去啊	88.58	90.28	89.26
8	驴妈妈旅游	85.66	87.52	86.40
9	百度旅行	83.69	86.68	84.89
10	悠哉旅游	82.69	84.58	83.45

图 7.8 中国旅游出行 APP 排行榜

一个新旅游移动 APP 的诞生, 离不开多种渠道的宣传推广。一是将旅游移动 APP 与景区 Wi-Fi 系统连接, 通过全面覆盖的 Wi-Fi 系统吸引旅游者下载 APP。二是在旅游移动 APP 上定期开展促销活动, 保持旅游消费者对移动 APP 的新鲜感。三是开展二维码营销, 在景区的出入口、知名景点、游客服务中心、旅游观光车等地的醒目位置放置移动 APP 的二维码广告牌, 让移动 APP 的二维码在景区中随处可见。

2) 迎合使用者习惯, 简化产品支付流程

任何移动 APP 的使用方式和支付流程都能够成为影响旅游者消费行为的因素, 因此, 设计出迎合使用者习惯, 并简化产品支付流程的旅游移动 APP 成了旅游景区必须重视的一个问题。旅游景区 APP 设计者要学会模仿国内携程、去哪儿、同程等知名旅游 APP 的设计, 通过多方面数据来分析本景区 APP 使用者的使用习惯, 设计出符合旅游者使用习惯的 APP。同时, 引入银联卡、支付宝和微信三大支付手段, 并最终将旅游者所购买的旅游产品以二维码的形式展现出来, 通过二维码扫描即可在实地换取旅游产品。

3) 提升用户体验度, 完善景区的智能化

旅游景区的移动 APP 可以看作旅游景区官方网站的浓缩版和官方微信公众号的提升版。除了拥有官方网站和微信公众号所展现的内容以外, 它还可以根据移动端便于携带等特点开设更加丰富的旅游板块,提升用户的体验度,完善景区的智能化。

一是引入景区导航系统。通过 GPS 定位系统为旅游者提供全面的导航服务,也可以通过链接百度地图、高德地图等 APP 进行导航服务。二是引入景区电子导游服务系统,通过对应景点的电子导游语音播放,让旅游者加深对旅游景区每一处景点的印象,提升旅游者对旅游景区的感知度。

7.4　旅游景区新媒体营销策略

"互联网+"背景下,越来越多的旅游者选择使用移动互联网来了解旅游景区,了解旅游攻略,获得订购景区门票等相关旅游服务。这其中的移动互联网包括微信、微博等社交软件,也包括今日头条、搜狐新闻、凤凰新闻等新闻资讯聚合类 APP,更包括携程、去哪儿、阿里旅行等在线旅游平台,当然,也少不了面包旅行、航旅纵横、蚂蜂窝等细分、个性化的旅游 APP。当旅游者的出游习惯被这些移动互联网的应用碎片化的时候,旅游景区采用新媒体营销显得尤为重要。

7.4.1　旅游官网营销策略

旅游官方网站本身具有很强的权威性,公众对这些旅游官网表现出较高的信任度。网站上推广的内容,如重点介绍的景区、景点往往会被消费者所接受。旅游者在作出旅游决策或出游前,往往会对旅游路线、酒店、旅行社、购物等信息加以核实,旅游官方网站因其权威性就会成为旅游者最佳的选择。由此而言,旅游官方网站是旅游目的地新媒体营销中尤为重要的渠道,应受到深度重视。

在国家层面,中国旅游网是较权威的旅游官方网站,主要介绍我国旅游业的整体发展状况。各省市的旅游管理部门也都有自己的官方网站。一些旅游业发展较好的地级市、县级的旅游行政管理部门也建立了旅游网站,旨在推广本地旅游整体形象、介绍当地旅游信息等。随着购物旅游重要地位的不断提升,一些发展较好的购物型旅游景区,为了更好地宣传和营销旅游产品,也建立了旅游网站,为游客提供权威的旅游景区票务信息、旅游指南、酒店预订、景区周边的旅游天气,旅游信息交流论坛等。如何在丰富购物型旅游景区官网内容的前提下,充分保证官网的权威性、安全性、准确性、及时性、真实性,是巩固购物型旅游景区网站健康良性运转的核心所在,也是购物型旅游景区新媒体营销尤为关键的一步。

如由四川省旅游局、四川省旅游协会主办的"四川旅游 K 计划——境外游客最喜爱的四川旅游线路产品"推出。"四川旅游 K 计划"是一个多功能、多维度、多层次、多空间、国际化的新型旅游营销平台,是境内外游客参与的一项大型综合旅游营销平台。K 计划活动从 2014 年 7 月启动至 2016 年 4 月,利用 1 000 天时间,发布 K 条线路,通过 K 种营销形式,针对国内外游客各种旅游需求,通过旅游主管部门引导,带动广大游客互动体验。

7.4.2　旅游网络中间商营销策略

旅游网络中间商根据旅游目的地旅游产品类型、地理区位、受欢迎程度、发展水平等进行分类,将旅游产品直观地呈现给旅游者,并通过网络这一平台与消费者产生交易活动。由于互联网技术的发展以及线上平台交易的逐步规范和安全,旅游网络中间商的发展速度惊人。目前,具有代表性的网络中间商有携程、艺龙、途牛网、去哪儿网等。

旅游网络中间商的发展迅速,行业竞争异常激烈,呈现出良莠不齐的现象。价格与服务是旅游网络中间商竞争的两个重要方面,但他们往往对品牌的建设和维护意识不强。目前,很多购物型旅游景区选择旅游网络中间商作为营销的重要渠道。旅游网络中间商通常以低廉的价格来吸引消费者,然而,服务的滞后、品牌意识的淡化都会为今后的发展埋下隐患。因此,加强旅游品牌的建设、提高旅游产品的附加值,是实现旅游网络中间商良性发展的关键。

7.4.3　网络社区营销策略

随着互联网的普及,各种类型的网络论坛如雨后春笋般出现,如汽车类论坛、房产类论坛、教育类论坛、旅游论坛等,可以说,各行各业都有属于自己的论坛。相关研究机构数据表明,越来越多的消费者在网上购物时都会事先参考他人对所要购买商品的评价,并根据已购者的评价来决定自己购买与否。对于一次性体验型的旅游产品而言,更是如此。由于旅游产品主要是一种体验和经历,很难用一定的标准去评估,具有很强的风险性,因此旅游者在购买旅游产品前会通过网络渠道搜索相关旅游产品信息,通过参考他人对该旅游产品的评价,来帮助自己制定旅游决策。故旅游企业必须十分重视自身旅游产品的网络口碑。

近年来,越来越多的购物型旅游景区会选择在口碑网、大众点评网、驴评网等权威的消费点评网站中发掘意见领袖来对旅游景区进行针对性的传播信息,从而起到影响和引导消费的作用。所谓的意见领袖是指那些在网络上一定范围或领域内受到较高关注与信任的人,他们往往通过论坛或微博、博客等为他人答疑解惑,发表自己独特的个人观点,并经常为他人提供一些有益的旅游建议。这些人大多数都不是所谓的名人,而是一些普通百姓。在论坛里,他们没有官方语言,有的只是"草根"和影响力。他们中的很多人都是因为相同的兴趣走到一起的,往往戒备心较小,并且能够发出自己真正声音。正因他们普通、平凡的身份,提出的看法往往更能够被普通消费者所认同。因此,很多旅游景区选择那些在网络社区中具有较高支持率的发布者作为意见领袖。

现在,越来越多的购物型旅游景区的销售人员会选择邀请意见领袖来参加景区举行的一些购物活动,请其图文并茂地撰写自身旅游购物经历,从中宣传旅游景区和购物旅游产品,从而通过他们在网络上的传播和影响力来提升景区的知名度和产品的购买率。同时,一些购物型旅游景区为了更加直接、便利地获取到旅游者旳信息反馈,纷纷在诸如天涯论坛、猫扑等知名网络社区论坛上安排专门的营销人员来推广旅游产品和提供售后服务,这在很大程度上给那些没有购买过该旅游产品的人建立起了良好印象,大大提高了潜在旅游者数量。对于那些购买过旅游产品的旅游者,旅游企业的这种行为会增加他们的好感,弥补他们在其他方面的过错,为旅游者提供一定的补救服务,这对购物型旅游景区的未来发展具有十分重要的意义。

7.4.4　微博营销策略

微博已经成为人们日常生活中必不可少的一种休闲措施。目前它已经成为一种低成本的营销措施,是很多旅游机构开拓市场和主动管理目标客户的一种全新营销方式。甚至国内很多购物型旅游景区已经陆陆续续地在新浪、腾讯上开通自身的官方微博,通过景区的官方微博向旅游者或者潜在的购物者推送旅游景区旅游产品信息,使旅游者在没有购买旅游产品时就能够全面地了解旅游产品信息,使旅游者萌发购买的欲望。

与景区官方微博不同,个体的旅游者在微博上发布的购物旅游信息往往更能吸引他人的注意力。这主要是因为,现在很多网络使用者对盈利性的旅游企业存在一定的信任危机,认为有些旅游企业存在欺骗。因此,越来越多的购物型旅游景区通过微博巧妙地将旅游产品信息包装成能够被网民讨论和交流的互动话题,通过他们自发地进行转发讨论,体现出强大的自发转播性,让旅游信息资讯能够像病毒一样迅速传播,从而获得良好的营销效果。

如在微博火热的年代,江西省旅游局就曾经策划过"江西风景独好"的主题活动。活动在 20 天累计了 276 万多条内容,同时吸引了很多线下媒体的宣传报道。关于这个活动的专题一共有 44 个,直接参与活动的原创微博内容有 2 万多条。直接给江西省旅游带来的旅游人次和旅游总收入比同期增量超过 35%,活动进行到 2/3 的时候进入五一黄金周,整个增量最多超过 70%。"江西风景独好"成为江西旅游新名片,这是移动互联网时代下一个最典型的营销案例(图 7.9)。

图 7.9　"江西风景独好"微博活动

7.4.5　微信营销策略

微信营销的两大优势,一是"一对一"的对等信息交流。微信是对等的双向关系,用户之间是对话形式。微信普通用户之间需要互相加好友,构成对等关系。微信具有富媒体属性,购物型旅游景区可以发一条纯文字信息给旅游者,也可以发带有旅游产品照片和链接的文章给用户,甚至可以直接发语音和视频。除了"推送"以外,还可以及时获取旅游者的反馈意见,旅游者把对旅游产品或享受旅游服务的体验、产品的优缺点、有待改善的地方发给客服,客服及时进行回复和解释,形成一种简洁而有效的互动,从而成为维护品牌信誉和营销品牌的一种方便的工具。二是二维码扫描。微信有目标明确的用户群,其定位功能具有其他新媒体营销模式所不具有的区域性营销功能。现在很多购物型旅游景区商家都有自己的二维码,游客通过手机扫描二维码,添加微信好友,就可以实时接收到旅游产品相关信息。

现在许多旅游景区通过微信公共平台为用户推送景区旅游产品的语音、图片、视频、图文等消息。其中使用最多、最常见的就是图文消息,图文消息又分单图文消息和多图文消息两种。旅游图文消息被推送后,关注者并不需要打开最终页,就能通过图片、标题与摘要了解到旅游产品相关信息。这一点相当重要,因为有很多微信用户反馈,自己对微信信息已经产生了一定的强迫症。那就是看到那么多未读信息后,会点击一下,目的并非阅读,而只是不想看到有那么多未读信息的提示。据不完全统计,在用户对于某个账号还没有发展到取消关注的地步时,这一强迫性的点击习惯,再加上分享率及朋友圈回流等因素,其所能带来的打开率将超过预期。

7.4.6 网络视频营销策略

很多旅游者喜欢将自己旅游的过程用电子设备记录下来,通过整理和剪切把旅游体验分享到自己的网络社交平台上,将愉快的旅游体验分享给更多人。目前,很多的购物型旅游景区抓住旅游者这种爱好,通过邀请一些旅游爱好者前来旅游,借助他们拍摄的旅游视频来宣传自己的旅游产品,从而引起更多网友的关注,提高了旅游产品的信息传播率。这种通过他人间接传播旅游信息的方式,不但不会引起网友的反感,反而会增加旅游产品的可信度,更容易获得潜在旅游者的前往。

目前,国内点击率较高的视频网站有搜狐、爱奇艺、网络电视,甚至还有一些社交网站都可以上传视频。网络视频用户大多是35岁以下,收入较高的时尚年轻人,这一定位对旅游营销来说,视频将是一个极好的营销传播平台。通过视频形式展示购物型旅游景区形象与产品,效果更加直接、丰富、形象、有效。旅游景区可以通过一些知名视频网站上的视频广告来向用户推广。在国内,购物型旅游景区想要推广旅游产品信息,可以选择与一些网络视频媒体合作。例如,通过举办一些充满创新意识的介绍,来介绍优秀旅游景区的视频比赛,更容易吸引网民的关注,同时也便于更多的网民积极地参与竞赛,鼓励他们将自己的旅游视频上传到网络平台上,这就是一种非常简洁、有效的推销形式。同时,旅游企业往往选择与视频网站商议规范参赛视频的内容,将视频的内容规定为与旅游活动相关,在视频制作中植入大量旅游产品信息。这样不仅提高了旅游企业的知名度和旅游产品的销量,旅游企业甚至在很大程度上提高了潜在的旅游群体的数量。

有效利用社会化媒体即时、便捷、低成本的优势,在很大程度上远远优于景区借助传统媒体资源的投入产出比例,同时也能够极大地提升景区的知名度和美誉度。不过在新媒体条件下,任何人都可以对景区发表自己的看法,这在很大程度上对景区工作既是一种考验,也是一种监督和督促。景区如果能够转变自身定位,也是一种提升的有效方式。

7.5　新媒体促进景区营销提升的途径

7.5.1　景区旅游营销需直面新媒体

随着个性化旅游越来越受到推崇和以互联网为基础的新媒体在这一过程中的推动作用,景区内的管理和服务工作中的缺点和优势随时都会通过新媒体放大,从而影响到景区的整体形象及经济效益。因此,有效利用新媒体加强风景旅游区的宣传沟通和营销工作,已经成为重要的手段,以往"皇帝女儿不愁嫁""等客上门"的思路,已被声势浩大的市场营销所取代。如何变资源优势为旅游市场占领优势,是旅游景区发展的方向和目标。

目前很多旅游风景区的营销策略与营销计划尚停留在初级阶段,营销的方式方法也处在传统节点上。特别是对于推动作用较大的节日活动与公关活动的策划设计和执行方面,更显缺失。因而新媒体运用成为在当前旅游风景区市场营销中所发挥的作用更加不可低估和取代。因此,风景区的旅游营销工作如何有效借助新媒体的优势,进行景区宣传、营销以及建设,成为广大景区及相关从业机构关心的问题。

7.5.2　新媒体促进景区营销提升的途径

网络时代,80%~90%的旅游者的出游信息都会来自网上。除了电视、广播、报纸、杂志等传统公关渠道以外,新媒体传播成为旅游风景区进行有效营销推广的重要途径之一。因此,在营销推广方面一定要利用好网络新媒体这一平台,培养并组织一批专业网络写手,利用专业论坛、门户网站、贴吧等平台进行营销;通过联合专业旅游网络媒体开展旅游专题活动,聚焦网民眼球,聚集景区旅游人气;利用微博这一开放的平台,加强与消费者的互动,关注消费者的旅游需求,进行精准营销。

新兴媒体即时高效的传播特点,一方面,可以不断地向受众传递景区信息,进行正面宣传,不断彰显旅游风景区品牌内涵,让受众从不同的层面了解景区,实现了与受众有效的沟通;另一方面,又可以通过访客流量计数器系统对接受信息的受众量、时间及地域分布等,作科学的数据统计分析。这些都应该引起旅游风景区营销策划人员的重视。

强化微博在景区网络营销中的作用。微博是新媒体中发展较晚但传播速度却是最快的一种媒体形式,通过微博传播信息已经成为网民最主要的手段之一。在旅游景区营销建设中,一定要强化微博的作用,有效利用微博为游客开展即时性服务,微博发布方式简洁、传播速度快、信息沟通更加及时,是景区舆情正面引导的有力工具。

在营销过程中,要将社会化媒体与景区旅游商品的线上交易互动起来,通过景区电子商务网站实时更新旅游资讯和旅游产品,制作景区风光、民俗、文化、美食等方面的视频在各大视频网站发布,并随时将相关的,图文并茂、声形兼备的资料转发到新媒体上。通过新媒体的有效迅速传播,将网友的关注度在较短时间内大幅度提升起来。景区除了硬件基础设施建设外,还要加强系统软件建设,如加快建设景区的360°全景虚拟游系统、手机客户端等沟通方式,使网友和游客可以全面体验、了解景区的方方面面,才能为最终取得营销效益打下坚实的基础,取得较好的经济效益和社会效益。

案例启迪

迪士尼AR广告引领的狂热之流

2011年11月8日,是迪士尼米老鼠83岁的纪念日。这一年,在美国文化中心纽约市曼哈顿街头上发生了一件非常奇妙的事,米老鼠登上了"世界的十字路口",用神奇的AR魔法把整个城市变成迪士尼乐园,迪士尼经典的人物纷纷踏上了纽约城市之旅,在百老汇的60英尺①的屏幕上出现了小熊维尼,在电视墙上幻化出了唐老鸭……这只是迪士尼公司利用AR增强现实技术做一个广告的小把戏罢了。站在贴有AR标记的地板上,可以与更多的迪士尼经典人物互动,向白雪公主敬礼、与船长决斗,或是惊醒空中沉睡的小精灵,实现很多人梦寐以求的迪士尼梦。通过宽大的银幕墙,它们仿佛告诉我们迪士尼的角色是活着的。在米老鼠的生日宴会上,它和它所有的朋友们出现在人们的生活圈里,无论是不满5岁的儿童,还是在20到40岁为理想奋斗的人,甚至年过半百、胡子花白的老人,都置身于这场全城回忆之旅中。他们欢笑,他们跟着米老鼠胡闹。

迪士尼的AR广告秀颠覆了传统的广告概念。传统的广告以文字展示、广告理念、广告媒介等为核心,而AR广告是直接让消费者与广告嬉戏,打破了广告向消费者单方面灌输的傻瓜式营销方式。利用AR技术,丰富的虚拟与现实结合的场景,让消费者置身于主题中去体验、感受,并让更多的人知道什么是迪士尼核心文化,吸引更多的潜在客户。有专家预测,未来的销售人员可能会面临失业的情况,因为AR技术可以代替他们更好地工作。广告面向的是消费群体,而AR广告的使用者正是消费者本身,从消费者的利益上来看,这种体验方式是再好不过的了,让广告不再是一个人自言自语、大声说话。以消费者为主角的方式,更能满足消费者的好奇心,这种方式将带给广告业全新的机遇。

资料来源:界面新闻,摩艾客.

复习思考题

1.新媒体的概念是什么?

2.新媒体营销的重点是什么?

3.新媒体的主要类型有哪些?

4.新媒体营销与传统营销的区别在哪里?

---

① 1英尺≈0.305米。——编辑注

5.在旅游景区新媒体营销中,我们需要重点关注哪几方面的问题?

6.开展旅游景区官方网站营销的方法有哪些?

7.如何利用微博和微信进行旅游景区新媒体营销?

8.设计何种内容的移动 APP 才能被旅游消费者所喜欢?

【案例研究】

盘点:2015"互联网+旅游"营销创新大赛8佳案例

在温州举办的第八届(中国·温州)网络旅游节上,组委会根据2015年中国旅游行业利用新媒体、新渠道营销,结合创新性、技术性、可评估、可复制几大原则,通过前期网络招募征集和投票初评,并在现场由专家到时点评、现场观众投票打分和场外观众点赞的方式,评选出 8 个优秀"互联网+旅游"营销案例。

第一名:台州味道,上海知道

本案例是全国首例大规模在大学生中招募旅游体验师的经典案例。台州旅游针对上海百万大学生特定群体,开展以"台州味道 上海知道"为主题的200 名"台州旅游体验师"招募活动。活动充分利用腾讯网 PC、移动端等新媒体进行,总曝光量达 5 200 万,5 天报名 4 816人。体验期间腾讯新闻客户端全程直播,收看人数达 43 万;体验师发微信朋友圈 1 300 余条,点赞数达 12 万,形成裂变式传播。本活动突破传统,层层推进,多轮传播;规模大,辐射广;定位准,成本低,效果好。体验师在活动前发挥了 PR 效应,活动中有效地放大了传播效应,活动后体现了积累效应,并通过 PGC 和 UGC 生成素材,200 篇高品质游记、200 个不同的体验和200 种不同的味道,让台州营销创下了成功的奇迹。

第二名:杭州大使环球行

杭州市旅游委员会通过对"一带一路"倡议的深入学习和对年度国际趋势的预判,紧扣国家旅游主题,策划了以"杭州大使环球行"活动为核心、以新媒体传播为手段,主攻入境市场的系列活动,并首次在政府入境旅游推广领域实施跨界营销,实施"旅游外交"。活动以市场调研为基础,以"草根大使"的名义进行环球城市推广,8 位"杭州大使"走过 3 大洲、7 个国家、10 座城市,沿"一带一路"挖掘杭州与世界的联系,传播杭州这座诗意之城。

在环球活动期间,共计 700 余家境外媒体报道转载了相关内容,覆盖杭州旅游欧美主要目标市场;境内也吸引了新华社、新浪、中新社等主流媒体关注,引发了 200 篇新闻报道。

第三名:新媒体环境下的龙虎山创意营销

2015 年是江西智旅独家打造的龙虎山自媒体(微博、微信)的营销整合创新年。管理者通过活化体制、解放思想,洞察移动互联网时代游客需求,创新自媒体营销模式,有目的、有策略、有体系地打造了 2015 年龙虎山自媒体营销创新项目。在这一年,景区管理者基于景区自身特色,坚持"文化输出"和"营销事件"两条腿走路,通过"品牌文化"输出,如漫画《爆笑天师府》、网剧《嘿,你这个磨人的小妖精》和"热门活动"打造,包括"百仙游""北体校花龙虎山学艺""冰冻龙虎山免费过暑假"。无论是在品牌口碑还是到客转换方面,都取得了良好的效果,使龙虎山成为2015年最成功自媒体营销景区之一。龙虎山成功的自媒体营销模式得到了兄弟景区的肯定和赞扬,多个兄弟景区和上级单位来龙虎山实地考察学习或邀请外出讲课,分享自媒体营销经验。

第四名:智慧引领幸福——惠州"旅游+互联网"的智慧营销实践

2015年,惠州旅游紧紧围绕"大旅游、大产业",以微信、微博等新媒体为载体,以互联网思维为引领旅游的全域营销,在微信上发起了"北京、上海、杭州、重庆及昆明五城市市民免费试吃惠州东坡荔枝""人龟情未了"海龟爱心认养、"千年两西湖,今日又牵手""惠州,一座海龟选择的城市"等一系列旅游O2O宣传活动,收到良好的效果。活动使惠州旅游名声大振,来自华东、华中和华北地区的游客大增,已逐渐从广东游客所熟知的"区域性旅游目的地城市"转变为全国各地游客喜欢的"全国性旅游目的地城市"。

第五名:2015苏州同里Emoji表情中秋灯会

Emoji表情因其简单形象的特点在年轻人中广泛流行,成为2015年的流行传播趋势。活动前期,同里古镇运用Emoji表情制作成视频短片,在各大网站传播,仅优酷就获得超过300万次浏览。中秋节期间,同里选取Emoji表情为主题,举办了中秋Emoji灯会与猜灯谜活动,吸引了很多年轻游客的目光,对同里中秋节灯会的口碑起到了很好的提升。在此次中秋Emoji传播过程中,充分使用了如借势传播、网络热点、创意视频等方式,其中创意视频、网络热点获得了网友良好的反馈。

第六名:中国自驾游名城——温州

温州是首批"国家智慧旅游城市",也一直着力于培育温州自驾游体系,以"互联网+旅游"的理念,打造"中国自驾游名城"目的地品牌。近年来,温州市旅游局通过完善自驾游基地和户外营地等基础设施,扶持旅行企业发展自驾游产品,运用互联网模式推介自驾游产品,打造"智驾温州"自驾游信息服务平台等举措,形成了品牌形象鲜明、产品内涵丰富、自驾元素完善、推介模式新颖、公共服务到位的自驾游发展体系。自驾游温州,已成为集风景、美食、时尚、文化于一体的自在旅游。

第七名:武当山O2O系列营销

武当山携手东风风神展开全方位的跨界营销盛宴,以"武当山灵"为核心,以"福寿康宁"4个主题分别展开了"爸妈抱一下"老照片征集、"萌娃闯武当"少儿传承仪式、"让卡片飞"送道家祝福等公益活动。每个主题活动在"线上征集+线下执行+全国传播"的过程中都与武当山"灵"紧密相连;同时,活动贯串12场"游武当仙山,奖风神轿车"热点事件,每月从武当山游客中抽出幸运游客奖励风神轿车一台。本次年度传播以"互联网+"思维为契机;还覆盖电视剧贴片广告、旅游杂志、户外广告、自媒体、网络媒体5种传播渠道,整合资源,跨界互动,传统媒体、新媒体联动,实现了线上线下多元化的营销传播。

第八名:旅游行业第一支朋友圈广告推广传播

作为朋友圈第一个"旅游"类的广告,广西旅游业的这次活动绝不仅仅是一次媒体投放。

前期的整体形象定位、策划和图文影像内容的创意、制作,后期的热议、转发与二次传播,都让这次整合传播活动给受众留下了深刻的印象。"世界是嘈杂的,广西是宁静的。"这句"感情沟通"式的广告词也深深地占据了受众的心,引发了很多城市人的共鸣。本次活动共曝光31 037 047次,共有10万人次点赞,超过2.5万人转发,整体转发率在历史广告中排名前10,近18万次评论,公众账号关注量和文章阅读量同比增加500%。

资料来源:《盘点:2015"互联网+旅游"营销创新大赛8佳案例》.

讨论问题:

1.本次大赛会对中国旅游景区新媒体营销市场发展产生什么样的影响?

2.请分析上述8佳案例的异同点,归纳出开展景区新媒体营销的具体方法。

3.面对如此多的新媒体渠道,旅游景区应该如何选择符合自己特点的营销载体?

开阔视野

2017年10大新媒体预测(节选)

2016年新媒体界发生的大事让人有些应接不暇,papi酱融资1 200万后又与东家分手;同道大叔变现接近2亿;罗辑思维从台前转到幕后,做起了内容推手;AR/VR步入商业化……基于今年的新媒体现状,新媒矿对2017年新媒体趋势做了这些预测。

1)视频地位快速提升

根据有关数据预测,到2017年,将有69%的互联网流量都来源于视频消费。而如今许多的品牌主也开始了视频内容的战略布局,特别是短视频的优势会更加明显。2016年里约奥运会,短视频成为奥运信息传播的重要媒介,papi酱凭借短视频红透2016年,短视频平台的成立也会加速视频内容的发展。新媒矿预测,2017年视频地位将大幅提升。

2)移动内容越来越讨好用户

用户习惯向移动端转移,意味着用户对移动内容的要求将会越来越高。以电商为例,今年5月DigitasLBi的调查,超过90%的中国网购消费者使用智能手机网购,但是消费者对广告、营销内容的敏感度越来越高,因此新媒体的营销内容,需要更加"友好",才有可能打动消费者。

3)内容营销投资增加

Econsultancy的"2016年营销预算报告"调查了500位企业以及广告代理机构的营销人员,调查结果显示,54%的受访者计划2016年招募更多人加入网络营销团。新媒体的快速发展使得品牌营销面临的挑战越来越大,同时也意味着更多的机遇。据预测,企业把80%的内容营销预算投资于内容创作,20%预算用于内容推广;可能会稍微往推广上面倾斜。

4)人工智能+新媒体,抓牢你的眼球

2016年,AR、VR已经在一些内容营销上开始凸显优势,天猫"双十一"的AR就是很好的案例,往往这些大企业的动向引领者行业的发展方向。人工智能技术能够创造出更好、更有吸引力,符合受众审美和消费体验的创意,再通过新媒体的传播,新媒矿推测,2017年人工智能+新媒体的内容会爆发。

5) 音频"瘾"

睡前听有声书、上班路上听段子、周末听音乐电台、晚饭后给宝宝听故事……随着移动音频使用场景的增多,"听"已经成为我们日常生活中不可或缺的一大需求。根据喜马拉雅研究院统计数据显示,截至2016年1月1日0点,喜马拉雅FM的用户已突破2.2亿,覆盖了全国约1/7的人口,超越巴西全国人口数量,而这一数据在2014年是8 000万。

6) 付费知识爆发,不买可能落后了

2016年可谓是知识付费内容的元年,根据蓝莲花研究机构发布的报告《数字内容付费,钱景涌现》,2016年预估用户数字内容付费规模为2 123亿元,同比增长28%,非游戏付费规模正在高速增长,达到515亿元,同比增长66%,占比提升至24%,蓝莲花机构预计2018年这个比例将上升至31%。为知识付费逐渐成为了一种趋势,越来越多的用户选择为优质的内容付费。以得到为例,上线仅仅一年,"得到"订阅收入破亿元,日均82万元的收入,让这个APP营收迅猛破亿。

7) 平台之间竞争越来越激烈,你死我活才是常态

从目前来看,豆瓣、微信公众号、今日头条等这些平台承载了几乎所有的内容。内容提供者难以脱离平台独立存在,通过平台积累了流量和粉丝,因此品牌才会与内容提供者合作进行广告投放,这使得自媒体的变现成为了可能,但是脱离的平台,这些利好将不存在。同时,搜狐转向内容平台,百度推出百家号,这些事件表明,平台之间的竞争将会越来越激烈。

8) 马太效应更明显

2016年,内容的爆发已经让很多自媒体尝到了甜头,比如同道大叔、咪蒙、papi酱、一条、二更等,激烈的竞争中,一些优胜者成绩突出,有一些在竞争中死掉。据新媒矿对平台统计的数据显示,停止更新的公众号比例接近9%,到2017年,这种两极分化的情形将会更加突出。

资料来源:《2017年10大新媒体预测》,搜狐网.

第8章
全域旅游视域下景区人力资源管理

【学习目标】

通过学习本章,学生应该能够:

理解:全域旅游提出的背景

全域旅游的理论基础

熟悉:景区员工的招聘流程

景区员工的培训

掌握:全域旅游的核心理念

全域旅游下景区人力资源管理

【关键术语】

增长极理论;产业融合;全域旅游;人力资源管理;景区员工招聘;景区员工培训

开篇案例

业主选错温泉景区管理者

国内某温泉度假村是一家民营合资企业,股东们共投资了 8 000 万元来建设。临开业前,迫于投资人都没有从事过旅游业的压力,他们通过一些渠道,花高薪从广东某温泉聘请了一位主持日常工作的总经理。由于该人以前只做过某温泉的部门经理,故缺乏整体驾驭温泉度假村的能力。这位总经理到任后做了两件令人费解的事情:一是直接插手管理企业的财务和采购工作,也有股东对此提出异议,但总经理以"毁约走人"来威胁他们,股东只好妥协。二是在用人上,所有的中基层管理人员聘用的都是南方人,本地人无论有多高的才干和能力,一律不予考虑。另外,这位总经理在挑选经理级管理人员时,以老实听话、对个人忠诚为标准,没有从企业的发展和经营管理角度去考虑。一年半之后,由于基础工作没有理顺,甚至连市场营销中心都没有成立,这家度假村出现了经营惨淡、市场冷清、管理松散、内部钩心斗角等问题。这时,众投资人才如梦方醒。经过一番折腾,等这位总经理离职后,才发现他在经济上制造了许多"亏空",这些温泉投资人只有自认"倒霉"。

资料来源:章柏林 de 博客.

8.1 全域旅游概述

8.1.1 全域旅游提出的背景

1)庞大的国内旅游市场需求与旅游有效供给不足

国内旅游呈现持续增长态势,2015 年已突破 40 亿人次,年增长率达 10.2%,中国已经成为全球第一的国内旅游市场。根据《国民旅游休闲纲要(2013—2020 年)》预计,到 2020 年,中国国内旅游人次将接近 60 亿,人均出游达到 4.5 次。国内旅游已经成为一种刚性需求,但光靠旅游景区难以满足庞大的国内旅游需求。

每到节假日,大多数 5A 级和 4A 级旅游景区人满为患,很多游客遭遇"花钱买罪受"的困境。"我只想找一个地方放松一下",成为越来越多国内游客的旅游需求。中国正进入大众休闲时代,人们面临着多元化的旅游需求和体验。传统景区已满足不了旅游休闲消费的要求,旅游消费结构、产品结构在发生重大变化,深度观光、感受体验、休闲度假等休闲旅游消费和产品供给都在快速上升。因此,需要有创新空间全景化、体验全时化、休闲全民化的全域旅游业来顺应需求。

2)产业结构调整,"旅游+"和"+旅游"

国家统计局数据显示,2013 年中国第三产业的增加值已占到国内生产总值比重的 46.1%,首次超过第二产业增加值的比重。旅游业作为第三产业的龙头产业,具有生活服务和生产性服务双重性,在第三产业升级中将发挥着重要作用。旅游业是一项综合性产业,具有关联度高、渗透力强、易融合、带动大等特点,以旅游服务为核心形成的产业群涵盖的种类越来越多、规模越来越大,"旅游+""+旅游"正在成为现代经济社会可持续发展的一种新模式。旅游业具有低能耗特点,万元产值能耗约为全国单位 GDP 能耗的 1/6 和单位工业增加值能耗的 1/11。旅游业拉动力强,每直接收入 1 元,相关产业收入就能增加 4.3 元;另外,旅游业带动就业能力也强。因此,需要旅游业以"互联网+""旅游+""+旅游"项目带动产业融合,促进产业结构的调整。

3)散客时代来临,旅游说走就走

20 世纪 90 年代,国内游客团散比约为 7∶3。2003 年国内游客的团散比为 3∶7,中国旅游市场正式进入散客时代 。国家旅游局发布的 2015 年统计数据显示,自由行是中国游客最主要的旅行方式。40 亿人次国内游人群中,自由行人群占比 80%,高达 32 亿人次;1.2 亿人次出境游客中,2/3 游客选择自由行,达到 8 000 万人次。团队游客,按照旅行社规定的路线,在导游的带领下到旅游景点旅游;而散客,是自由选择交通工具和旅行路线,按照个人兴趣和个性需求选择旅游地。

"有时闲着闷了,会临时中午去机场,随便赶上哪班就搭上哪班飞机,比如飞到伦敦,独自蹲在广场上喂一下午鸽子,当晚再飞回。"梁朝伟"飞到伦敦只为喂鸽子"的旅行方式,不再是异类,而成为了散客时代的时尚。一个有鸽子的广场、一家有氛围的民宿、一个有招牌菜的主题餐厅、一家有情调的小酒吧……这些不是旅游景区景点的地方,正在变成旅游目的地新的旅游吸引物。进入散客时代,无景点旅游逐渐成为新常态。

另外,自驾游客的出游方式,更加随性和自由,"说走就走的旅行"在自驾车时代成为常态;而且相对于依靠公共交通的游客,自驾车游客更喜欢"不走寻常路",在旅游目的地的活动范围更广、更深入。越来越多的自驾车游客,出现在传统旅游景区以外的各种地方,自驾车游客的旅行范围已经全域化。

4) 顶层设计大变样,引导旅游发展

2009 年 12 月,国务院发布《关于加快发展旅游业的意见》,明确提出培育旅游业成为"国家经济的战略性支柱产业"和"人民群众更满意的现代服务产业"双重载体。2013 年,《国民旅游休闲纲要(2013—2020 年)》的实施,成为进一步扩大旅游消费的新契机。2016 年,国务院发布《"十三五"旅游业发展规划》,提出我国旅游业在"十三五"期间将呈现发展全域化,即以抓点为特征的"景点旅游"发展模式向区域资源整合、产业融合、共建共享的"全域旅游"发展模式加速转变。

5) 全域旅游,时代在召唤

2015 年 8 月,国家旅游局下发《关于开展"国家全域旅游示范区"创建工作的通知》,同时李金早局长提出:"在 2 000 多个县中,每年以 10% 的规模来创建。今年要推进 200 个县实现全域旅游,3 年 600 个县实现全域旅游。"

2016 年 1 月 19 日,国家旅游局李金早局长在全国旅游工作会议上提出,中国旅游要从"景点旅游"向"全域旅游"转变。2 月 5 日,国家旅游局公布首批 262 个市县成为国家全域旅游示范区创建单位,海南则成为全国首家全域旅游试点省,至此,一场从"景点旅游"到"全域旅游"的变革拉开序幕。

成为"全域旅游示范区"只是一个开始。目前绝大多数的旅游目的地,尚处在产业转型升级、产品迭代创新、服务配套强化、体制机制优化的关键期。新常态背景下,应抓住供给侧改革的战略机遇,通过全域旅游来集约化、优化配置资源,增强产业拉力,提升旅游景区的综合竞争力(表 8.1)。

表 8.1 国家全域旅游发展历程

发展阶段	时间/年	主要内容
全域旅游概念的提出	2008	浙江绍兴市委市政府提出"全城旅游"发展战略,启动全城旅游区总体规划招标
	2009	江苏《昆山市旅游发展总体规划修编》提出"全域旅游,全景昆山"
	2010	四川大邑县发展全域旅游的高端形态,启动全域旅游休闲度假战略规划
	2011	《杭州市"十二五"旅游休闲业发展规划》创新性地提出了旅游全域化战略 浙江桐庐提出全域旅游的全新理念 四川甘孜藏族自治州提出了全域旅游概念
	2012	四川甘孜藏族自治州委明确提出,实施全域旅游发展战略 山东县域将"全域旅游"确立为发展方向,如蓬莱县、五莲县等 山东沂水县确立"建设全景沂水发展全域旅游"发展战略 湖南资兴市推进旅游业由"区域旅游"向"全域旅游"转变
地方探索	2013	宁夏回族自治区明确提出要"发展全域旅游,创建全域旅游示范区(省),把全区作为一个旅游目的地来打造" 桐庐县成为浙江省全域旅游专项改革试点县 重庆市渝中区启动《全域旅游规划》
	2014	五莲县、临沂市、莱芜市、滕州市、沂水县成为山东省全域化旅游改革试点 河南郑州市人民政府关于发布《关于加快全域旅游发展的意见》
国家示范推进	2015	国家旅游局下发了《关于开展"国家全域旅游示范区"创建工作的通知》,同时李金早局长提出:"在 2 000 多个县中,每年以 10% 的规模来创建。今年要推进 200 个县实现全域旅游,3 年 600 个县实现全域旅游。"
	2016	2 月 5 日,国家旅游局公布,262 个市县成为首批国家全域旅游示范区创建单位 3 月 4 日,李金早在人民日报发表文章,全面阐述全域旅游的价值和途径

8.1.2　全域旅游理论基础

全域旅游是将区域整体作为旅游目的地发展的新理念,其涉及经济学、管理学、社会学、地理学、系统工程学等多个学科的理论。具体包括产业融合理论、产品生命周期理论、增长极理论、可持续发展理论、系统论等相关理论。

1)产业融合理论

产业融合是指相同或不同产业的不同行业相互交叉、渗透,逐步形成新产业的动态发展过程。全域旅游是促进特定区域内资源整合和资源优化配置的有效手段,是推动产业融合发展的一种新的理念和模式,能够更加充分地发挥旅游的带动作用。旅游活动由基本的食、住、行、游、购、娱等要素组成,旅游业自身已经将餐饮业、房地产业、交通运输业等产业集于一体,表现出了极强的产业集聚和融合的能力,而全域旅游的"旅游+"这一鲜明特征更是助推了旅游业与农业、工业、文化业等其他产业的更深层次融合,这正是产业融合理论的具体表现。

2) 产品生命周期理论

费农的产品生命周期理论认为,产品要经历形成、成长、成熟、衰退的过程,形成一个生命周期,这个周期会因不同国家的技术水平存在差异。从产品生命周期理论着眼,我国旅游产业从无到有、从小到大,在探索中不断前进。从门票经济走向产业经济,全域旅游是顺应市场需求和社会发展需要的新模式,是旅游业发展历程中的一个全新阶段,标志着区域发展走向成熟。全域旅游的出现并不是对传统旅游的全面否定,相反,它是传统旅游更新换代的产物,是"成长"到"成熟"的跨越,是我国旅游业生命周期当中的一个新阶段。在从传统旅游转变为全域旅游的这一"成长"到"成熟"的过程中,会出现由于地区差异而导致的实现周期长短不一的现象。因此,设立"全域旅游示范区"就显得尤为重要。

3) 增长极理论

佩鲁的增长极理论中,将增长极限定为兼具创新能力、增长潜力的一个或一组经济部门,它们在某一时期内对区域经济发展起主导作用,并通过产业关联带动相关产业的增长和周边区域的发展。旅游产业不仅是服务业,而且是综合性产业,已覆盖第一、第二、第三产业,其产业关联大而广。伴随旅游活动产生的基本的食、住、行、游、购、娱要素关联到餐饮业、农副食品加工业、建筑业、房地产业、交通运输业、金融业、广告业、互联网业、教育业等上游产业,这些产业是旅游产业要素的供给源泉。根据世界旅游组织的测算,旅游收入每增加1元,可带动相关行业增收 4.3 元。由此可见,旅游业发展越强劲,则产生的需求越大,对上游产业的拉动作用越显著。全域旅游发展将旅游业作为优势产业,就是要通过发挥旅游业强大的产业带动作用来促进区域经济社会协调发展,这充分体现了增长极理论的思想。

4) 可持续发展理论

可持续发展理论要求既满足当代人的需要,又不损害后代人满足其需要的能力。全域旅游推进"旅游+生态化",与可持续发展理念高度契合。通过推进旅游生态化,将生态和旅游结合起来,把资源和产品对接起来,把保护和发展统一起来,将生态环境优势转化为旅游发展优势,既要金山银山,又要绿水青山,避免陷入"先污染,后治理"的恶性循环,这正是可持续发展理论的体现。

5) 系统论

系统论的核心思想是系统的整体观念,即系统是有组织的整体。其提出者奥地利生物学家贝塔朗菲强调:任何系统都是一个有机的整体,它不是各个部分的机械组合或简单相加,系统的整体功能是各要素在孤立状态下所没有的性质。在系统论的指导下,实现从单一景点景区建设和管理向综合目的地统筹发展转变,全域旅游要改变封闭的景点景区建设、经营与社会的割裂、孤立,甚至冲突的"两重天"格局,就要求将每一个部分都纳入区域的统筹协调当中。

8.1.3 全域旅游内涵解析

1）全域旅游的定义

全域旅游是在一定行政区域内,以旅游业为优势主导产业,实现区域资源有机整合、产业深度融合发展和社会共同参与,通过旅游业带动乃至于统领经济全面发展的一种新的区域旅游发展理念和模式。它是一种理念,是区域发展的先行指引,决定区域战略目标的前瞻性和世界性,体现了发展观的价值取向;它是一种追求,是游客对出行体验的追求,是居民对生活质量的追求,是政府对区域发展的追求,是企业对自我发展的追求;它是一种生活,代表当下的生活理念与生活品位,融合了生活文化与生活方式。

2）全域旅游的核心理念

全域旅游的核心理念主要表现为"四新、八全",具体包括全新的产业观、全新的市场观、全新的资源观、全新的产品观以及全要素、全时空、全过程、全社会、全行业、全部门、全方位、全游客(图 8.1)。

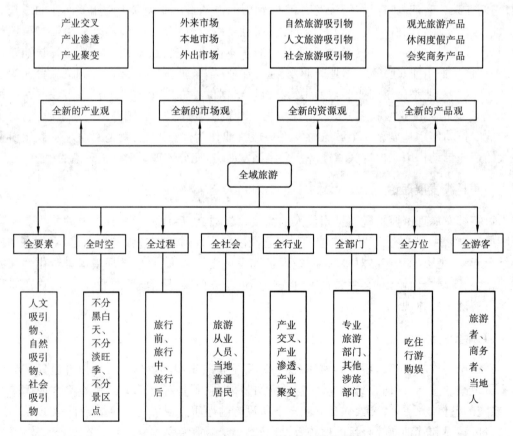

图 8.1 全域旅游"四新、八全"的核心理念

（1）全域旅游的"四新"理念

①全新的产业观。全域旅游中,旅游并不是独立发展的,而是在与产业的融合中共同发展,与各类产业交叉或互相渗透,更有甚者通过产业之间的聚变产生全新的产业。例如,旅游与文化产业的渗透融合形成的主题文化酒店,旅游与农业交叉融合产生的观光农业等。

②全新的市场观。在全域旅游发展过程中,市场主体不仅包括外来的基于旅游目的的游客,也包括当地基于休闲需求的居民。居民从休闲中获得高品质生活,休闲中的居民也是游客体验的兴趣点。全域旅游不仅为外来游客提供优质的服务,同时也考虑了当地居民的利益,具有全新的市场观。

③全新的资源观。全域旅游带来了全新的资源观,一方面,使旅游吸引物的类型从自然、人文类型进一步扩展到社会的旅游吸引物;另一方面,推进吸引物自身与吸引物所处环境相结合。通过发展全域旅游,进一步厘清中国自身的文化特质,加快进行自身文化的整理和重建,而文化的整理和重建离不开地域环境。

④全新的产品观。全域旅游中的产品主要来源于吸引物、吸引物的环境和所处吸引物环境中的居民,目的地的文化不仅体现在建筑、文物和景点上,也体现在居民的交流语言、生活态度、行为方式和文化取向上。居民的参与是形成全域旅游全新产品观的重要体现,居民对所居住城市的记忆与体验是游客感受目的地的重要媒介和信息来源。

（2）全域旅游的"八全"理念

①全要素。全要素是指将整个目的地看作旅游的吸引物,整个目的地中一切可利用的资源均可成为吸引居民前来旅游的吸引物。全面挖掘目的地的自然、人文和社会旅游资源,改变景区看旅游、旅游看旅游等的思路,关注传统旅游业以外的其他要素,如农业、工业和服务业等产业资源,发展农业旅游、工业旅游和服务业旅游等。只要是对旅游者有吸引力的资源,无论是物化要素还是非物化要素均可成为全域旅游发展的吸引物。

②全时空。全时空指目的地旅游发展的过程中,无论是白天还是黑夜,无论是淡季还是旺季,无论是目的地核心旅游区域内还是核心旅游区域外,都能够为游客提供满足其体验需求的产品和服务。

③全过程。全过程是指从游客旅行前到进入目的地开始,一直到游客离开目的地,整个过程中,目的地能够提供旅游体验,保证游客从一个体验点到另一个体验点的途中,旅游体验无处不在。在全域旅游发展中,不仅重视旅游体验的过程管控,而且重视旅游体验的前期介入和后期调控。

④全社会。全社会是指在发展全域旅游过程中,一方面,吸引目的地居民广泛参与旅游业服务、经营,促使其都能从参与旅游中获得各自的利益;同时,通过大量居民的积极参与,提升目的地的旅游需求,全面满足游客的旅游体验,提高旅游体验的满意度。另一方面,吸引更多的投资者参与旅游业服务、经营,促使目的地能够广泛地汇聚投资能力,形成快速需求响应能力和多样化的供给能力,从而将市场需求转变为目的地旅游收入。

⑤全行业。全行业是指旅游在整个目的地产业结构中具有突出的地位,是目的地未来产业发展的融合点、动力点和核心点。随着目的地产业结构的调整,目的地的工业、商业、农

业、房地产业等产业都可以与旅游结合,通过旅游业来改造、提升产业的附加值,以产业融合推动各类产业与旅游业的共同发展。

⑥全部门。在全域旅游的发展过程中,全部门是指旅游目的地各大部门积极参与旅游开发、建设和管理,进而不仅推动旅游业发展,也可以通过旅游业的发展拓展本部门的价值。例如,税务部门在积极支持旅游业发展的同时,通过旅游业的发展强化税收,从而提升本部门的价值。

⑦全方位。全方位是指全域旅游中不仅满足游客基本的"吃、住、行、游、购、娱"方面的体验需求,还要为游客提供"文化、科教、资讯、环境、制度"等方面的体验。只有通过全方位的供给,旅游目的地才能更加吸引游客,具有更强的综合竞争力。

⑧全游客。全游客是指在发展全域旅游过程中,游客与居民之间相互交融,形成"游客即居民、居民即游客"的局面。本质上来说,一方面,游客只不过是在相对短暂时期内,在外地短暂居住生活而已,在相对短暂的时期内,游客就是旅游目的地的居民,将游客身份融入居民的身份,游客在目的地的体验才能深入,游客在目的地的归属感才会强烈,游客在目的地的停留时间就会较长;另一方面,居民在为游客提供良好的服务和环境时,自己也身处其中,享受着良好的旅游自然、人文和社会环境所带来的生活质量的改善、幸福感的提升。

3)国际共识的全域旅游要素保障体系

(1)具有地域特色的农林牧渔业

具有显著地域的特色农产业门类与旅游业有着天然的联系,二者可高度结合,实现"特色农业+旅游"或者"旅游+特色农业",既促进农业的发展,又以旅游业作为农产品展销平台,实现产业叠加的增值效应。例如,法国蔚蓝海岸大区保有原汁原味的传统农渔产业门类,马赛是产量与质量俱佳的南欧著名渔港;普罗旺斯的薰衣草种植和鲜花市场久负盛名;香水小镇格拉斯借此成为世界最著名的香水原料供应地;以阿维尼翁为中心的普罗旺斯产区是全球最负盛名的桃红葡萄酒产区(图8.2)。

图8.2 普罗旺斯薰衣草

（2）具有活力的小城镇体系

人口集聚情况是反映城乡发展活力的关键指标,如意大利托斯卡纳大区总计人口近400万,而最大城市佛罗伦萨的人口不足45万人,占比略高于1/10,其余城镇的人口基本都不足5万。考虑到该地区约70%的城镇化率,说明大部分人口居住在中小城镇,这非常有利于保证地区城镇体系的经济和社会活力(图8.3)。

图8.3 欧洲小镇

（3）均质优质的公共设施体系

以瑞士阿尔卑斯山地区为例,其公共交通设施体系深入每个旅游小镇、村落和滑雪度假区,旅游巴士、山地列车和登山缆车高效联动,令游客交通经济性和安全性达到最优水平。该区域的绿道小径体系同样四通八达,且依托沿线镇村,设置问询、补给、营地等服务设施。此外,游客中心、救援站、卫生间等公共设施同样实现了全域均质化发展。

（4）交叉融合的地方产业体系

意大利托斯卡纳大区将特色农牧产业、传统手工产业、时尚创意产业和旅游度假产业高度结合,不但始终保持奇安蒂(Chianti)红酒、佛罗伦萨皮具、锡耶纳手工玻璃制品等地域特色产业的发展活力,还在近现代孕育出古琦(Gucci)、菲拉格慕(Ferragamo)、罗伯托·卡瓦利(Roberto Cavalli)等顶级奢侈品牌,令地方产业品牌和地域旅游形象相辅相成、享誉世界。

（5）核心公共品牌和吸引物

以南加州海滩核心区——70 km长的橙县海滩,其被划分为10个区段,其中7个为开放式管理的中低消费海滩。由此,以核心资源的公共福利化供给和公共品牌共享,促进了关联产业门类的发展,在沿岸各城市间形成包括冲浪、航海、文化节事、特色食宿、度假地产等在内的产业价值链。以迪士尼乐园、诺氏果园、环球影城、六旗魔术山主题公园、圣地亚哥海洋世界等组成的主题旅游项目集群也成为南加州公共旅游品牌,吸引着源源不断的高潜力客群来访(图8.4)。

（6）高效深入的公私合作关系

意大利托斯卡纳大区政府及其下设10个次级地方政府始终致力于对区域旅游产业的统筹协调,联合旅游、文化、农业、商业、会展等相关职能部门以及地区创新协会等非政府组织,成立大区旅游发展委员会,吸纳各方意见,确认策略方向并落实行动措施。该委员会还与"可持续且具竞争力欧洲地区网络"等外部智力和营销资源机构积极合作,以进一步提高产业发展效率和质量。

图 8.4   南加州热气球旅游

8.2   全域旅游视域下景区人力资源管理措施

随着全域旅游模式的积极推进,我国旅游业逐渐发生了较大的变化,主要体现在:旅游发展思路的转变,旅游发展模式的变革,旅游发展战略的创新,旅游发展阶段加快进程。全域旅游视域下旅游从业人员的素质不容忽视,这对景区员工的职业道德、业务水平、服务标准提出了新的要求。景区管理者应转变管理理念,员工应转变服务观念,积极参加业务培训,提高景区员工的旅游素质,以适应当前的旅游发展的变化。

8.2.1   景区人力资源管理概述

1)人力资源管理的内涵

(1)人力资源管理的概念

人力资源管理是指组织为了实现既定的目标,运用现代管理措施和手段,对人力资源的取得、开发、保持和运用等方面进行管理的一系列活动的总和。其主要内容包括人力资源规划、职位分析、人员招聘、薪酬设计、绩效管理、员工培训、职业发展等。人力资源管理与人事管理既有历史上的渊源关系,又有本质的区别。人事管理涉及的面很窄,仅包括刊登招聘广告、组织面试、向经理提供人事工作的技术性咨询以及解雇员工等工作。而人力资源管理所涉及的面要广得多,其是以积极、发展的态度,用整体的眼光对整个组织的人力资源进行管理。因此,人力资源管理的主要任务就是以人为中心,以人力资源投资为主线,研究人与人、人与组织、人与事的相互关系,掌握其基本理念和管理的内在规律,充分开发、利用人力资源,不断提高和改善职业生活质量,充分调动人的主动性和创造性,促使管理效益的提高和管理目标的实现。

（2）人力资源管理的原理

①战略目标原理。战略目标原理是指组织的最高决策层根据组织面临的外部环境和内部条件，制订出组织一定时期所要达到的总体目标，然后层层分解和落实，要求下属各部门及其主管人员根据组织总目标分别制订出各自的目标、任务以及相应的保证措施，形成一个目标体系，并将目标完成状况作为各部门考核的依据。人力资源管理是实现组织目标的重要途径，又要服从和服务于组织战略目标的实现，促使组织的运转和循环高效和有序。一般的人力资源管理虽然比人事管理在管理的广度和深度方面都有较大突破，但比较而言仍与组织战略目标结合得不够紧密，还没有真正从战略的角度重视人力资源开发与管理对于组织目标实现的战略性作用。将人力资源管理纳入旅游景区战略目标管理系统，有利于更有效地实施管理控制，防止出现战略性和方向性偏差；有利于提高景区各有关环节的管理水平和调动人们的积极性；也有利于改进管理过程中的缺陷。同时，人力资源管理也应由其自身的战略目标系统构成，其具体的管理措施和手段也要服从和服务于人力资源战略目标。

②系统优化原理。系统是由若干个相互联系、相互作用的要素组成的，具有特定结构和功能的有机体，具有目的性、整体性、相关性和有序性等特征。系统优化原理指从景区的整体出发，按照系统特征的要求，从整体上把握系统运行的规律，对管理过程中各个方面出现的问题系统进行地分析和优化，并按照外部环境的变化和组织内部条件，及时调整和控制组织系统的运行，最终实现组织的整体目标。作为景区管理系统中的关键环节，人力资源管理强调管理诸要素之间的互动以及管理活动与内外部环境间的互动。人力资源管理部门在进行具体的组织结构设计时，应该使各部门的设置配合产生系统优化效果，使得景区的管理成本低、效益好。此外，人力资源管理自身的各项管理功能，如职位设计、招聘、测评、培训、考核、薪酬、激励和劳动关系等方面也是一个相互联系的子系统，必须相互配合才能产生系统整体大于局部之和的效应。

③结构优化原理。管理系统的结构是指管理的基本要素和层次之间的有机联系网络或组合方式。结构优化原理是指通过对人员的合理配备，实现人与工作的最佳组合，使组织各要素发挥最好功能，实现最优目标，即导致管理系统结构质变的良性效应。系统要素不同的组合，会产生不同的功能。管理活动需要良好的个体智力，更需要良好的集体智力。人力资源管理要建立一个优化的智力结构以提高系统的功能，这些结构包括合理的动态年龄结构、切合实际的文化知识结构、多种类型的智能亚结构、和谐的心理素质结构等。

④能级对应原理。能级是指根据能力、本领的大小划分的等级，能级对应原理就是建立一个与组织要素对应的具有不同层次及能量的合理结构体系，使组织的各要素动态地纳入相应的能级中，形成稳定的组织形态。旅游景区各级管理岗位的目标和任务是不同的，因此，对不同级别的管理人员的要求也就不同。员工的能级也是有差别的，管理者的能力必须同他们各自管理级别相对应。管理者的责任就在于，正确地认识和区别不同能力与特长的人，并尽可能使相应才能的人处于相应的岗位上，真正做到人尽其才、能释其量。

⑤管理动力原理。管理动力原理是指管理活动必须具有强大的动力，尤其要求管理领导者要最优地组合、正确地运用管理动力，从而使管理活动能持续有效地发展下去，并趋向

组织整体功能优化和目标优化。管理动力包括物质动力、精神动力、信息动力。景区人力资源管理要重视各种动力的协同作用,通过物质的鼓励,满足人类对基本物质需要和物质享受的追求,可以达到激发员工的工作热情的目的;通过精神鼓励表达组织的友爱、信任和对其能力、工作业绩的肯定,可以激励景区员工内在的工作动力和热情;通过信息获取、交流完善和壮大自身,可以找到自身的不足,发奋图强,奋起直追,朝着预定的期望目标努力。

2) 景区人力资源管理的原则

由于旅游景区自身的特点,使旅游景区与其他组织的人力资源管理工作相比,既有共性,也有自己的个性。概括起来,在旅游景区人力资源管理工作中,主要应遵循4个原则。

（1）系统优化原则

系统优化原则指景区人力资源系统经过组织、协调、运行、控制,使其整体动能获得最优绩效。所有的人力资源管理工作都应该经过周密的成本收益分析。实现这一原则必须建立在景区组织结构设计合理的基础上,然后对各个职能部门配备数量、质量合适的工作人员,通过健全的组织管理制度和运行规范,保证各项工作有序开展;同时,加强部门与部门、层级与层级之间的信息交流与反馈,促进各类资源在景区内的共享,最大限度地减少景区由于人为原因造成的内耗,以使人尽其才、才尽其用。

（2）激励强化原则

激励强化原则指员工在被激励的情况下,能够产生比平时大得多的工作热情,提高工作的完成质量,增强对组织的认同感和归属感,因此,可采用包括物质动力,如物质奖罚,或者精神动力,如成就感与挫折感、危机意识等方式来激发景区员工的潜能。但每个员工的兴趣、需求可能存在差异,因此需要充分了解每个员工的特点和需要,结合景区的实际情况,采取有针对性的激励措施。同时还要注意激励的公平性、及时性,使员工能够及时了解景区弘扬什么、抑制什么,以矫正自己的行为。另外,管理人员要做到不轻易许诺、重承诺,以维护员工对组织的信任感。

（3）竞争合作原则

景区在选择录用员工时,应该根据景区需要,择优录用,充分体现竞争的公平性。在日常工作中,由于景区经营本身不断地需要新的创意和更完善的工作,也要采取一定的管理方式,调动员工的竞争意识,使组织有生机和活力。但竞争是良性的,在竞争中双方或多方都应受益。同时,竞争中有合作,由于人力资源个体差异化,景区员工在知识、能力、气质、性格、爱好、年龄等方面存在差异,应扬长避短、各尽所长、互补增值。

（4）弹性冗余原则

大部分旅游景区的客源都存在淡季和旺季之分,很多时候,淡季与旺季的游客量相差悬殊。旅游旺季,景区需要大量的服务人员,而到了淡季,就会出现人员的闲置。因此,不少景区对一线员工都采用灵活的用工方式。这种做法在为景区节省成本的同时,也带来了一些问题,使得一些景区没有较为固定的员工队伍,内部难以培养优秀管理人才;同时,也导致招聘和培训费用增加,旅游旺季的服务人员素质良莠不齐,影响旅游者对景区的评价等。长期

下来,这种无形成本可能比节约的有形成本还要大。因此,景区要减少短期行为,根据实际
情况,将灵活用工控制在一定范围内,建立一支有弹性、留有余地的员工队伍。与此同时,加
强景区产品的开发和有效的市场宣传与推广,增加旅游淡季的客源,尽量使"淡季不淡",以
消化景区富余人员。

3) 景区人力资源管理的任务

(1) 制订人力资源计划

人力资源计划是对景区现在和将来所需人力资源作出预测,制订能适时获得所需人力
资源的规划。旅游景区人力资源的需求量是由旅游景区计划、职位的数量和类型来确定的,
旅游景区所需的人力资源数量会随修正景区目标和计划的变化而增减。在分析影响人力资
源需求的内部及外部因素的基础上,预测旅游景区未来人力资源的供给与需求,根据旅游人
力资源的供求关系来确定人力资源管理的重点,从而决定人员选拔、调配、提升,或者分流、
提前退休。

(2) 选配合适的人员

旅游景区的员工随着内外部环境的不断变化而变动,为了确保担任职务的人员具备职
务所要求的基本知识和技能,必须采取科学的人力资源管理方法对景区内外的候选人进行
筛选,使景区所需的各类人才得到及时的补充。

(3) 人力资源使用与开发

合理用人是旅游景区生存和发展的重要环节之一,也是人力资源管理是否有效的重要
标准。在合理用人的同时,有计划、有重点、有针对性地对员工进行全面培训,提高员工素
质,实现员工个人生涯发展,以达到个人与景区共同发展的目的。

(4) 工作绩效考核与评价

旅游景区通过选拔活动配备了适当的人员,并不意味着万事大吉,还要通过对员工的工
作表现、潜质和工作绩效对其进行评估和考核,来分析占据职位的人员是否符合要求。再通
过相应的奖惩、升降和去留等管理活动,保持旅游景区员工队伍稳定和有效工作的积极性,
以增加其满意感,从而安心和满意地工作。

4) 景区人力资源管理的意义

人力资源是旅游景区各项资源中的主体要素,也是制约旅游景区管理和发展的主要因
素。由于旅游景区相对较低的工资、较长的工作时间和单调的工作性质等特点,使旅游景区
对人才的吸引力小于酒店、旅行社,员工流失率高,这就给有效的人力资源管理提出了更高
的要求。旅游景区加强人力资源的开发与管理,有利于更全面、系统、客观、有效地分析景区
战略与人力资源规划,合理配置人力资源,发挥景区内部的人力资源优势,最大限度地发挥
人力潜能,使人尽其用;同时,通过培训和不断给员工提供发展机遇,可以促进人力资源发
展,增强奉献意识,进一步提高景区管理绩效、提升景区竞争力,实现更大发展。因此,加强
人力资源的开发与管理是旅游景区生存发展的需要,也是与时俱进、适应市场竞争的需要,

是景区能够长盛不衰的组织保障。

5)我国景区人力资源管理的现状及存在的问题

（1）我国景区人力资源管理的现状

①人力资源规模大,整体素质低。据统计,我国现有国家重点风景名胜区近200个,职工总数达8万多人,是美国国家公园职工人数的6倍。但是,我国国家重点风景名胜区面积不足美国国家公园面积的1/6,单位面积职工数约为美国的40倍。在旅游景区人力中,大专以上学历者所占比例很低,特别是旅游专业的毕业生更少,有的旅游景区甚至都没有,特别缺乏既懂外语又懂业务的专业技术人才。有实践经验的人缺乏理论积淀,有理论功底的人不深入实践,理论和实践脱节在一定程度上影响了旅游景区管理和服务的专业化水平。

②人员专业结构和层次结构不合理。旅游景区管理是一项对专业知识、多学科知识要求非常高的工作,国外国家公园中人员相对较少,专业人员多,有的国家公园涉及的职业多达200多种,而且不断进行培训,以满足不同层面知识的需要。比如,美国大峡谷国家公园年接待旅游人数达400万人次,正式职工只有150人,全是大学毕业,而且许多具有硕士、博士学位。相比之下,我国旅游景区则是一般人员多、专业人员缺乏,造成管理能力不足。根据我国国家林业局对217个自然保护区的调查,217个自然保护区在岗职工9 112人,平均每个保护区42人;在保护区人员结构中,平均每个保护区管理人员9.4人,占22.4%,每个保护区科技人员3.3人,占7.8%。另外,在旅游人力资源中,高中级、初级人才之间比例严重失调,中高级人才严重不足。旅游景区是劳动密集型行业,导游服务在整个景区旅游接待中具有十分重要的作用。我国首批4A级景区中,平均拥有导游员55人,占职工总数的8.7%。据2002年调查,全国高级、特级导游员仅占全国导游员的3.7%。说明我国旅游景区导游队伍力量偏弱,是旅游景区需要加强建设的重点项目之一。

③地区结构不合理。地区结构不合理主要表现为东西部地区不平衡,东部人才比例密度高于西部。我国中西部地区旅游资源十分丰富,但旅游人才的缺乏成了制约该地区旅游业发展的瓶颈。目前西部12个省区、市拥有的旅游院校、旅游高校仅分别占全国旅游院校、旅游高校的24%与28%,西藏、青海、宁夏、新疆等地更是缺乏有实力的旅游高校。因此,在现有数量的基础上,不断调整结构、提高现有人员的素质,促进旅游人才开发的全面发展,是旅游景区人力资源管理的主要任务。

（2）我国景区人力资源管理存在的问题

①人力资源管理整体规划与景区发展战略脱节。目前,我国许多旅游景区人力资源管理仍处于传统的人事管理阶段,其职能多为工资分配方案的制订和人员调配、晋升、培训等。从事人力资源管理的人员对成人培训规律、员工激励、职业生涯设计、人力资源配备等内容缺乏足够的认识和充分的研究,因此,无法完全按照景区发展战略制订规范和完善的人力资源规划,人才得不到发掘。

②重管理、轻开发的现象普遍存在。一个人的潜质有待开发,大量潜在人才有待开发。我国一些景区由于人力资源开发体系不够完善,开发手段落后,缺乏对景区员工公认的资格

认证和培训方案,却盲目地强调向管理要效益,重管理轻培养、重使用轻开发,结果导致效益低下。

③强调对员工的开发,忽视对管理者素质的提高。旅游景区经营成功与否的关键是管理者。因此,人力资源开发首先应开发管理者,其次才是开发员工。在激烈的市场竞争中,旅游景区能否适应市场并在竞争中取胜,其关键在于领导者的综合素质。如果管理者没有更新观念,只用老一套来要求员工,必将导致景区的人力资源开发与管理工作陷入困境。

④人力资源开发投资不足。人力资源理论重视教育与培训的投入和产出的关系,人力资源投入是回报率很高的投入,但又是回收很慢的投入,而且隐性效果占很大的成分。这就使一些景区在初期对人力资源投资较大,以后越来越少。由于投资不足,大多数的基层管理人员得不到培训,在新技术、新知识迅速发展的时代,难以适应高水平管理的要求。

8.2.2　景区员工的招聘

1)景区员工招聘的原则

在符合国家劳动法律法规的前提下,旅游景区在招聘员工时应遵循以下 4 个原则。

(1)公开招聘原则

将招聘单位的名称,招聘的种类、数量、条件、方法、时间、地点等信息通过登报等公开方式在招聘简章上加以公布,以达到广招人才的目的。

(2)公平竞争的原则

对所有的应聘者一视同仁,不可人为地制造各种不平等的限制,使应聘者凭借自己的真才实学进行竞争。

(3)全面考核的原则

对应聘者的德、智、体等各个方面进行综合考察和测试,以确保招聘到合格的人才。注重德才兼备的同时,考虑应聘者的身体素质。

(4)择优录用的原则

根据应聘者的综合考核成绩,遵守人员录用的纪律,从中选择优秀者录用。

2)景区员工应具备的素质

旅游景区开放性强,对外交流广泛,工作复杂程度高。员工不仅要与游客打交道,处理各种冲突;还要进行生态环境研究和环境教育。因此,各职位的人选必须具备一定的资格、素质要求。

(1)管理的愿望

管理愿望是人们从事管理的主观要求,常常表现为长时间地工作、过人的精力和时间投入。强烈的管理愿望是有效开展工作的基本前提,一个人只有抱着强烈的管理愿望,才能积极地去学习与管理实务有关的知识和技能,才能将其所有的才干都发挥出来。因此,无论是管理人员还是一般员工,都应具有管理的愿望。

（2）良好的品德

良好的品德是每个员工都应具备的基本素质。对于管理人员来说，具有高尚的品德，才能正确运用其所掌握的权利，在涉及金钱方面严格自律，做值得信赖的主管。对于一般员工来说，具有良好的品德，才能有坚定的"是"与"非"观念，坦率、诚实、实事求是。总之，良好的品德是选拔员工的基本要求，也是选拔员工的基本条件。

（3）勇于创新的精神

在科技革命迅速发展、市场竞争激烈的条件下，创新是旅游景区生存和发展的前提。只有不断创新，旅游景区才能充满生机和活力，才能不断发展。但是，创新是要冒风险的，这就要求选拔的员工具有创新精神和能力。

（4）管理的技能

管理技能是有效履行各种职能的基础，这种技能包括技术技能、人际技能和概念技能。不同的管理层次所具有的各项技能的相对重要性不同。

3）景区员工招聘的途径与程序

（1）招聘的途径

旅游景区的招聘可分为内部招聘和外部招聘，旅游景区应坚持内部培养提升和适当引进相结合的办法，以保证旅游景区人力资源的有效利用和持续开发。

①内部招聘。它指从旅游景区内部寻找并挑选合适的人。内部招聘对象的主要来源有：一是提升，从内部提拔一些合适人员来填补职位空缺是常用的方法，它可使企业迅速从员工中提拔合适的人选到空缺的职位上。二是工作调换，它是职务级别不发生变化，工作的岗位发生变化，可以提供员工从事企业内部多种相关工作的机会，为员工今后提升到更高一层的职位作好准备。

内部招聘有以下优点：一是为景区内部员工提供了发展的机会，增加了对内部员工的信任感，这有利于激励内部员工，调动员工积极性，有利于员工职业生涯发展，有利于稳定员工队伍。二是简化了招聘程序，为景区节约了时间，省去了许多不必要的培训项目，为景区节约大量的费用。三是对内部员工有较为充分的了解，使被选择的人员更加可靠，提高了招聘质量。四是为内部员工提供了选择较好的、感兴趣的工作机会，能够更好地激励员工。

②外部招聘。外部招聘人员应根据所需人员的要求，采用不同的招聘途径。

借用外力。旅游景区可以委托专门搜寻、网罗人才的"猎头"公司，凭借其广博的人才情报网络以及特有的"招人"技巧，往往能"猎取"到旅游景区所需的理想人才。

借助网络。旅游景区通过网络招聘人才，既可以通过商业性的职业网站，也可以在自己公司的主页上发布招聘信息。

借助会议。旅游景区应抓住各种人才见面会、交易会机会，广为宣传，积极网罗人才；同时，要注意收集当地人力资源要素和趋势，同行业及其他行业的人事政策和人力资源需求情况，以便知己知彼、有的放矢。

借用外脑。旅游景区采取借用"外脑"的方法主要有：聘请"独立董事"，以保证决策的客观性和科学性;聘请顾问,参与企业的重大决策和有关部门的专项活动;委托经营管理、财务等专业公司,进行项目咨询与市场营销策划,以减少风险。

(2)招聘的程序

①确定招聘计划方案。在对各岗位设计、工作分析的基础上,依据工作规程及职位说明书,景区人力资源部门在对各部门的人力需求情况以及所需员工的工作层次、能力要求、数量等情况汇总后,制订出景区人力资源需求和供应预测计划,以确定景区需要多少人、需要什么样的人。同时确定具体的用人标准和任用人员的种类及数量,以确保景区所需员工的数量和质量。

②确定招聘的对象、来源和途径。景区人力资源部门根据各部门人力需求的计划,在对各部门定编定员的基础上,经审核后,认定各部门所需增补员工配备的数量和工作性质、层次,所需增补配备员工的具体工种和职位,并确定招聘员工是外部还是内部聘用,是用刊登广告的方式还是景区内员工推荐的方式或是同步进行,学历和专业技术职称要求等。

③确定应试的时间和地点。在行业竞争日益激烈、都在注重人才的背景下,选择适当的招聘时间很重要,如每年大中专院校学生的毕业时间就不失为较好的机会。另外,在招聘时间确定上,还应注重收集信息。

④初步面谈。初步面谈是招聘单位与应聘者第一次直接接触,也是招聘单位通过直观印象在招聘过程中对应聘者的第一次筛选。通过这种双向接触,景区招聘人员按照景区既定的用人标准,对应聘者的身材、身高、容貌等仪表、风度、外观形象和语言表达能力有了初步印象,并且通过沟通,对应聘者的学习和工作经历以及应聘者对景区的工作环境、工作时间、职位安排使用和福利待遇等要求也有了大致的了解。

⑤审核材料。经过初步面谈并认为基本合格后,则要进一步对应聘者的有关材料进行审核和综合分析。如要求应聘者交付履历表、学历证明文书及其副本等个人资料,并填写应聘申请表。

⑥正式面谈和测试。正式面谈和测试是景区招聘过程中很重要的步骤。正式面谈包括测试(有关心理测试)部分。正式面谈和测试力求达到以下目的:

对应聘者作进一步了解。如澄清已有资料中未能定论的疑问和疑点,对应聘者的综合素质进行评估等。

做任职资格的能力测试。在对应聘者进行心理测试的同时,也对其应聘的岗位职位的任职资格和能力进行相关的测试考察。如应聘者申请的是管理人员职位,除对其一般能力进行测试外,还应着重对其组织管理理论和能力进行测试。

初步发掘应聘者的潜在能力。有的应聘者由于对景区的具体结构和全面情况以及发展方向尚缺乏详细了解,因此,他们对自己的潜在能力和今后发挥作用的余地缺乏计划,也可能对自己应聘的岗位职位是否合适不甚了解。了解和发掘他们的潜在能力,有利于合理地安排使用,并为今后对其培养,更好地在景区发挥作用奠定良好的基础。

进一步加强双向沟通和联系。正式面谈和测试并不仅仅意味着是景区主动纯粹地向应聘者"索取",而是双方相互沟通,加深了解的过程。在正式面谈和测试中,景区招聘主管人员有必要应应聘者的要求,进一步向其提供景区乃至应聘岗位、职位的更为详尽完备的资料,使应聘者便于排除盲目性,在不断加深了解的前提下,作出更为明智的选择。

⑦面谈结束的处理和体检。正式面谈结束后,应立即将各种记录汇总整理,结合背景资料,作出综合判断以决定是否录用。如果是景区中层和高层职位的应聘工作,则应由景区中、高层领导再次或多次与之面谈后再行定夺。

⑧员工的录用。当审核确定无误和体检合格之后,就基本确定了员工的录用。景区要为新员工发放录用通知,为示郑重,录用通知以书面为宜。为使新员工减轻在新的工作环境中产生的不安和压力,尽快地进入角色,适应工作要求,应对新员工进行岗前培训。

8.2.3　景区人力资源培训与开发

1)景区人力资源培训

在新经济时代,培训也是实现创新经济的关键环节之一。通过员工培训,一方面,使员工符合工作要求,实现自我价值;另一方面,使员工保持较强的实战能力和进取心。

(1)景区员工培训原则

明确目标原则。景区组织员工进行培训,主要是为了培育员工的道德,树立员工的服务观念,传授知识、培养能力。

坚持全员培训和重点培训相结合原则。全员培训指对全体员工按管理职能区别和岗位性质的差别,有计划、有步骤地进行培训,这样可以全面提高员工素质。但是,还应根据景区的需求和未来发展,集中力量重点培训急需人才。

坚持严格考核和择优奖励原则。严格考核是保证培训质量的必要措施,也是检验培训质量的重要手段。旅游景区必须将考核、择优录用、奖励和晋级结合起来,激发员工努力向上、积极进取。

长远规划原则。培训要符合社会趋势,要以长远的眼光来拟订,并与人事管理制度相互配合,以达到期望的成果。

(2)景区员工培训的类型

旅游景区人员培训的形式很多,可以从培训性质、培训对象、培训内容、培训地点等方面分门别类地进行区分。

①按照培训性质。按培训的性质可以将景区员工培训分为岗前培训、在岗培训、转岗培训及晋升培训和技术等级培训等岗前培训。岗前培训即员工上岗前的培训,其目的是为旅游景区提供一支具有全面专业知识、较强业务技能与严谨工作态度的员工队伍。岗前培训因训练内容的不同,可分为一般性岗前培训和专业性岗前培训。

在岗培训。在岗培训是对在职员工进行的以提高本岗位工作能力为主的不脱产训练形式。有利于改善现有人员素质不适应工作需要的局面,使现有人员的知识、技能从低水平向高水平发展,提高生产效率;也利于解决景区经营管理和服务质量中存在的问题。

转岗培训。转岗培训是指员工由于工作需要从一个岗位转向另一个岗位时,对转岗人员取得新岗位任职资格所进行的训练活动。转岗培训具有适应性的特点,要求为转岗人进行适应新岗位任务要求的知识、技能培训。

晋升培训。晋升培训是为晋升人员进行的,以达到晋升岗位规范要求的训练活动,一般来说,新晋升岗位与原岗位有内在联系,对其培训应是在原有水平基础上的提高。

技术等级培训。技术等级培训是按国家行业颁布的技术等级标准,为使人员达到相应级别的技术水平而进行有关的训练活动,如对景区内的导游进行相应的等级和语种培训。

②按照培训对象。按照培训的对象可以将景区员工培训划分为职业培训和发展培训。

职业培训主要针对操作层员工,培训的重点放在培养和开发操作人员的技术技能方面,使他们熟练并掌握工作所需的知识、方法、步骤和过程并能够胜任自己的岗位。

发展培训主要针对景区的管理层员工,培训的核心在于培养和提高管理人员的观念意识与决策督导技能。通过培训使其了解和把握旅游景区内外的经营环境以及自身在景区中所处的地位和作用,提高洞察力,认清景区发展的方向;提高适应旅游景区经营环境变化等的决策能力。

③按照培训内容。按照培训的内容可将员工培训划分为知识培训和能力培训。

知识培训是按岗位要求对培训者进行专业知识和相关知识教育的活动。旅游景区员工的知识培训内容具有很强的专业性,要求与岗位、工种相关的知识即可。知识培训的对象不同,深度和广度也有区别。对管理人员,要求一定的理论深度,要掌握专业知识、管理知识,并给予政策法规、市场动态等相关信息的传授。对服务人员,则在于让其了解和掌握本岗位所需的实际操作能力,以岗位专业知识为主。

能力培训。能力是人们能够完成某种活动的心理特征,有一般能力和特殊能力之分。观察能力、记忆能力、思维能力、想象能力等属于一般能力,是人完成一切活动都必须具有的能力。管理能力、业务能力、交际能力等属于特殊能力,是在一般能力的基础上经过特殊训练获得的,并积极地影响着一般能力的发展。人们从事某一活动往往需要各种能力的综合,一般来说,管理所处的层次越高,所需的综合能力就越高,如管理者应具备组织指挥能力、控制协调能力、判断决策能力、创新开发能力等,而对操作者则要求具备专业的技术能力。

④按照培训的地点。按培训的地点可将景区员工培训分为景区内培训和景区外培训。

景区内培训。它是利用景区内部的人力资源部门等培训资源对职工进行的脱产、半脱产等训练活动。景区对自己的员工比较了解,在制订教学计划、限定培训时间方面更具有针对性与合理性,能用较少的投入取得较大的培训效果。

景区外培训。它包括输送员工到培训院校进修,参加培训和到国外相关单位考察学习等,这些景区外培训有助于员工系统学习专业知识,开阔视野、交流经验,并起着良好的激励作用。

（3）景区员工培训的内容

①景区管理人员的培训。景区管理人员在景区发展中起着至关重要的作用。培训既要重视对景区管理人员创新意识的培养,以保持景区发展的超前性;又要重视对景区管理人员管理能力、管理方法、管理技巧的培养,使其将景区管理达到科学性与艺术性的统一,使景区得到大的发展。

②景区专业技术人员的培训。景区专业技术人员的培训属于大学毕业后接受的再教

育。培训的目的在于让员工不断地接受新知识、新技能,全面提高专业技术人员的创造素质,培养适应新环境的景区高级专门人才,直接有效地为旅游景区的发展服务。专业技术人员的培训根据专业性质不同,培训的深度和广度应有所区别。

③景区员工的岗位培训。景区员工岗位培训一般以专业技能训练为重点。通过实际技能训练,提高景区员工的实际操作能力和应变能力。提高专业技能,必须建立在掌握基础理论知识的基础上,因此,专业理论知识培训是景区员工岗位培训的基础。岗位培训既是基础性培训,又是长久的培训,要持久开展景区员工岗位培训就应引入外部激励机制,通过严格管理和持证上岗制度,采用精神激励和物质激励双管齐下的方法,可有效促进旅游景区员工基本素质及专业技能的提高。

(4)景区员工培训的方法

景区员工培训的内容十分丰富,其方法也多种多样。在实际操作中,应根据培训的要求和特点合理选用具体的培训方法。一般来说,员工培训的方法主要有7类。

①授课式培训。聘请专家、景区优秀管理人员、一线骨干员工,根据不同人群的特点和需要,选择恰当的培训内容对员工进行培训。

②参与式培训。主要形式包括举行会议、小组讨论、头脑风暴法和影视法等。通过这种培训,可以让员工与员工、员工与管理者进行充分的讨论和沟通,获得解决问题的新思路和新方法。

③角色培训。通过模拟与实际相仿的工作环境,让受训者在培训中扮演成实际工作的角色参加训练,以提高学员的应变能力和操作熟练程度。

④参观考察组织。受训人员参观本景区内的其他部门或景区外的先进组织,或出国考察学习,使学员通过横向比较,看到自身的不足,学习先进管理经验。此外,在培训材料的编排上,尽可能考虑到趣味性,深入浅出,易记易懂。充分利用现代化的培训工具,采用视听材料,以增加感性认识。书面材料力求形式多样化,多用图表,做到简明扼要。为确保培训的质量和效果,需通过培训的评价机制对培训效果进行评价。

⑤拓展训练法。拓展训练法是一种以体验、经验分享为教学形式的培训方法,它起源于第二次世界大战期间英国海员学校对于海员生存能力和生存技巧的训练,后来逐渐扩大到军人、学生、工商业人员等,训练内容也由单纯的体能和生存训练扩展到心理训练、人格训练、管理训练等。现在的拓展训练是一种现代人和现代组织全新的学习方法和训练方式。它利用崇山峻岭、浩瀚大海等自然环境,在解决问题、应对挑战的过程中,达到"激发潜能、熔炼团队"的培训目的。

⑥脑力激荡法。脑力激荡就是指让员工在不受任何限制的情况下,针对某一特殊问题提出所有能想象到的意见以提高管理人员创新能力的培训方法。脑力激荡主要用于帮助员工尝试解决问题的新措施或新办法,可以让员工在公众环境中提升自己,用以启发员工的思考能力和开阔其想象力。培训时首先要把来自景区不同部门的参训精英进行分组,员工在组内平起平坐,没有职级之分,学习内容、形式及时间由景区根据需要决定。

⑦行动学习法。行动学习法是由英国曼彻斯特大学雷文斯教授首先提出的一种培训方法,现在广泛应用于国际上许多知名企业的培训工作中,它和传统方法有着很大的区别。行

动学习法是一个双重的过程,它要求达到理论与实践的紧密结合;同时又是一个循环的过程,可表述为:学习＝首次质疑＋相应运用的程序化知识＋再次质疑。行动学习法一个重要的特征是以员工为中心,并由其他员工共同讨论研究解决方案,教师只担任主持人、顾问的角色,并不传授系统的知识。行动学习法的重要学习方法是广泛的小组活动,使每个员工都参与进去,充分发挥其主观能动性。通过小组活动,开发员工的内在潜力,掌握更有效的学习技巧,达到了解自我、相互促进、学用结合、集思广益的效果,以促进对实际问题的解决,并对个人学习和发展进行调整。

2) 景区人力资源开发对策

(1) 充分发挥地方政府和旅游管理部门的宏观指导作用

政府应增加旅游教育资金投入比例,使旅游教育培训工作健康有序发展。政府要在条件允许情况下,高薪聘请奇缺人才,如会展策划和管理、旅游电子商务、分时度假网络管理、景区规划等方面旅游专业人才和旅游企业高级管理人才。鼓励市政府对境内外旅游管理人员和技术人员到本地来工作,提供各种有吸引力的政策,吸引外地高素质人才加盟。

(2) 完善旅游人力资源开发规划

人力资源规划是对旅游景区现在和将来的人力资源进行优化资源配置、实现人力资源供求平衡的过程。人力资源规划是人力资源管理的首要任务,也是搞好人力资源管理的关键。在人力资源管理职能中,人力资源规划最具战略性和积极的应变性。人力资源规划规定了招聘和挑选人才的目的、要求及原则;人员的培训和发展、人员的调整都依据人力资源规划进行;员工的报酬、福利等也是依据人力资源规划中规定的政策实施。因此,人力资源规划处于整个人力资源管理活动的统筹阶段,是旅游景区人力资源管理部门的一项非常重要和有意义的工作。制订规范和完整的人力资源规划,需要旅游景区树立人力资源开发新理念,把人力资源开发工作作为景区的重要任务。在对景区人力资源现状分析和需求预测的基础上,确定人力资源发展目标、重点与步骤;研究人力资源培养、开发的对策;制定有效政策、措施,检查与实施人力资源规划方案,保证旅游景区目标的实现。

(3) 创新用人机制,优化人才环境

景区人才建设要解决好培训、吸引和使用3个关键环节。

①旅游景区要充分认识人才建设的重要性。要有识才的慧眼,用才的气概、爱才的感情、聚才的方法,善于用事业来吸引和凝聚人才,为人才提供发挥聪明才智的天地。

②要花大力气,做好"拴心留人"的工作。要用事业留人、用感情留人、用适当的待遇留人,要建立有利于留住人才,人尽其才、才尽其用,使人的聪明才智得到充分发挥的竞争机制、激励机制;要建立一套严格而科学的考核办法,健全择优汰劣的景区选人机制。

③要大胆使用人才。要更新用人观念,广开渠道,对有开拓创新精神、外语好、业务能力强的管理者,要放手使用。要加紧培训年轻优秀的管理人才,给他们压担子,为其成长、选拔

和使用创造条件。

　　④发展旅游人才市场,使市场在人才配置中起基础性作用。如建立"景区人才库""导游人才库"等,促进人才双向选择、有序流动、合理配置。

　　(4)完善景区员工绩效考评制度

　　旅游景区应该建立多层次、多维度、多方法、整合的绩效考核体系,对景区员工的工作绩效进行系统评价。要在充分考虑景区员工的岗位职责、工作成果、综合素质和发展潜力的基础上,以考核结果来决定分配,以分配来促进景区员工学习积极性和工作积极性的提高,改进工作绩效。以加强激励为出发点,实现景区分配形式的多样化,通过试行经营者年薪制、岗位责任工资制、岗位工资制等,建立景区员工收入能增能减、有效激励的分配制度。

　　景区员工绩效评价可以从直接主管、同事、下属、游客及被评价者个人的角度进行,评价内容包括工作数量、工作质量、工作效率、工作效益等多个方面。在具体实施过程中,首先要界定工作本身的要求,建立起切实可行的绩效评价规则和指标体系,然后用科学合理的评价方法衡量实际工作绩效并进行动态反馈,不断修正目标。为了使景区不同工作岗位之间的绩效考评具有可比性,可以运用岗位绩效指数化法来反映景区外部环境中各种条件的变化、宏观政策的调整、景区企业组织体制、人事制度的变更等不确定和不可控的因素对工作绩效的影响,使考评的结果更加客观、公正,并与相应的激励措施结合,推动员工努力创造更好的业绩,从而成功地实现景区的战略目标。对景区员工的绩效进行考核,是做好景区员工管理,提高员工工作的积极性、主动性、创造性和工作效率的有效手段,是现代企业人力资源合理使用和有效开发的基本要求。

　　(5)建立健全景区员工激励机制

　　美国哈佛大学威廉·詹姆士博士的一项研究表明,员工在受到充分激励时,其能力发挥为80%~90%;在保住饭碗不被解雇的低水平激励状态下,仅发挥其能力的20%~30%。在旅游景区的管理过程中,对景区员工的主要激励方式包括物质激励、目标激励、尊重激励、参与激励、培训和发展机会激励、荣誉和提升激励以及负激励,如淘汰、罚款、降职和开除等。从物质激励方面来说,必须反对平均主义,改革的办法是根据工作的难度、重要性、业绩大小来决定工资和奖金的分配。目标激励主要是在工作中启发和引导景区员工对更高目标的追求,使其在实现自身奋斗目标的过程中,为景区的发展作出重大的贡献。尊重激励要求景区上下建立开诚布公、互相尊重、关心、协作的工作环境,以此形成景区的高凝聚力。参与激励要求创造和提供一切机会让员工参与管理,调动其工作的积极性。景区工作激励主要是通过丰富景区工作内容,增加工作的挑战性和创造性,按照员工的专长与爱好调整岗位,使员工更加热爱本职工作。培训和发展机会激励主要是为了满足景区员工自我实现的需要,并使之与景区的发展目标相融合。荣誉和提升激励是对表现好和才能突出的员工进行表彰鼓励,给予荣誉称号和更高的职位,促使其有更出色的表现和贡献。负激励作为正向激励的补充手段,也是不可缺少的,关键是不能以罚代管,要严格掌握惩罚的尺度等。

案例启迪

国外旅游景区人力资源开发与管理——迪士尼乐园

从 1955 年沃尔特·迪士尼在美国洛杉矶创建世界上第一个生产快乐的主题公园——迪士尼乐园,到 1971 年在美国佛罗里达州奥兰多创建迪士尼乐园、1983 年的日本东京迪士尼乐园、1992 年的法国巴黎迪士尼乐园和 2005 年的香港迪士尼乐园,迪士尼名震全球,成为世界旅游业主题公园中的一张王牌。

迪士尼乐园的成功之处在于迪士尼乐园注重企业文化传承的招聘过程,将迪士尼放在员工心中的传统教育,把员工培训作为企业长期坚持的核心价值工程之一,独特灵活的考核激励机制,完善有效的内部员工沟通网络,注重对上层领导者的培养等各种管理方法,注重行动准则的"SCSE"策略,即安全(Safety)、礼貌(Courtesy)、表演(Show)与效率(Efficiency)。迪士尼乐园独特的人力资源管理之道在于,它懂得把一个平凡无奇的"人"改变成一个可以产生无限附加价值的"迪士尼人"。

迪士尼乐园的人力资源开发与管理模式涵盖以下几个方面。

1.牢固树立"以人为本"的理念

迪士尼始终贯彻"以人为本"的理念,树立"人人是人才"的管理思想,充分重视基层一线人才,创造和谐、顺畅、协作的企业气氛,调动每个员工的积极性和创造性,吸引并留住员工。迪士尼完善内部员工沟通网络,充分肯定员工的尊严,非常重视员工的主人翁地位,真心实意地尊重员工的民主权利,积极动员员工提供合理化建议,营造健康向上和充满活力的企业文化氛围,使每个员工都意识到所有员工都是公司整体的一部分。

2.加强企业文化建设,培育组织团队精神

企业文化与团队精神是现代企业竞争制胜的法宝。迪士尼乐园成功经营的实例表明应进行企业文化的传承,注重调整企业的人际关系,树立团队意识,强化员工对企业的忠诚、归属感和向心力,满足员工需求,增强凝聚力,使员工形成与企业共命运的思想。与此同时,把"团队协作精神"渗透到组织与文化的每一部分,并在管理实践和对客人服务的方式上体现出来。

3.重视新员工培训,使人力资源优势转变为质量优势和效益优势

迪士尼对新员工的培训内容首先不是着眼于其素质和水平的提高,而是把它作为企业精神教育的一种重要手段。迪士尼要求每一个新员工都要接受由迪士尼大学教授团讲授的新员工企业文化训练课,以便让他们认识迪士尼的历史传统、成就、经营宗旨与方法、管理理念和风格等。除了这些,迪士尼还专为新员工制订了一个为期 3 天的个性培训计划:第一天上午学扫地,下午学照相;第二天上午学包尿布,下午学辨识方向;第三天上午学怎样与小孩讲话,下午学怎样送货。

迪士尼乐园把员工培训作为企业长期坚持的核心价值工程之一,在培训中注重培养员工综合素质以及加强对员工进行企业价值观和企业精神教育,促进员工个人价值的实现与企业经营发展需求的结合。

4.创新模式的目的是保证与激励创造性思维

创造性思维可以为公司的成长提供所需的燃料,对新思维的执着追求是成功的金钥匙。如果希望在一个财务健康的公司里培育创造力,就必须让职员们的思维自由驰骋。唐老鸭、米老鼠、兔子罗杰等角色就首先归功于自由创造的精神。

资料来源:采胤杉.国内外旅游景区人力资源开发与管理模式研究——以美国迪士尼乐园和中国深圳世界之窗、华侨城为例[J].攀枝花学院学报,2009(2):58-61.

8.2.4 全域旅游背景下景区人才的培养

全域旅游不仅是区域经济在新常态下的一种创新模式和形态,也是一种新的旅游发展模式。这一形态和模式将由景点到线路的传统观光旅游,变为由点到线到面到全区域的全域旅游。它对旅游部门的管理方式,尤其是对从业人员素质提出了新的更高的要求。旅游人才的概念已涵盖行政、服务、技能、管理、销售、设计、客运、会展等多个工作种类。在全域旅游背景下,整个区域的居民都是服务者,都是主人,都是参与者,人人都是旅游环境的一部分。

旅游属于"情绪型产业",具有劳动密集型特征,它所提供的产品主要是服务。这就要求旅游景区服务人员高度重视每一次提供服务的过程,给游客留下美好的印象。旅游景区服务人员大部分处于第一线,直接接触游客,作业对象是人不是物。游客需求多样化就要求服务多样化,要求服务人员有较高的素质,以达到提高服务质量的目的。所以,加强旅游景区人力资源的开发与管理,具有极其重要的理论和现实意义。

1) 传统旅游人才培养的局限性

(1)院校教育的程式化

院校教育有其特定的模式,一般包括特定的程式,缺乏创新力。这其中涉及培养目标、专业设置、课程体系、教育评价等多个要素以及调整目标及课程等多个环节。由于理念的制约和困惑,各院校的人才培养模式呈现出趋同化。目前我国还没有形成像德国"学校+企业"的"双元制"模式或瑞士"行业办学、产教结合"的"洛桑模式"那样具有鲜明特征的院校人才培养模式,导致院校人才培养往往在一定程度上使学生的实际能力滞后于旅游业发展。

(2)业界培训缺少系统化

在人才观念上,旅游企业已认识到人才队伍是企业的核心竞争力。但由于旅游行业人员流动性大的特点,不少企业高管和经营者还是认为,培训虽然能够提高员工的服务意识、专业知识、服务技能,但要让培训真正发挥作用,还得通过层层管理和施压。突出表现为在人才培养方面不愿付出时间和经费,往往是"头痛医头、脚痛医脚"。如员工言行不规范了,就学习礼仪;员工不团结了,就学习团队建设;员工不求上进了,就学习服务意识等。

(3)人才引进机制不完善

旅游行业高级人才,如旅游企业高层管理、旅游资本运营、人力资源管理与开发、旅游规划等方面的人才的匮乏,已经成为行业发展的最大瓶颈。

2）培养"高、尖、新"人才

在全域旅游背景下，景区员工的管理要面向景区所有人，培育景区每一个员工的旅游素养；同时，全域旅游也需要高端化、国际化旅游人才。

（1）商务旅游的高端人才

现在需要跨行业管理等专业性、复合型人才，即融合旅游与会展等商务活动的人才，包括专业会议组织者（PCO）和目的地管理公司（DMC）。这类人才商务特色极为显著，是发展商务旅游的关键人才。

（2）特色产品和商务活动的组织策划人才

商务旅游是融合旅游与各类商务活动的旅游方式，这对旅游产品的开发者和商务活动的组织者提出了更高要求，需要他们熟悉商务旅游市场，根据商务活动特色，开发参与性、互动性强的旅游项目。

（3）高层次的品牌营造、市场营销类人才

发展商务旅游必须实现城市品牌推广和旅游市场推介的统一性，强化商务旅游目的地定位、商务旅游的品牌包装和品牌传播，这也对市场推广人才提出了更高要求。

3）增加高端旅游人才的培养力度

国家旅游局发布的《中国旅游发展报告（2016）》中提到，中国共有 2 500 多所院校开设旅游类专业，全面形成了涵盖博士、硕士、本科、专科（含高职）、中职层次的旅游教育体系。我国旅游院校有 30 万名旅游专业学生毕业，而博士生仅为 115 名，研究生 1 317 名，对比看出，其"金字塔"人才培养结构中的上层"塔尖"基数极小。2014 年旅游行业从业人员培训总量为 462.13 万人次，分为岗位培训和成人学历教育两大类，其中岗位培训 428.77 万人，成人学历教育 33.36 万人。

旅游院校需整合资源，增建硕士、博士研究型或应用型的研究生培养基地，增设博士、研究生培养专业及方向，或争创博士、硕士研究生培养资格，扩大硕士、博士招生人数。与此同时，要改革硕士、博士招生及学习模式，鼓励在职、在读人员继续硕士、博士研读，扩大旅游"金字塔尖"的人才培养规模。

各旅游景区人力资源管理部门要积极参加国家旅游局组织实施的"万名旅游英才计划""旅游业青年专家培养计划""中高级导游云课堂项目""旅游行政管理人才调训""专业技术人才知识更新工程"和"名导进课堂"等旅游人才培养工程，进一步优化景区工作人员的结构，进一步增强旅游人才竞争力。

4）要大力培养复合型专业人才

旅游产业的七大要素包括吃、厕、住、行、游、购、娱。全域旅游发展模式就是通过强化旅游产业的要素经济，形成集餐饮、住宿、旅行、游览、购物、娱乐为一体的完整的产业链，并通过拉长、延伸产业链条，将单一、"快餐式"的观光旅游向综合性、"集约式"的休闲旅游转化，促进相关产业的发展。

全域旅游的这种全要素构建模式要求旅游从业人员必须是复合型专业人才,能及时适应各个岗位的需求。其中,最缺乏的是有创意、会策划、懂运营,跟得上时代潮流的软性人才。与此同时,现代旅游的品质提升,也对人才提出了新的要求。旅游散客的比例越来越高,他们对旅游也有着更多的个性化需求。如何走出组团游程式化的传统框框,为他们提供针对性的精品服务,也需要相应的人才配套。

5)培养新业态旅游人才

由于人们的旅游需求发生了很大的变化,故应以创新为制高点,引进并培养新业态旅游人才,包括引进和培养海洋旅游、乡村度假、生态旅游、文化旅游、高尔夫旅游、会展旅游、邮轮游艇旅游、露营旅游、温泉和SPA旅游、康疗保健旅游以及旅游策划和规划、旅游商品设计等新业态旅游人才,以推动旅游经济结构和旅游产品结构的改善。

6)产教结合的培养模式

景区人力资源的管理及景区员工的培训不仅仅是景区的事情,在全域旅游背景的倡导下,景区更应该与旅游高校合作,采取产教结合的培养模式,培养景区员工的旅游素养而不仅仅是旅游服务技能。可以借鉴各国旅游业国际化水准较高的成功经验,而各国大多采用产教结合的旅游人才培养模式。例如,瑞士洛桑的"行业办学、产教结合"的模式,教学的每一个环节都要围绕"实际动作能力"这样一个主题思想展开,从校址选择校园结构设计到课程设置,特别是师资队伍、教学内容、教学大纲等都要理论结合实际,要把产教结合渗透到教学内涵中去;美国康奈尔大学通过产学研一体化的方式,围绕培养酒店业领袖这一使命,构建课程体系,创设旅游人才培养模式;澳大利亚的"学习—工作—再学习—再工作"的循环式的终身教育模式等,都值得借鉴。从而鼓励旅游从业者不断学习、提升自己。

院校是培养旅游人才的主力军,要重点发挥院校的智力支撑与信息引领作用,采用为企业定做"人才班"的形式,培养专业人才。企业内训要制订年度与中长期培训规划,形成良性机制。可通过政府牵头成立一个机构,并通过联席会议机制、业务外包方式、委托培养形式等,加强联系,形成政府主导、院校教育、企业内训三者互为补充、有机结合的人才培养模式。

案例启迪

国外旅游院校旅游人才的培养

国外著名城市在大力发展旅游业时,一般会选择建立本地的旅游院校。如美国佛罗里达的迈阿密、瑞士的洛桑和苏黎世、澳大利亚的悉尼蓝山景区以及布里斯班的黄金海岸等,均设有专门的旅游酒店类院校。洛桑酒店学院、格里昂酒店学院就是适应瑞士旅游产业发展需要,从专科层次办起,时至今日已经是全球顶级的本科旅游院校。

瑞士HTMi国际酒店旅游管理学院成立于1991年,位于瑞士琉森州著名的风景胜地松伯格。松伯格风光旖旎,景致迷人,是联合国教科文组织保护的风景胜地(UNESCO)。

该学院的本科学士学位专业为国际酒店旅游管理,学制为三年半制。学生毕业后,授予双学士学位——英国阿尔斯特大学(University of Ulster)学士学位及瑞士 HTMi 学院国际酒店旅游管理学士学位。

该学院的研究生课程专业为国际酒店旅游管理、大型活动及宴会管理、欧洲烘焙及甜点艺术、国际酒店商业管理、国际酒店工商管理。学制为一年制(MA、MBA、Msc)及两年制(MA、MBA、Msc)。毕业后,由英国爱丁堡龙比亚大学(Edinburgh Napier University)授予休闲娱乐产业硕士学位及瑞士 HTMi 学院授予国际酒店旅游管理硕士学位。所有的课程包含 20 周理论学习和 20 周带薪实习。

资料来源:瑞士 HTMi 国际酒店旅游管理学院.

复习思考题

1.我国为什么会提出发展全域旅游?

2.发展全域旅游的背景是什么?

3.如何理解可持续发展理论与全域旅游?

4.结合实际情况,谈谈你对全域旅游的"八全"理念的理解?

5.全域旅游视野下,景区人力资源如何管理?

6.全域旅游背景下,景区员工如何培训管理?

【案例研究】

东京迪士尼乐园员工的培训与管理

被誉为"亚洲第一游乐园"的东京迪士尼乐园,依照美国迪士尼乐园形式修建,自 1983 年 4 月 15 日开放以来,已成为男女老少各享其乐的旅游胜地。乐园耗资 1 500 亿日元,自营业以来已接待游客 2.6 亿人次,创下了数倍于投资的巨额利润。

到东京迪士尼游玩,人们不大可能碰到迪士尼的经理,门口卖票和检票的员工也许只会碰到一次,碰到次数最多的是扫地清洁工。所以,东京迪士尼对清洁工非常重视,将更多的训练和教育大多集中在他们身上。在东京迪士尼扫地的有些员工是暑假工作的学生,虽然他们只扫两个月时间,但是培训他们扫地要花 3 天时间。

一、学扫地

第一天上午要培训如何扫地。扫地有 3 种扫把:一种是用来扒树叶的,一种是用来刮纸屑的,一种是用来掸灰尘的。这3种扫把的形状都不一样。怎样扫树叶才不会让树叶飞起来?怎样刮纸屑才能把纸屑刮得很好?怎样掸灰才不会让灰尘飘起来?这些看似简单的动作都要经过严格培训。而且扫地时还另有规定:开门时、关门时、中午吃饭时、距离客人15米以内等情况下都不能扫。这些规范都要认真培训,严格遵守。

二、学照相

第一天下午学照相。十几台世界先进的数码相机摆在一起,各种不同的品牌,每台都要学。因为客人会叫员工帮忙照相,可能会带世界上最新款式的照相机,来这里度蜜月、旅行。如果员工不会照相,不知道这是什么东西,就不能照顾好顾客,所以学照相要学一个下午。

三、学辨识方向

第二天下午学辨识方向。有人要上洗手间,"右前方,约50米,第三号景点东,那个红色的房子";有人要喝可乐,"左前方,约150米,第七号景点东,那个灰色的房子";有人要买邮票,"前面约20米,第十一号景点,那个蓝条相间的房子"……顾客会问各种各样的问题。所以,每一名员工要把整个迪士尼的地图都熟记在脑子里,对迪士尼的每一个方向和位置都要了解得非常明确。

四、会计人员也要直接面对顾客

有一种员工是不太接触客户的,就是会计人员。迪士尼规定:会计人员在前两三个月中,每天早上上班时,要站在大门口,对所有进来的客人鞠躬、道谢。因为顾客是员工的"衣食父母",员工的薪水是顾客掏出来的,感受到什么是客户后,再回到会计室中去做会计工作,就会更有动力。迪士尼这样做,就是为了让会计人员充分了解客户。

五、怎样与小孩讲话

迪士尼有很多小孩来旅游,而这些小孩要跟大人讲话。迪士尼的员工碰到小孩问话,统统要蹲下。蹲下后员工的视线跟小孩的视线要保持同一个高度,不要让小孩子抬着头去跟员工讲话。因为那都是未来的顾客,将来都会再回来的,所以要特别重视。

六、怎样送货

迪士尼乐园里面有喝不完的可乐、吃不完的汉堡、享受不完的三明治、买不完的糖果,但从来看不到送货的人和车。因为迪士尼规定在客人游玩的地区里是不准送货的,送货统统在围墙外面。迪士尼的地下像一个隧道网,一切食物、饮料统统在围墙的外面下地道,在地道中搬运,然后再从地道里面用电梯送上来,所以客人永远有吃不完的东西。这样可以看出,迪士尼多么重视客户,所以客人就不断地去迪士尼。去迪士尼玩10次,大概也看不到一次经理,但是只要去一次就看得到它的员工在做什么。

顾客站在最上面,员工去面对客户,经理人站在员工的底下支持员工。这个观念人们应该建立起来。这就是所谓的引客回头,也就是员工要站在客户面前,员工比经理重要,客户比员工又更重要。

资料来源:东京迪士尼乐园员工培训[J].中国人才,2010,(5):63.

讨论问题:

1. 谈谈你对迪士尼乐园员工的培训工作的看法。

2. 国内景区员工管理和培训与迪士尼乐园的员工培训的差距在哪里?

3. 迪士尼员工培训内容中有哪些方面是值得国内景区借鉴的?

4. 在全域旅游背景下,景区对员工的培训应从哪些方面着手?

开阔视野

花园城市新加坡之全域旅游

新加坡传统资源匮乏,但它通过花园城市的持续建设,营造全域可游的旅游环境,建设创意旅游项目,从而成了东南亚旅游的重要一极。

1. 全景化花园城市打造

政府主导。第一阶段:绿化净化,种植树木,建设公园。规定每个镇区中应有一个 10 公顷①的公园,每个居住区 500 米范围内应有一个 1.5 公顷的公园。第二阶段:道路绿化规划,特殊空间的绿化,灯柱、人行过街天桥等,绿地中增加娱乐设施。每条路的两侧都得有 150 厘米的地来种植花草树木。第三阶段:长期战略计划,机械化操作与计算机化管理。利用 GIS 系统监管 140 万棵遍布全岛的重点树木,将 5% 的地设为自然保护区。第四阶段:建设生态平衡的公园,建设连接各公园的廊道系统,建设绿色政府组屋与公寓。

全民参与。1971 年"全民种树节"共种 3 万余棵树木。20 世纪 80 年代,民众都会坚持参加一年一度的植树运动;所有的绿化工程都征求市民的意见和建议;鼓励市民承包或租赁公共绿地、花木、公园设施,推行全民管理方式。1990 年开始"清洁与绿化新加坡运动",所有小区管理统一由新加坡建屋发展局负责。物业管理部门负责小区绿化,并编有《绿化须知》《住户手册》等规章条例,由政府与居民共同建设与维护小区的优美环境。21 世纪,新加坡国家公园局推展了"纪念 1963 植树计划",呼吁公众和企业根据现有的"个人植树计划"在全岛各处种植 1 963 棵树,每棵树的领养费为 200 元,收到的款项全额捐给"花园城市基金"。

2. 产旅融合

优势产业旅游化,旅游要素产业链条化,构建产旅融合的旅游体系。新加坡政府长期以来十分重视发展旅游业,把旅游业视为"无限资源"。整个产业链涵盖多个领域,从业人员占当地劳动力总量的 7%,对 GDP 的直接及间接贡献率达到 10%。政府注重内部资源的整合,集中航空、宾馆、酒店等服务设施,形成区域一体化的旅游服务。开拓新兴领域,新加坡积极促销医疗旅游,大力推行"保健旅游计划",将医疗保健旅游视为振兴新加坡经济的一台引擎。进行积极的市场营销,为各类旅游企业架设合适的产业框架,营造合适的产业氛围,使其在本地良好的旅游产业生态系统中能繁荣发展。

3. 旅游公共服务配套

建立游客咨询服务中心。重点布局在樟宜机场 1、2、3 号航站楼,新达城,乌节路,亮阁,邮轮中心,小印度等处,提供游客咨询、酒店预订、旅游团预定、景点门票出售、上网等服务。

建设旅游官方网站。新加坡旅游局在 2010 年推出新型交互式智能平台,这是配合

---

①　1 公顷=10 000 平方米。——编辑注

"Your Singapor 我行由我新加坡"品牌发行的重磅产品。游客可以在网上下载该平台手机应用程序,方便随时获得信息。官方网站包含个性化行程定制、博客和社交网站链接、酒机景(酒店、机票、景点)预订等在线服务。

完善旅游公共交通系统。新加坡共有三百多条公交线路,还有夜间巴士,一般都配备空调设备,并提供干线、支线、快速和优质巴士服务。作为东南亚第二个兴建的地铁系统,新加坡目前共有 4 条地铁线路,覆盖了全国大部分地区;其轻轨辅助主干道地铁线路,已开通 3 条线路,分别通往一个公共住宅区,实现了全线自动化和电气化。乘坐观光车可以游览新加坡 23 个有名的景点,还可以在新加坡购物中心、餐饮中心、文化中心和娱乐中心地区停车。

提供免费旅游 Wi-Fi 服务。Wi-Fi 网络现已在新加坡全岛部署了 7 500 多个热点,相当于每平方千米有 10 个公共热点,金融商圈和户外热点(包括餐厅、咖啡厅、快餐店、酒店、机场等)都提供 Wi-Fi 无线上网服务。在供给模式方面,政府把 Wi-Fi 项目外派给 3 家供应商(iCell 网络,M1 通信和新加坡电信),将全国划分为 3 个面积相当的区域,每家运营商负责其中一个区域的基础设施。新加坡资讯通信发展管理局向 3 家运营商支付的启动资金占初期建设费用的近 1/4,之后政府按每家公司的基建开支及其实际用户使用量向它们按季度支付费用,从而资助提供免费 Wi-Fi 无线上网。

资料来源:《景界》.

第9章
旅游景区安全管理

【学习目标】

通过学习本章,学生应该能够:

理解:旅游景区安全的重要性

旅游景区限流的手段

熟悉:旅游景区安全与旅游之间的关系

旅游景区安全系统的构成

掌握:旅游景区预警机制的构建

旅游景区安全管理的对策

【关键术语】

旅游安全;景区限流;旅游景区;旅游大数据;旅游景区安全系统

开篇案例

不要让游客"用生命来旅游"

2015 年 3 月 19 日,桂林市叠彩山景区木龙洞附近的游船码头发生一起落石事故。当时,一块巨石突然滚落,击中正从游船登上码头的多名游客,导致 4 人当场遇难,另有 3 名危重伤者在送医途中不治身亡。对此,业内人士指出,如果能及时发现危险苗头,采取有效的应对措施,就能避免滚石伤人的悲剧发生。同时,在容易发生落石的危险地段安装防护网、设置防撞护栏,也能够起到拦截落石、保护游客的作用。根据"海恩法则",每一起严重事故的背后,必然有 29 次轻微事故、300 起未遂先兆以及 1 000 起事故隐患。近年来,在旅游中发生的多起重大事故,都说明了没有安全保障的旅游不是旅游。所以,旅游安全是旅游产业健康发展的保证,必须将安全放在首位,如果没有安全的保障,旅游就失去了意义。

资料来源:鹰远,《上海金融报》,2015 年 8 月 11 日,第 B02 版.

9.1　旅游景区安全

"没有安全,就没有旅游。"近些年,每逢重大节庆日前后,全国各大景区(景点)都会出现人气高涨的局面,一些关于景区(景点)游客爆满、道路拥堵不堪以及由此引发的景区安全事故的新闻报道也常见诸媒体。这些负面的报道让旅游业成为社会舆论关注的焦点,引发社会公众更为广泛、激烈的讨论,成为旅游业健康可持续发展的一个"痛点"。旅游景区是最重要的游客集散地和旅游体验地,除了优美的环境、优质的服务,还应将景区安全列入旅游业的关注重点,尽量减少和防止各种旅游活动可能构成的安全威胁。自2016年12月1日起,由国家旅游局发布的《旅游安全管理办法》正式施行。办法调整和规范了旅游安全工作主体,并分别对旅游部门和旅游经营者提出了明确的职责和要求。

9.1.1　旅游景区安全概念

旅游景区安全是一个综合的概念,既涉及旅游者在景区的安全,也包括旅游景区资源、设施设备、从业人员的安全,以及景区管理者应对各种突发事件、化解风险、抵御各种灾害维持稳定的能力。旅游景区是旅游者活动的载体,是重要的集散中心,旅游景区安全是维护景区形象、提升服务质量、保证旅游活动正常开展的重要前提条件(图9.1)。

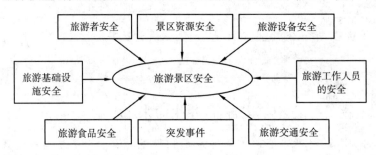

图9.1　旅游景区安全涉及方面

旅游景区安全是指旅游景区管理者根据国家安全工作的方针政策,在接待服务过程中采取多种措施和方法,解决和消除景区各种不安全因素,以确保景区和旅游者的人身及财物安全。

9.1.2　旅游景区安全重要性

旅游景区作为旅游业的重要组成部分,是游客旅游的最终目的地和重要集散地,面临的环境相对复杂,因此,要确保景区能够持续稳定发展,安全是不容忽视的一个重要环节。旅游景区安全涉及旅游者、旅游经营者和旅游业的共同利益。

1) 旅游者

旅游景区安全是提高游客满意度的重要保证。根据马斯洛需求层次理论,安全需求是仅次于生理需求的基本需求。在对一般美国人的调查中发现,安全需求占到70%,与其他较高层次的需求相比,占了相当大的比例。而外出旅游对于人们来说,属于较高层次的享受需求和发展需求,要想使高层次的旅游活动行为得到满足、提高游客的满意度,就需要有较大程度的旅游安全保障作为基石和先行条件。

2) 对旅游经营者

旅游景区安全是保证旅游活动顺利进行并获取良好经济效益的前提。虽然旅游经营者经营的目的不同,但都要在确保各项旅游活动正常运行的情况下,通过满足游客的需要达到自己的目的。而旅游事故的发生,无疑会给旅游经营者旅游活动的正常开展带来不同程度的影响,如直接的经济损失,较长时间内游客量的大幅度减少,信誉和形象的破坏,更严重的是可能直接导致景区旅游毁于一旦。

3) 旅游业

旅游景区安全是旅游业可持续发展的基础。根据经济学中的"木桶原理",即木桶容量的大小并不取决于最长的那根木条,也不取决于平均长度,而是取决于最短的那根木条。若某一要素极端恶劣,其负面效应足以抵消其余要素的全部正效应,就会出现服务业"100-1=0"的情形。因此,不管哪个方面出现安全问题,都会对景区整个旅游业产生影响。它不仅影响到旅游业的形象和信誉,还关系到旅游业的生存和发展。

9.1.3　旅游景区安全隐患因素

1) 旅游者因素

(1) 游客安全意识差、安全行为差

旅游的本质决定了旅游者以追求精神愉悦与放松为特征和目的,这就导致游客出游的主要动机是放松休闲、逃避世俗环境,甚至到人迹罕见处"闭关"。这些出游动机更多地使游客容易流连于山水之间而在精神上放松警惕,在行为上放纵自己。这些都为旅游安全隐患成为现实提供了温床及恣意扩大的空间,如随意扔弃烟头,在干旱季节里野炊、野外烧烤,从而引发山林大火等行为。

(2) 游客盲目追求个性体验

一方面,部分游客刻意追求高风险旅游行为,个别游客甚至不顾生命安全而去寻求一种危险刺激,包括极限运动、峡谷漂流、探险旅游、野外生存等活动在内的一批惊、险、奇、特旅游项目成为流行时尚。另一方面,游客早已不再满足于传统的被动旅游的方式,而是纷纷转向主动式、自助式、多文化主题的个性化旅游,主观上愿意选择游客相对疏散的景区,强

调刺激和动态参与,单独行动、随性而为。这些也容易导致旅游安全事故的发生,如2013年发生的"人被钟罩"事件。当时在山东省淄博市临淄区齐陵街道管仲纪念馆,一名男子突发奇想钻到大钟里去玩,随行的四五个朋友玩性大发,将大钟转来转去,结果导致固定钟的螺丝松动,随着"咚"的一声巨响,大钟突然掉了下来,把那名男子罩在了钟下。据了解,罩人的铜质大钟约2 250 kg,挂在一座亭子里,离地约1 m高。据工作人员介绍,铜钟是2004年安装的,由一根钢丝绳固定。经调查,铜钟掉落的原因是因为当时游客反复转动大钟,固定钢丝绳的卡子松动了,致使铜钟坠落。

2) 景区管理者因素

(1)管理人员不足

旅游活动涉及方方面面,旅游安全也涉及方方面面。在这种情形下,许多景区管理者往往抱着侥幸的心理,认为事故不会轻易发生。他们要么为应付相关部门检查而组建一个可有可无的安全管理机构,要么干脆为了节省开支尽可能地减少安全工作人员,在旅游高峰期出现安全工作人员短缺后,便临时抽调一些无相关工作经验和安全知识的人员充数,这是极其危险的。

(2)安全体系不完善

大多数旅游景区还没有建立起完善的安全体系,缺乏必备的安全防护设施,也不能把安全管理工作落实到日常管理中。例如,不按标准要求进行安装、试车和检验就投入运营,旅游设施老化、操作失误等,这些人为因素造成的旅游安全事故层出不穷。

(3)景区管理手段落后

大多数景区仍停留在原始的坐等事故报案或巡逻阶段,无法对事故的发生进行有效的监控。从旅游景区自身环境来看,容易出现发生事故的"盲点"。这是因为,景区内往往集自然山水之大成,包括陡峭的山峰、茂密的森林、弯曲的河流、幽深的山谷等多种自然的要素,其地形、气候复杂。另外,景区面积大、人员复杂、游客流动大,不易于防卫,这些都在客观上造成了安全隐患。因此,仅靠偶然警觉和自发防控并不可靠,"零事故"目标的实现还有赖于先进管理方法和高新技术在旅游安全管理上的使用。

3) 社会因素

(1)社会管理机制不健全

我国旅游安全管理部门多而复杂,风景区的日常工作涉及多个政府职能机构,如旅游、工商、林业、环境等诸多部门。但这些部门、机构大多没有完全理顺彼此间的行政关系,由此导致多头领导、管理错位和混乱。更严重的是由于职责不明、责任落实不到位等原因形成了管理上的"真空地带"。这种局面使景区安全受到威胁,安全隐患问题得不到及时发现和解决。

(2)相关法规不配套

在旅游安全管理立法上,还存在许多空白处。一些颇受游客欢迎又对安全需要较高的特殊旅游项目未能纳入安全管理范畴,导致旅游设施安全事故频发。有关旅游的政策、法规相对于旅游经营实践存在滞后性,至今还设有建立起专门的旅游安全法,旅游安全发生依照《旅游法》《突发事件应对法》《旅行社条例》和 2016 年 12 月 1 日由国家旅游局发布的《旅游安全管理办法》。

(3)旅游安全管理执法不力

由于种种原因,已有的相关法律法规及安全制度并没有得到很好的落实。目前,我国旅游景区普遍存在重旅游基础建设、轻安全设施建设的现象。这二者的结合使景区安全隐患无处不在,直接给游客的安全带来了威胁。

4)其他因素

导致旅游安全事故的其他因素主要是自然因素,如洪水、泥石流、滑坡、地震等自然灾害,这些因素在山区型景区最容易发生。在旅游高峰期,一旦发生旅游事故,往往造成重大的损失。此外,也有人为因素,如旅游设施的设计不合理、质量不过关等,往往也埋下了安全的隐患。

9.2　旅游景区安全系统组成

相关的法律法规和规范性文件中也涉及了旅游景区安全系统的组成与内容。如风景名胜区安全管理标准(建城字第〔1995〕159 号)将风景名胜区安全管理的主要内容设定为游览安全、治安安全、交通安全、消防安全。《旅游区(点)质量等级评定办法》(2005)规定的安全方面评价包括安全保护机构、制度人员、安全处置、安全设施设备、安全警告、标志、安全宣传、医疗服务、救护服务。《旅游安全管理办法》规定了旅游景区安全管理涵盖的旅游经营者安全、旅游风险、旅游突发事件、旅游罚则等内容。

9.2.1　旅游景区安全系统结构

相关专家学者从不同角度来表述旅游景区安全系统,王志华、汪明林从内外部角度提出旅游景区安全管理系统包括外部旅游安全管理系统和内部旅游安全管理系统。王昕、母泽亮从安全管理角度提出了旅游景区安全管理系统由景区安全预防预警系统、景区安全现场控制系统和景区安全应急避险管理系统组成。王瑜、吴贵明认为,风景区旅游安全管理系统可以由控制机制系统、信息管理系统、安全预警系统、应急救援系统 4 个子系统组成。王丽华、俞金国以游客供求关系为核心,提出了城市旅游地旅游安全系统由核心、辅助和支撑 3 个子系统组成,较全面地阐述旅游地的旅游安全系统,对分析旅游景区安全具有启示意义。借鉴相关研究成果和文件规定,根据旅游景区服务与管理的内涵,从景区服务供需角度,旅游景区安全系统由 3 个子系统构成(图 9.2),即核心子系统、辅助子系统和保障子系统。

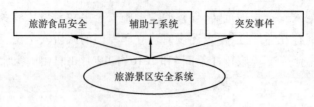

图 9.2　旅游景区安全系统

9.2.2　旅游景区安全核心子系统

旅游景区安全核心子系统主要是以满足旅游者的"吃、厕、住、行、游、购、娱"七要素为核心需求的服务安全。其中,"食"主要是满足现代旅游者在旅游景区的饮食服务安全,提供符合食品质量要求的餐饮食品、安全卫生的餐饮环境以及基本的餐饮服务。"厕"主要是满足旅游者(尤其是特殊人群)的如厕需求,保证如厕环境的整洁,旅游厕所要体现人文关怀。"宿"主要涉及在旅游景区的住宿设施的安全和应急突发事件的处置。"行"主要包括旅游景区的内部交通和外部交通安全。"游"主要是旅游景区合理的游客容量和安全标志建设及旅游景区承载力。"购"主要是满足旅游者购物安全需求,维持良好的销售秩序和商业信息,提供质价相符的旅游商品。"娱"是满足游客在景区活动过程中的娱乐安全及旅游娱乐设施的安全。这7项要素是旅游景区安全的核心内容,它们相互作用、相互配合,共同组成了旅游景区核心安全子系统,保障游客在旅游景区的人身、财物安全(图 9.3)。

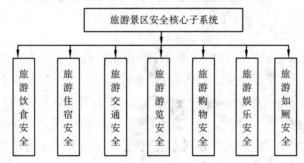

图 9.3　旅游景区安全核心子系统

9.2.3　旅游景区安全辅助子系统

核心服务安全需要许多辅助安全子系统提供保证。旅游景区辅助服务安全包括旅游景区硬件安全和旅游景区软件安全。旅游景区硬件安全包括旅游安全标志、医疗设施、安全咨询服务、安全救援队伍等;旅游景区软件安全包括游客的安全服务信息、安全的服务行为和为保障安全而制订的应对突发事件的应急机制等安全管理制度、应急组织系统等,为游客提供安全的体验环境。现在,旅游景区辅助子系统中的硬件、软件安全内容日益完善,让游客有了安全的旅游环境和旅游的安全感,树立了旅游景区安全形象,增加了旅游景区的安全附加值(图 9.4)。

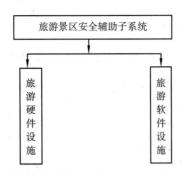

图9.4　旅游景区安全辅助子系统

9.2.4　旅游景区安全保障子系统

旅游景区安全保障子系统主要由安全管理组织、安全队伍建设、安全技术支撑、安全经营风险、周边社区安全、事故保险6方面组成。安全管理组织是整个景区安全管理的组织保证,安全队伍建设关系到旅游景区安全管理的有力执行,旅游景区的安全状况离不开高科技技术的支撑,安全经营风险是指导旅游景区经营发展的关键,旅游景区的安全运营离不开周边社区的支持,旅游景区安全事故保险是规避、化解旅游景区安全风险的有效手段。保障子系统的6方面共同为旅游景区的安全提供保证。在旅游景区安全系统结构中,核心子系统是提供基本安全服务内容,满足客人最基本的安全需求;辅助子系统则为核心方面得以更好实现而提供辅助性服务;保障子系统是核心子系统和辅助子系统安全的有力保证(图9.5)。

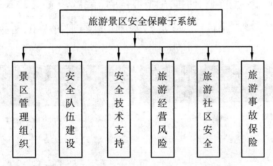

图9.5　旅游景区安全保障子系统

9.3　大数据背景下景区安全预警机制构建

俗话说"人无远虑,必有近忧",构建预警机制,做好事前控制,对景区安全来讲显得尤为重要。"互联网+"技术在旅游景区安全中发挥着重要的作用。网络搜索、关注度趋势、"前兆效应"等大数据在旅游景区的运用,吸引了越来越多的关注。旅游大数据为解决旅游景区安全问题提供了新的手段与方法,规避了传统信息收集方式滞后、不能及时预判客流量的缺陷,为构建景区安全预警机制提供了新思维。

9.3.1　大数据对于景区安全预警机制构建的重要性

《旅游法》对景区等旅游经营者开展旅游经营活动的基本要求是景区应该给游客提供安全的旅游环境,景区的经营管理过程应该具备安全生产的条件。"新常态"下旅游景区应建立主动性、预防性的安全管理工作体系,重视对风险隐患的排查和消减,为游客游览观光提供放心、安全的环境。

旅游大数据是旅游行业的从业者、消费者等旅游活动参与者所产生的数据。而景区安全预警机制的核心系统是以满足旅游者的"食、厕、住、行、游、购、娱"七要素为核心需求的服务安全。旅游大数据凭借对旅游各环节产生数据的搜集整理,特别是对游客数量、人员构成、实时动向等数据的精确分析,实现提前预测、控制客流,突破了传统景区通过门票控制客流的方式,在构建新形势下的景区安全预警机制中起着越来越重要的作用。

1)容量大、类型多,能够建立全面的安全预警机制

旅游大数据主要有两个方面的来源,一是景区历史数据,更多的是人流量、门票销售量等原始记录。二是源于旅游者的数据搜索,借助计算机对搜索记录进行分析,可以得知旅游者的去向、停留时间、食宿等数据。通过旅游大数据,可以获取景区、旅游者及供应者三方的数据,是涉及旅游活动全过程的全面数据。与此同时,以旅游大数据为基础可以全面搜集有关景区的安全事故类型、表现形式、处理方式等信息,能够为景区提供真实的数据作为参考,为景区建立全面的安全预警机制打下坚实的基础,如某旅游游记所显示的客观的来自旅游者贡献的旅游信息(图9.6)。

图 9.6　广州、桂林旅游游记信息

旅游大数据客观地显示了旅游者出游天数、出行时间、旅游花费及旅游方式(跟团、自由行)。后台数据的搜集,可对潜在旅游者产生较大的影响,可以看出旅游高峰期。游记内容会涉及旅游行程安排、旅游交通方式、旅游美食介绍、旅游住宿介绍、旅游小贴士等内容,比旅游目的地官网介绍可信度更强、更真实。

2)处理速度快,能够建立及时的安全应急机制

景区安全应急机制就是要在短时间内拿出科学、有效的应对方案,针对景区的突发安全事件果断采取措施。旅游大数据的高速处理大大提高了景区应对旅游安全事故的处理速度和精度,景区管理者既可以提取历史数据作参考,又可以调取预订信息进行紧急疏散。旅游大数据的即时处理功能,在数据处理速度、处理质量方面是传统方式无法比拟的,其处理速度和质量往往达到传统方式的数倍,为构建高效的景区安全预警机制奠定了基础。

3)可信度高,能够建立精确的安全救援机制

景区的安全离不开旅游大数据,需要依靠旅游大数据提供足够、准确、有效的数据资源。通过对旅游大数据提供的数据进行分析、处理,能够为景区安全救援提供精准、易于操作的救援方案,可以借助网络精准定位功能,在景区遭遇突发安全事故的时候,能够快速实现位置的精确定位,便于施救人员能快速精准地到达救援位置,避免因位置误报导致救援延误等情况。

4)搜索针对性强,能够建立系统的安全保障机制

在海量的网上数据中,提取有价值的数据,为景区建立系统的安全保障机制提供数据、资料支撑,实现数据搜索对景区安全体系构建的借鉴、参考价值,这是我们进行数据搜索最根本的目的。通过计算机的搜索功能,我们可以查找到景区所需的数据、资料,并实现数据的进一步加工和挖掘。

景区安全保障机制的建立,可借助搜索“热词”来预测旅游者的实际去向,真正建立起旅游大数据和旅游者之间的联系,综合历年景区历史数据来预判旅游高峰期的时间。同时,景区可以结合机票、酒店等预订信息以及百度等网络搜索记录,提前预测旅游者到景区游览的人数,借助这两方面的数据,景区能及时采取门票销售控制的手段限制进入景区的人数,确保景区在最大承载力的范围内安全运行。图 9.7 为百度指数在旅游数据搜索中的应用。

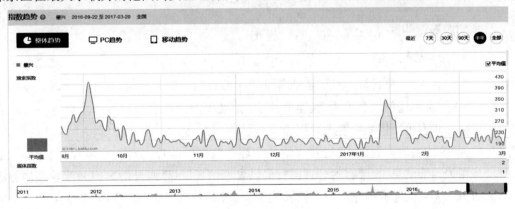

图 9.7　肇兴侗寨百度指数趋势

9.3.2 旅游景区安全预警机制基本策略

旅游景区安全受旅游业淡旺季影响极为明显,旅游旺季游客数量常常接近甚至超过景区最大承载量,给景区的安全管理和环境保护带来极大压力。旅游淡季游客太少导致旅游者之间缺少必要联系,游客会感觉到孤单,降低了游客的景区体验。从景区安全运营的角度而言,一旦发生突发安全事故,相对于事后妥善处理,事前预警、事中控制显得更为重要。基于旅游大数据构建的景区安全预警机制能提前预测景区热度、游客饱和度等。

1) 预测景区热度

在旅游业飞速发展的同时,旅游景区环境、社会问题逐渐凸显,节日节庆的景区瞬时游客数量爆棚、景区周边交通拥堵、景区环境破坏、旅游景区公共安全事件频发均是旅游承载力超限而产生的典型问题。人地关系的不和谐状态不仅影响了景区游客的体验质量,也使得旅游景区安全存在隐患。旅游景区安全压力主要来源于数量庞大且持续不断的游客涌入,一旦超过景区的最大承载量,就可能引发一些安全问题。随着“互联网+”发展,越来越多的游客借助互联网进行旅游目的地信息查询,并最终进行旅游决策,完成旅行活动。通过旅游大数据,我们可以提前获知游客的目的地、出行路线、选乘交通工具、住宿等基本信息,提前预测到景区热度。如果预判景区(景点)过热,作为景区经营者可以通过新闻媒体发布有关公告,及时通报景区人流情况、安全提示和应对措施。

同时,景区可以采取必要的限流、分流措施,灵活自主地确定景区接待时间以及开放新的旅游线路等,使景区运营处在相对合理的空间范围之内。比如,成都武侯祠景区尝试通过景区承载量限制门票销售。此举通过旅游大数据的实时监测,一旦触发5万人景区最大承载量的安全警戒线,门票销售系统会发出警报提示,无法继续销售景区门票,售票人员会及时将情况通知景区管理人员采取应急措施。这样既能妥善处理好与游客的关系,又能保障景区的安全,实现游客顺利游览、景区安全和谐的双赢局面。又如2016年9月25日免费开放的“中国天眼”旅游景区,每天严格限流2 000人。

2) 预测游客饱和度

景区客流量是受多种因素影响的,传统的信息收集方式往往比较单一,各个部门收集到的数据是相对独立的,旅行社、景区、酒店等部门所拥有的数据是分散的,无法实现数据的共享,容易造成旅游市场的信息失衡,甚至是失真,使处于不同信息地位的供求双方的风险和收益不对称。我们可以借助旅游大数据涉及“食、厕、住、行、游、购、娱”等多个环节的优势,建立全面、系统的旅游大数据,通过对旅游各个环节数据的监控、分析,掌握游客实时动态,及时发布相关预警信息,为游客的合理出行提供参考信息,尽量避开游客饱和度较高的旅游线路。如2015年,江苏省率先使用了旅游大数据监测平台,可以观察到重点景区乃至全省的游客动态,具体的指标包括实时客流、客流来源、停留时间等,并且能够提供与另一时段的客流对比信息等数据,极大地提高了旅游主管部门在景区安全监控方面的主动性。

3）排除景区安全隐患

景区的安全管理更多体现在对安全隐患的排查，只有把可能存在的安全隐患排除，才能真正确保景区的安全运营。景区是一个相对封闭的地方，游览线路的设计由于旅游体验的原因往往是单向或者环线的。对于景区安全管理而言，一方面，封闭的景区利于管理，可以控制外来因素对景区的危害，重心可以放在景区内部的安全管理上；另一方面，大量旅游者在封闭的环境内流动，一旦发生突发事件，更容易造成大规模的人员伤害及财产损害。

通过旅游大数据平台可以对景区排除隐患提供支持作用，景区在有针对性搜索安全事故表现的同时，可以完善景区安全预警的设施设备，建立景区数据采集的可视化、智能化系统，实现对景区重点区域的客流量的自动监测，起到客流控制和时间段跟踪的作用。如江苏镇江借助"感知芯"技术，让游客通过手机终端进入景区，自动接收景区排队人数情况，并通过信息亭内的互动触摸屏让游客自助查询服务信息。

4）自上而下的景区安全监管体系

旅游景区安全管理的关键在于日常的监管，建立科学合理的景区监管体系，进而实现对景区人力、物力资源的调动，及时纠正景区运营过程中存在的违规行为，尽可能地避免由于管理失位引发的安全事故。借助旅游大数据，能够精准地采集景区地形、地貌等基础数据，排查景区内存在的影响安全的因素，特别是景区存在的一些影响安全的不确定性因素，可以通过旅游大数据实现公开化、可视化，让景区的安防人员、管理者乃至游客都能熟知这些因素，提高安全防范意识，把安全放在第一的位置，形成自上而下的安全监管体系，有侧重点地对景区进行安全布防。一旦发生紧急的安全事故，能够在第一时间采取有效的解决措施，把安全事故解决在萌芽状态。在一些景区，已经能够看到安全警示、提示等信息，同时旅游者可以借助景区信息服务平台，自助查询到安全预警信息。

5）事后矛盾排查机制

旅游业已经进入深度体验游阶段，旅游者在行程结束之后，往往会将自身体验以点评的方式呈现在网络之中，这是旅游者旅游体验过程的真实再现，能够较为客观地反映旅游者对景区游览的评价，这为景区收集游客游览感受及评价提供了契机。旅游景区管理者可及时关注到对景区不好的评价，进而采取有针对性的措施。旅游大数据能够搭建旅游者和经营者之间沟通的桥梁，及时反馈景区游览过程中存在的问题，就双方关心、关注的问题实现"在线"双向互动，及时交换信息。

但互联网传播的速度非常快，一旦在互联网中充斥着海量的游客点评信息，景区不能及时回复、解答，"差评"等负面信息会在虚拟的网络世界迅速扩散，对景区旅游形象、旅游品牌的杀伤力极大，进而影响景区的正常经营（图9.8）。

图 9.8　旅游大数据饮食评价

9.4　旅游景区安全管理对策

2016 年 8 月,八达岭野生动物世界"东北虎致游客伤亡事件"后,旅游安全再次成为舆论焦点。游客参观行为是影响旅游安全的重要因素之一,而张贴警告标语、播放警告广播、喊话、签订责任书等均存在安全隐患,旅游景区安全管理对策显得尤为重要。

1) 强化旅游景区安全宣传教育

面对因游客无知和无视所带来的旅游安全事故,景区安全宣传教育显得尤为重要。宣传教育既要面向游客又要面向旅游从业人员。加强对游客景区安全的宣传,通过旅游之前的教育,签订安全协议须知,旅途中的各种告示和解说系统以及旅游从业人员的安全建议等进行宣传,提高游客的安全意识。与此同时,游客也应自觉遵守旅游景区安全规定,重视安全规定,提高旅游安全意识。通过旅游服务点的合理设置和对景区进行合理的规划,引导游客按正常旅游线路游览,堵住非开放区域的入口,在显要位置设立告知宣传牌,让游客深知进入未开放区域是没有安全保障的。

对于旅游从业人员,一方面,可通过加强他们的安全教育与培训来强化他们的意识,采取持证上岗制度;另一方面,严肃处理安全事故,促使旅游从业人员严格按照既定的标准和流程操作,避免在服务提供过程中产生不安全行为。比如,自主松散拼团游,从业人员的安全意识却来不得半点松懈。网上网下的各种旅行社不能仅当提供拼团名额的"拼盘人",更应在安全保障方面严格遵守各项规范,特别是交通工具驾驶员、导游等直接对游客安全负责的从业人员,必须要求其符合资质,对有违章、违规记录的人员应该实行禁业。

2) 引进高素质的安全管理人才

目前,旅游景区安全管理发展的瓶颈是管理人员素质不高,对景区安全管理没有战略性的部署,制订的安全目标没有具体的实施措施,缺乏对安全资金的统筹和规划,没有很强的安全专业技能和知识。因此,只有引进具有安全专业背景且拥有注册安全主任、安全评估师等资格证书的人才,才能给风景区注入新的安全理念和管理手段,解决安全管理发展的矛盾,提升安全管理机构的管理层次和水平。与此同时,建立现代旅游职业标准体系和人才评价制度,全力拓展旅游人才职业发展空间,加快研制旅游职业经理人标准,推动建立职业能力鉴定认证体系。

3) 建立系统的安全教育培训制度

很多风景区的安全教育只是形式,只是为了应付上级主管部门的检查和要求,组织一些简单的安全学习活动,并没有真正提高员工的安全素质和管理水平。风景区对员工应制订长期的安全培训计划,并聘请专业的安全讲师,定期对员工进行全面的安全知识拓展和安全实操训练,并将员工培训成绩列入全年的绩效考核中。风景区要按照管理的性质和操作的内容聘请具有相关资格证书的人员或组织现有人员进行再培训,直到培训合格持证上岗。如安全管理机构要根据风景区的规模配备相当的注册安全主任,缆车、索道人员需持有特种作业人员操作证书,救生员要有合格的救生员证书等。

如某景区专门设立的"安全意识教育墙",内容分为在发生火灾后如何逃生、溺水后如何救援、被蛇咬之后如何处理、触电之后如何救援等基本常识。此举用图文并茂的方式,一方面,组织内部员工定期进行培训;另一方面,游客来景区游玩时,其景区的工作人员也反复向其进行讲解。到最后,该景区把这个安全意识教育墙作为一个游乐项目,凡是来景区游玩的游客必须进行培训。这种做法使安全意识深入人心,从而也杜绝了安全事故的发生,此做法值得其他景区借鉴(图 9.9)。

图 9.9　旅游安全宣传教育

4) 完善安全管理信息系统

旅游景区在健全各级安全管理机构的同时,要逐级签订安全管理责任书,并将日常的管理活动信息化、系统化。一是健全安全管理机构的层次和隶属关系。二是对各安全管理层次进行组织功能分析,列出核心功能和辅助功能。三是根据组织结构和组织功能分析,利用相关软件进行系统开发,最终运用到日常的安全管理工作中。

5)健全安全防护标志和防护措施

如在车行道路危险点设置警示桩、反视镜、撞墙等,在行人游道必须设置规范的防护栏杆。当前风景区内部分防护栏高度不够,一旦游客过多相互拥挤,就很容易发生游客坠崖事故。定期对游览设施,如索道、观光天梯、游船等进行检测、检修和维护,并要符合国家的安全标准;对游览设施准确核定载客人数、承载重量、运行速度等并严格执行。设置可视化监控系统,如在景区设立全方位、全天候的电视监控系统,对可能出现的安全隐患达到自动识别、自动监控、自动报警(图9.10)。

图9.10　旅游安全标志

6)建立旅游安全事故应急管理制度

一是制订科学的应急救援预案,针对风景区可能发生的安全事故,科学合理地制订事故应急预案及疏散避难预案。二是由风景区的专业人员构成应急救援队伍,根据旅游安全事故的性质和等级开展相应的应急救援工作。三是要经常进行应急救援演练,特别在节假日前,组织应急救援队伍进行消防演练、模拟救援等项目(图9.11)。

图9.11　旅游安全应急管理

7）加强节假日旅游安全监控

节日期间客流量大,要增派人员加强疏导,防止发生拥挤踩踏和其他群死群伤事故。载客较多的交通工具,要加强维修和检查,保持良好的运行状态。安排安全人员轮班轮休,防止麻痹大意和过度疲劳引发事故。在风景区入口、索道电梯、乘车场站入口等醒目位置悬挂安全标语,设置安全警示牌等。另外,鼓励基层员工向游客宣讲安全知识,并充分利用风景区旅游服务系统如车载电视、休息室电视屏等广泛宣传安全知识,提高游客的安全意识。

8）定期进行安全检查

检查险要道路、繁忙道口及险峻路段等处,及时排除危岩、险石和其他不安全因素。检查风景区的建筑安全,增加消防器材、避雷针等安全设施,提高建筑的安全等级。检查高空索道等特种设备,督促进行定期检验和维护,确保设备运行良好等。

复习思考题

1.旅游安全和旅游的关系是怎样的?

2.如何理解旅游中的"100−1=0"?

3.旅游大数据是如何运用在旅游安全预警中的?

4.作为"九零后",你是如何运用旅游大数据进行旅游选择和决策的?

5.旅游安全管理对策有哪些?

6."互联网+"的背景下,旅游景区如何实现限流?

7.旅游景区承载力主要有哪些方面?

【案例研究】

九寨沟的"限流"

著名的 5A 级旅游景区九寨沟,自 8 月以来,景区接待量不断攀高,直逼国家旅游局公布的最高限量,已分别在 8 月 2 日、5 日向社会发布了"限客"公告,宣布当日游客量达到景区最大承载量 4.1 万人次时将停止售票。

九寨沟已经形成了一套较为完整的景区管理和服务体系,自国家旅游局发布景区"限客"要求以来,积极响应,并能够采取措施向社会公布景区接待信息,疏导游客。但从实际效果和延伸影响看,"限客"的目标的确是达到了,但给游客带来的感受却是复杂的。首先,是让旅游变成了"受累",许多游客为了能够拿到景区门票,不得不在凌晨四五点就到景区售票厅排队。天刚蒙蒙亮时,景区门口已经排起了上万人的购票长队,而售票厅电子屏上的显示内容更让排队的游客心里焦虑。8 月 7 日早晨 8 点 30 分,电子屏上显示:"已售出门票 40 954 张,剩余 46 张。"而此时,仍有大批游客还排在购票的队伍上。其次,被限的游客怎么办?到 8 点 50 分时,4.1 万张门票全部售完,景区停止售票。而此时,仍滞留在门口的游客,有的沮丧,有的愤怒,有的正在跟没拿到票的旅行社导游争吵……

资料来源:《中国旅游报》,2015 年 8 月 14 日,第 4 版.

讨论问题:

1. 如何看待九寨沟所反映出的"限客"问题?
2. 如何让景区"限流"成为我国旅游管理水平提升的一项标志性成果?
3. 通过哪些方式让旅游者改变观念,接受景区"限流"安排?

开阔视野

旅游安全"大家说"

2016 年以来,旅游全行业深入贯彻中央关于安全生产的一系列重要批示精神,始终把安全工作放在旅游发展的第一位。国家旅游局局长李金早明确要求,各地要高度重视、落实责任,采取得力措施、常抓不懈,确保人民群众生命财产安全,确保旅游市场安全平稳。

据了解,2016 年前三季度,国家旅游局共收到各地报送的涉旅突发事件 22 起,共致 109 人死亡、201 人受伤。较大以上级别事件总量及致死人数均同比大幅下降;较大及以上级别的事件总量同比下降 50%,总致死人数同比大幅下降 83%。

国家旅游局副局长李世宏说,做好旅游安全工作,既要遏制涉旅重特大事故,也要加强法治体制机制、人才队伍、应急体系、保险保障和安全宣传教育等基础性建设,提升安全保障能力。同时,要借鉴相关部门好的工作经验,探索形成适应旅游业发展需要的旅游安全工作机制,建立健全责任分解机制、综合协调机制、监督检查机制、挂牌督办机制、约谈问责机制、工作目标考核机制、事故追责机制。

北京联合大学中国旅游经济与政策研究中心主任曾博伟认为,在大众旅游时代需要有新的旅游安全观,需要有抓旅游安全的新方式。按照全域旅游的思路抓下去,旅游安全就会更有保障,提高游客的安全感就不是一句空话。全域旅游战略的实施与旅游安全的保障高度契合,同时全域旅游理念的提出也给如何抓旅游安全指明了方向。全域旅游要在整个区域内保障游客的旅游消费安全和人身安全,这就要求将旅游监督管理和公共服务的链条延伸到区域内的各个环节、各个地点;需要整合与旅游业相关的各个部门力量,既各司其职,又统筹协调,共同编制一张旅游安全网。

贵州提出要切实加强旅游安全管理,要求各地、各有关部门和各旅游企业进一步强化红线意识、忧患意识、责任意识,敬畏生命、敬畏制度、敬畏责任,以最严肃的态度、最严格的标准,抓好旅游安全预警提示、旅游应急管理等旅游安全各项工作,尤其要切实加强消防安全、卫生防疫、交通安全、社会治安、群体踩踏防范等工作。

江苏提出进一步保障旅游安全,做好安全监督检查工作,完善旅游应急处置机制。深入贯彻实施旅游法及《江苏省旅游条例》,推广南京等地部门联动综合执法机制和"一日游"市场整治经验,依法规范市场行为,营造良好旅游环境,让海内外游客游得放心、游得舒心、游得开心。

甘肃着力构建加强旅游安全工作的责任体系、制度体系、落实体系,探索建立"责任分解、综合协调、监督检查、挂牌督办、约谈问责、目标考核、事故追责"七大机制,特别对旅游相关企业重大安全隐患排查治理进行挂牌督办,严格执行落实整改目标、落实整改措施、落实整改期限、落实整改责任、落实整改资金"五落实"的要求,做到挂牌有通知、摘牌有验收报告,从而有效防范、遏制涉旅重特大事故的发生。

湖北省旅游委联合相关部门去年对全省漂流旅游景区和 A 级景区地质灾害的安全监管及防患工作进行了专题部署和联合督察。

由重庆市旅游部门牵头,与海事、公安等部门联合发出了专项安全文件——《关于进一步加强水上旅游安全工作的通知》。其中明确规定,组织实施水上游乐要做好有关安全防护措施,发现游客饮酒的要进行劝阻、禁止上船。

北京联合大学旅游学院副院长张凌云表示,旅游安全的类型复杂多样,性质各异,不仅限于游客的人身和财产安全、旅游企业的生产安全,还涉及客流超载引起的某些自然环境、文化遗产、脆弱旅游地的生态安全(遗产安全)以及旅游目的地的社会公共安全等。

浙江大学旅游管理系主任周玲强建议:旅游主管部门建立旅游安全社会监督员制度,以社会大众的身份对日常的旅游安全执行情况进行监督,通过一定的奖励、培训机制,及时监督、发现并向相关部门举报,以动员全社会的力量共同关注旅游安全。华侨大学旅游安全研究院院长郑向敏则建议旅游安全需加紧国际合作,要加快构筑国际性、区域性旅游安全合作机制,搭建国际性、区域性旅游突发事件应急信息处置平台等。

资料来源:第一旅游网.

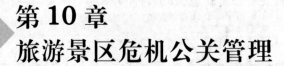

第 10 章
旅游景区危机公关管理

【学习目标】

通过学习本章,学生应该能够:

理解:旅游景区危机的概念

旅游景区危机的特点

旅游景区危机管理的概念

旅游景区危机公关的概念

熟悉:旅游景区危机的表现形式

旅游景区危机公关的作用

新媒体传播的特征

新媒体对旅游景区危机公关的影响

掌握:旅游景区危机管理的策略

新媒体时代旅游景区危机公关策略

【关键术语】

旅游景区危机;旅游景区危机管理;旅游景区危机公关;景区形象;新媒体;舆情监测

开篇案例

榆次老城舆情危机应对失败

2016 年 11 月 16 日,微信号"行走山西"以《榆次老城,愧对榆次——景区管理失败的典型样本》(以下称"原文")尝试对榆次老城在管理等方面存在的不足提出了一些原则性问题。原文指出,在榆次老城文化旅游开发有限公司官方网站上,除了看到一些官话、套话以外,基本看不到该公司对旅游的理解和自有的经营理念。文章认为榆次老城经营理念的偏差和缺失,导致了营销行为和管理等方面的缺失和错位。该文激起了榆次市民,特别是旅游业界的强烈关注,当日阅读量就突破 5 000 次,不少榆次本土公众号也竞相转载,助推了舆情扩散。

据百度指数统计,11 月 16 日至 11 月 22 日,"榆次老城"的搜索指数由 16 日的不足 270

直接上升至400以上,其中移动客户端峰值接近300,可见微信的传播力度占据网络传播的主流。尽管百度指数统计曲线存在周期性波动特征,但也从侧面印证着舆情的出现。

或许是不屑于原文的态度和影响,或许是其他原因,榆次老城管理方几乎是在第一时间得知该文后,几乎缄口不谈原文,并没有对外发布任何回应,仅仅是在11月18日早晨通过其官方微信平台抛出一篇《榆次老城的复兴之路指日可待》的文章。文章称:11月18日早上晋中市相关领导"亲自来榆次老城视察工作,针对榆次老城的发展现况提出了宝贵建议。一直以来榆次老城作为榆次的品牌形象代言备受政府的关注和支持,榆次老城景区正在一步步地雄起!"《榆次老城的复兴之路指日可待》一文几乎认可了原文观点,认为榆次老城现在的经营状况"陷入困难",至少现在还没有"复兴"。这充分暴露出榆次老城在舆情危机面前的无奈和无知。

按照舆情传播的一般规律,在舆情初起到扩散峰值,最多不超过3天,也就是说,榆次老城失去了为自己辩解的最佳时机。时间节点上的选择性错误、回应内容的方向性失语如同两把利刃,直插榆次老城"死穴"!

舆情事件总是瞬息万变,它所呈现的交互性、偏差性和突发性等特点,都决定了没有人可以完全将其降服摸透。但是,任何事件背后都是有规律可循的,更何况,舆情就是警情,应对舆情容不得半点轻视懈怠。景区作为服务性行业,其开放性注定了其必须接受舆论和大众监督,才能真正促进景区的提质升级。任何"指手画脚"的行为,都是希望景区摆脱因循守旧的樊笼和浮躁心态,踏踏实实地演绎自己的诗意和画境。

资料来源:《山西:榆次老城——舆情危机应对失败的典型样本》,搜狐网.

10.1　旅游景区危机概述

《辞海》将"危机"解释为"潜伏的祸根,生死存亡的紧要关头"。当今"危机"一词已经广泛用于政治、经济、文化和社会活动等各个方面,其一般的含义是指危险的情况,其事态发展会给多方带来不利的影响。企业危机是指企业中存在不对自身进行有效的变革就不能克服的已出现或潜在的危及企业生存与发展的因素。旅游景区是一种具有较高敏感性的企业,它时刻都面临着较大的市场风险,因此危机总是与景区相伴,这就使旅游景区的运营管理面临重大挑战。

10.1.1　旅游景区危机基本知识

1)旅游景区危机的概念

旅游景区危机是指任何危及景区经营目标的非预期事情和事件,致使景区处于一种不稳定状态,威胁景区目标的实现。

旅游景区可能发生的危机主要有两大类:一类是由自然灾害或人为因素引起的突发事

件,前者如洪涝、地震、海啸等引发的突发事件,后者如管理者执行不力引发的公共安全事故;另一类则是人为因素造成的潜在危机,如规划失误、产品结构不合理、开发过度或保护措施不力导致的景区形象品牌破坏、生态破坏、景观破坏等。

2)旅游景区危机的特点

旅游景区危机具有自身明显的特征,主要有6种。

(1)普遍性

它是指危机存在于每一个旅游景区中,并且贯穿于每一个旅游景区的生命周期。

(2)危害性

旅游景区危机不仅会使旅游景区遭受经济损失,进而令景区的战略目标无法达成;而且还会使公众产生恐惧心理和焦虑情绪,最终阻碍旅游景区的正常运营。

(3)潜伏性

旅游危机的诱因一直处在不断酝酿的过程中,由量变发展成质变,直到形成旅游危机。在旅游危机诱因积累过程中,旅游危机隐蔽性较强,难以被察觉和被控制。

(4)突发性

旅游景区危机通常在景区管理运营中突然爆发,令企业措手不及。因此,景区难以准确预测和把握危机。

(5)公开性

旅游景区危机事件常常成为社会舆论关注的焦点和热点,它往往成为新闻传播媒介的新闻素材与报道线索之一。

(6)关联性

旅游景区紧紧依托优势旅游资源来壮大旅游市场。凡是导致旅游市场需求变化和景区旅游吸引力下降的事件,都可能影响旅游景区的生存和发展,成为旅游景区发展面临的危机。

10.1.2 旅游景区危机表现形式

旅游景区危机的表现形式可以分为战略危机、资源危机、产品危机、文化危机、形象危机、服务质量危机、财务危机、人才危机等。

1)战略危机

战略是指企业面对激烈变化、严峻挑战的经营环境,为求得长期生存和不断发展而进行的总体性谋划。它是企业为实现其宗旨和目标而确定的组织行动方向和资源配置纲要,是制订各种计划的基础。旅游景区若没有这种总体性谋划,就会陷入管理混乱之中。景区战略制定的主要依据是景区的发展环境分析和景区经营优劣势的客观评估。如果景区制定的发展战略与其所面临的挑战不相适应,必定会威胁景区的进一步发展。景区战略危机表现在两个方面。

（1）战略混乱

景区制定的发展战略目标不清晰，甚至制定数个发展战略，但其相互之间充满了矛盾而导致战略混乱。

（2）战略滞后

这是指景区的发展战略滞后于景区发展，如不进行战略调整，则会阻碍景区的长期发展。

2）资源（产品）危机

旅游资源（产品）是旅游景区开发的重要前提。自然旅游资源是自然环境的产物，人文旅游资源主要是历代的文物古迹和现代的人造景观，两者经开发后统称为旅游产品。旅游资源（产品）受到自然因素，尤其是人为因素的破坏，使得旅游吸引力下降，景区游客减少，旅游开发陷入危机。当前，这种危机主要表现在以下两个方面。

（1）旅游资源（产品）受到人为破坏，降低旅游品位

景区过度开发使自然景区某些珍稀动植物及其原始生活环境受到破坏，具有科学教学研究价值的地质地貌景观被损害。

（2）游客超过旅游景区最大承载量

景区游客过多会对景区的旅游资源（产品）造成损坏。

3）文化危机

伴随着旅游的蓬勃发展和游客的大量涌入，旅游景区的经济效益得到显著提高。但与此同时，当地特有的社会风俗习惯也逐渐地被改变，旅游景区的特色文化慢慢走向沉没，逐渐失去了当地文化特有的内涵与魅力。依赖特色文化而发展起来的旅游景区会因此而失去巨大的吸引力，逐渐走向凋零。景区文化危机表现在以下两个方面。

（1）文化商业化

在工业化文明进程中，许多古老技艺因为在生产生活中的作用逐渐减少而被人们所忽视。因缺乏技艺炉火纯青的匠人，原先巧夺天工的景区工艺品逐渐演变成大规模生产的劣质工艺品。

（2）文化变迁

景区当地居民因长时间接触游客，自身的社会习俗受到游客行为方式的影响，逐渐被同化，使景区当地的文化传承可能出现中断。

4）形象危机

景区形象是公众对旅游景区总体的、抽象的、概括的认识和评价，是旅游景区现实的一种理性再现。景区形象的好坏对其生存和发展产生重要的影响。景区形象危机表现在以下

两个方面。

（1）景区形象不突出

许多景区没有根据自身的性质特征和目标市场情况进行形象定位，因此景区形象不被旅游者认可。

（2）景区形象差

由于景区没有进行形象策划或形象缺乏新意，因而景区对游客缺乏吸引力。

5) 服务质量危机

随着旅游业的快速发展，旅游景区的服务质量对旅游景区塑造良好的市场形象、提升景区的竞争力，起着十分重要的作用。景区服务质量水平偏低，游客便无法享受优质的旅游服务。景区服务质量危机主要表现在5个方面。

①服务基础设施和设备不完善。

②服务环境（包括自然环境与人文环境）不舒适。

③景区商品质量差。

④服务操作不规范，服务人员主动性不强，服务效率低。

⑤景区综合管理混乱，投诉管理机制不健全。

6) 财务危机

财务危机是指旅游景区无力清偿到期债务，而投资的失败往往会直接导致财务危机的爆发。但即使投资项目科学合理，其他的内部危机也可能引发财务危机，旅游景区挽回败局的力量就会变得很微弱。景区财务危机表现在两个方面。

①经济收入来源单一。旅游景区大多采用门票经济的经营模式，涉足旅游以外产业的旅游景区企业较少。

②工资调配压力大。景区员工的工资水平正在不断上升，不过工资增长速度如果过快会增加旅游景区成本，甚至造成景区的经营困难。

7) 人才危机

人才是支撑旅游景区开发和管理的主力军，而人才危机是引发众多旅游景区危机的本质原因之一。景区人才危机主要表现在3个方面。

①景区高端管理人才严重不足，景区从业人员专业素质普遍不高。

②景区核心骨干人才离职率高，特别是景区的公关和营销等方面的核心骨干离职率高。

③员工思想道德滑坡。员工向外界泄露景区的核心信息，严重威胁景区信息安全。

案例启迪

云阳龙缸景区应如何强化员工的服务意识

2015年11月4日下午，一段"云阳龙缸景区打人全过程"的视频在网上迅速流传。在1

分钟左右的视频中,多名身穿黑衣的保安追打一名身穿蓝色上衣的男子,并在将其打倒在地后击打其头部。视频中,有一位白发老人躺在地上,还有一位中年妇女被推倒。

重庆云阳龙缸景区于 2015 年 11 月 4 日晚发布《关于"龙缸景区保安打人事件"的通报》称,经调查核实,一名游客出景区后未出示门票翻越门禁再次入园,被工作人员劝阻,该游客拒绝配合并与保安发生冲突。景区已作出如下处置:景区向游客当面道歉;对游客进行赔偿;对涉事的 7 名保安予以开除。

记者联系到在视频中被推倒的游客陈女士,她告诉记者,她、她的丈夫、婆婆、侄子 4 人现在躺在医院里,自己的头部、腰部、腿部不同程度受伤。而视频中被打的是她的丈夫,躺在地上的老人是她的婆婆。陈女士说,他们一家共 18 人早上从万州来到龙缸景区旅游,并购买了景区通票,但陈女士的丈夫在午饭后误出景区南门。"我老公出去时还问了是否需要买票才能返回,工作人员没有回答,就把门打开让他出去了。我老公出去后发现没有景点就回来了,一分钟不到工作人员就不让他进了。即使游客没有票,也可以补票啊,但不能打游客啊!"陈女士说。景区负责人前来道歉,陈女士并不接受。

龙缸景区管委会常务副主任秦文安说,事发后景区高度重视,积极配合公安机关对事件展开调查,并与被打游客协商赔偿等事宜。秦文安说,无论如何,景区保安动手打游客都是不对的,他对被打游客及其家属致以深深的歉意。他还说,景区将加强管理,对工作人员进行有关文明礼貌的培训,提高其服务意识。

资料来源:《重庆:云阳龙缸景区殴打游客的 7 名保安被开除》,新华网.

10.1.3　旅游景区危机管理

1)旅游景区危机管理的概念

危机管理是对危机潜伏、形成、高潮、消退全过程的全景式控制管理。旅游景区危机管理是景区为了预防、摆脱、转化危机而采取的一系列维护景区的正常运营、使景区脱离逆境、避免或减少景区财产损失、将危机化解为转机的一种积极主动行为。

2)旅游景区危机管理的阶段划分

为了有效应对危机,一些组织机构和学者根据危机的生命周期对危机管理进行了阶段划分。美国联邦安全管理委员会将其划分为减缓、预防、反应和恢复 4 个阶段;米特罗夫(Mitroff)将危机管理分成信号侦测、探测和预防、控制损害、恢复和学习 5 个阶段;伯奇(Brich)和古斯(Guth)等把危机管理分成危机前、危机中和危机后 3 个阶段。

本书根据伯奇和古斯的观点,将旅游景区危机管理分为危机前、危机中和危机后 3 个阶段,每一阶段再划分为不同的子阶段,如图 10.1 所示。

(1)危机前

该阶段危机管理措施由减少和预备构成。减少阶段属于旅游景区常规管理,危机事件处在萌芽状态,对旅游景区危害程度较低。危机事件在预备阶段进一步酝酿,对旅游景区的危害程度也逐渐升高。

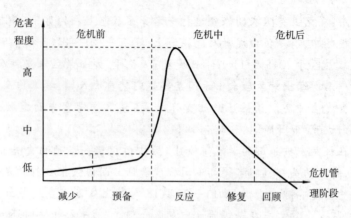

图 10.1　旅游景区危机管理阶段划分

（2）危机中

该阶段危机管理措施由反应和恢复构成。该时期危机事件正在发生,对旅游景区的危害程度迅速增加,往往会对旅游景区造成巨大损失。旅游景区对危机事件正确的反应可以降低危机的危害程度。恢复是指景区修复资源、基础设施和重塑景区形象等,使景区恢复正常运转。在恢复阶段,危机事件的危害程度进一步降低。

（3）危机后

该阶段危机事件已经得到完全解决,属于回顾、总结提升阶段。危机事件的妥善解决,使景区形象在游客心目中得以提升。通过总结回顾,旅游景区危机管理水平得到提高,此次危机事件有助于推动景区的健康持续发展。

3）旅游景区危机管理策略

随着旅游业的蓬勃发展,我国旅游景区的类型日益多样,景区危机类型也日渐错综复杂。而旅游景区危机管理的核心流程大致可分为危机预防、危机处理和危机总结 3 个阶段,如图 10.2 所示。

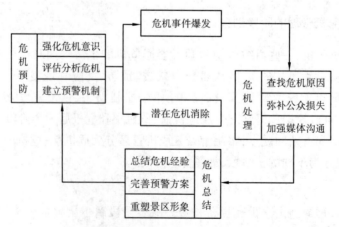

图 10.2　旅游景区危机管理流程图

（1）危机预防

旅游景区危机管理的重点是预防危机，危机来临前要防患于未然，降低危机负面影响的最佳方法是常备不懈。旅游景区不能低估危机的危害性。天灾难料、人祸可防，自然灾害难以避免，而因人力资源管理不当、财务管理不力等人为因素造成的"人祸"大多是可以预防的。

第一，树立和强化危机意识。旅游景区要牢固树立强烈的危机管理意识，这是景区进行危机预防的重要前提。旅游景区要让员工充分认识到危机管理意识在景区经营管理中的重要性，切实提高员工的危机管理意识，大力培养员工危机处理的技巧和方法。

第二，进行危机评估。旅游景区要在事前对各种危机发生的可能性大小和各种危机造成的潜在影响进行衡量，以此作为建立景区危机预警制度的依据。

第三，建立景区危机预警机制。旅游景区要成立公关部，以负责景区危机的处理工作。公关部要预测、研究与分析景区可能发生的危机，并且结合景区的自身情况开展危机模拟训练，预先制定危机事件的应急处理预案。

（2）危机处理

危机事件发生后，景区首先要沉着应对，迅速处理。景区公关部应果断地采取切实有效的措施，隔离危机，避免危机的进一步扩大。快速查找出危机发生的根本原因，有效地解决危机。

其次，景区要善于随机应变。由于景区危机具有潜伏性和突发性，尽管事前已经制定出危机事件应急处理预案，但是难以找到应对危机的万全之策。因此，在处理危机的过程中，应当具体问题具体分析，及时改良危机处理对策。

再次，旅游景区要始终将公众利益放在首位。景区要认真倾听受危机影响公众的意见，了解公众的诉求，并且尽量弥补公众损失。

最后，要与媒体保持良好关系。景区通过媒体向公众解释危机事件的来龙去脉，以避免失实报道对公众产生不良的引导，降低对企业信誉的损害。

（3）危机总结

在危机平息之后，景区要认真深刻分析危机所发生的原因和危害后果，评估危机处理的方法是否得当、成效如何，总结经验教训，并且要完善危机管理预警方案及制订今后的危机防范规划，为今后处理类似危机提供参考与借鉴。通过对景区危机的透彻分析，景区需要创新产品设计，加强营销推广，以展示景区的新风采。

第一，调整产品结构。危机过后，景区应根据市场需求调整产品结构，研究危机后旅游者行为模式变化趋势，从而创新景区产品，努力恢复游客旅游信心。

第二，做好营销推广。景区通过调整宣传内容并进行大力宣传，以尽快消除危机的负面影响，树立景区新形象。

案例启迪

国外典型旅游危机管理模式

印度尼西亚（简称"印尼"）位于东南亚地区，国内民族数量众多、民族文化各异，岛屿风光和热带气候独特,是世界典型的旅游目的地,旅游业收入在国民经济中所占比重达 5%。其中的巴厘岛尤为著名,被称为"花之岛""诗之岛""天堂岛""南海乐园""神仙岛",游人如织,每年外国观光游客超过 500 万人(次),酒店住房率超过 70%,每年直接赚取的外汇超过 15 亿美元,大约有 90%的居民从旅游业中受益。但是,印度尼西亚存在着旅游危机问题。

一是恐怖主义威胁。如 2002 年 10 月 12 日夜 11 时 8 分,恐怖分子袭击巴厘岛,造成 202 人死亡、424 人受伤。游客纷纷回家,各类旅游接待设施大量闲置,小公司纷纷破产,大量从业人员失业。2003 年 8 月 5 日,首都雅加达发生汽车爆炸事件,造成 12 人死亡、100 多人受伤。2004 年 9 月 9 日,印尼首都雅加达发生自杀式炸弹袭击事件,造成 11 人死亡、100 多人受伤。袭击发生后,澳大利亚和新西兰发布赴印尼旅游警告,提醒本国公民减少非必要行程。

二是自然灾害。2010 年,苏门答腊岛西部海域发生里氏 7.7 级强震,触发海啸,造成至少 30 人死亡、17 人受伤,旅行团出游受到影响。

三是狂犬病。巴厘岛整个岛屿内居民养狗数量多达 60 多万只,狗咬人事件接二连三地发生。2008 年爆发狂犬病疫情,导致 78 人死亡。

旅游危机事件的爆发,对印尼旅游造成的影响极大,使印度尼西亚及周边亚洲国家旅游形象产生负面影响。许多居民由于心存安全顾虑而裹足不前,或者直接另选其他目的地;外商在投资决策时格外谨慎和保守,多倾向于理性地选择他国。

针对旅游危机带来的冲击,印度尼西亚政府采取如下措施,及时应对。

(一)坚决打击恐怖主义。政府改变以往暧昧态度,对恐怖主义组织予以打击,逮捕了 20 多名参与袭击的恐怖分子包括关键人物,使社会秩序趋于安定。

(二)加大安全检查。增强警力,严防恐怖分子乘虚而入。

(三)重塑形象。在自然灾害发生后,政府和旅游部门利用户外广告、网络、电视等渠道,对本国旅游安全进行宣传,吸引游客和居民眼球;组织"大使之旅"等活动,邀请和组织国际著名人士前去观光、考察;旅游局还组织西亚 7 名少年为宣传旅游安全用 5 年时间徒步环游世界,向世界证明印度尼西亚依旧是世界上的安全地区和最佳旅游目的地。

(四)积极开发中国市场。由于中国经济快速发展,已经成为世界第二大经济体和最大客源市场,加之两国距离较近、文化传统相似,中国居民赴该国旅游人数逐年增多。因此,该国政府、企业和居民都对中国这个新兴市场的巨大潜力和重要性有着深刻认识,积极开拓中国市场,和中国政府正式签订旅游合作协议,在北京、上海、杭州、武汉举行旅游推介会,宣传其独特神奇的海岛风光和宗教文化;实行价格优惠策略,游客只要出示中国护照就可享受大幅打折优惠;提供中文导游服务;简化旅游签证手续;增加中国和印尼之间的航班等。

(五)防止狂犬病疫情发生。除大肆捕杀狗外,还为狗注射狂犬疫苗,向游客发布警告,劝告游客在旅游前最好注射狂犬病疫苗,在旅游时不要和狗亲密接触。

(六)实时价格策略。在恐怖事件和海啸发生后直接采取价格策略,开展价格促销活动以刺激客源市场。

以上措施给世人留下深刻印象,打消了部分人内心的安全忧虑,取得了一定成效。

资料来源:窦开龙.国外典型旅游危机管理模式及对我国民族旅游发展的启示[J].经济问题探索,2013,(2):121-124.(有删改)

10.2　新媒体时代景区危机公关

新媒体不仅改变了公众的媒介使用习惯,而且也深刻地改变了旅游景区危机信息传播途径和传播速度。公众不再仅仅是受众,而是成了景区危机信息传播过程中的参与者。景区需要把握新媒体传播的规律和特点,借助新媒体这个更为广阔的平台,因势利导,以巧妙且妥当的危机公关策略降低危机对景区的消极影响。

10.2.1　旅游景区危机公关概述

1)旅游景区危机公关的概念

旅游景区危机事件的出现对景区管理运营的负面影响是非常巨大的。公共关系传播的一个重要职责就是正确处理危机,努力转变公众对待旅游景区的态度。旅游景区危机公关指的是在旅游景区危机发生前后的处理、解决过程中,组织与公众之间信息双向传播方法、手段、技巧的科学运用。

2)旅游景区危机公关的作用

（1）维护品牌形象

维护景区品牌形象是旅游景区危机公关的首要任务。对旅游景区而言,任何危机都会对景区的品牌形象产生不良影响。尤其是在新媒体环境下,旅游景区更要打造好品牌形象。景区应采取一系列公关策略对景区品牌形象进行维护,避免景区形象进一步受损。

（2）促进产品营销

旅游景区危机爆发会导致公众对景区产生不良印象,进而丧失对景区的消费信心,影响景区的营业收入。不过如果景区实施正确的危机公关策略,就能够逐渐恢复公众信心,提高景区产品的销量。

（3）树立良好口碑

在瞬息万变的旅游环境中,旅游景区口碑的好与坏将直接影响其生存和发展。想要让旅游景区品牌保持良好的口碑,景区需要实施正确的危机公关策略,以提高消费者的品牌忠诚度,增强顾客对景区的信任感。

10.2.2　互联网环境下旅游景区危机传播的信息源

互联网环境下旅游景区危机事件信息的发出者是信息源,收受者是网民。信息源通过发布信息、转载(引用)信息等方式向网民传播舆情信息;同时,网民通过发表文章、点击、回复等方式表达对各种舆情信息的感兴趣程度,参与信息的进一步传播。

（1）景区员工自曝景点黑幕

近年，网络媒体频繁报道一些旅游相关从业人员发表言论，揭露旅游景区景点的部分黑幕，这种自曝内容的发出被广泛关注。如云南地区近两年多次出现导游自曝景区黑幕的情况，致使被提及的景区在一些搜索引擎上位居负面新闻前列，严重影响景区的美誉度，这是景区陷入危机的前兆。有一些景区工作人员曝光不为外人知晓的景区行为、潜规则等，其曝光的言论在大众心中具有一定的信任度，尤其是对有损游客利益的信息会受到社会大众的高度关注。这些信息被曝出后，景区极易受到大众的谴责，从而致使景区陷入危机。

（2）游客充当信息传播者

互联网以及各种通信设备技术的发展让人们上网变得越来越便捷，游客在出游时都会有随身携带的电子产品，一些他们在旅行过程中的所见所闻都会通过手机拍照、录音等进行记录，然后上传至朋友圈、微博、QQ等，继而传播扩散，引发社会舆论，造成景区的危机。

（3）网民自发转载

Web 2.0时代，网民言论更加自由，网民不仅可以随时发布自己的观点意见，还能快速浏览、汇集网络上的各类言论信息。网民可以通过发布视频、文字、图像等一系列的方式发表自己的各种意见，将各式各样的信息展示在大众的面前。一些微小的事件被炒作成网民关注的热点，缘于网民的从众心理，盲目跟帖，形成"多数"意见，造成该事件"风起云涌"，聚焦成网民和社会关注问题。

（4）新闻媒体报道

绝大多数的旅游景区网络突发事件都是由记者报道并经新闻媒体的大量宣传后才引起受众关注的。新闻媒体是反映意识形态的传播者，一起突发事件在被媒体报道后，就会引起网民的极大关注，形成舆论焦点。

10.2.3 新媒体对旅游景区危机公关的影响

1) 积极影响

（1）有利于掌握舆论环境情况

旅游景区管理者可利用新媒体平台打破时间、空间等条件限制，及时收集关于景区经营服务的不良信息，便于及时采取干预措施。当危机爆发后，也可以通过新媒体平台及时地收集媒体新闻报道和网民的意见和看法，了解景区危机的发展趋势，采取积极有效的应急管理措施，提高危机管理效率，降低危机对景区造成的损失。

（2）有利于促进与公众的沟通

景区危机一旦发生后，景区可以通过新媒体平台将危机真实准确的信息迅速、及时、充分地传达给公众，消除公众疑虑，避免谣言的产生。此外，景区还可通过新媒体平台发布产品或服务的正面信息，与公众就景区的产品和服务进行讨论，获得正面反馈，形成良好的口碑传播效果。

（3）有利于扩大危机公关受众面

旅游景区可以随时随地借助新媒体平台进行景区信息发布，实现危机公关信息精准推送，让信息更加及时和准确地传达给公众，更好地挽回景区形象。

（4）有利于提高危机公关效率

新媒体传播实时性强、传播速度快，景区可在第一时间就发生的危机事表明景区的态度并向公众发布危机解决方案，在公众中树立起良好的企业形象。如旅游景区可通过官方网站、官方微博等传播渠道，对危机事件的处理进程进行实时更新和公布，提高景区危机处理的效率。

2）消极影响

（1）增大景区发生危机的可能性

在新媒体时代，信息发布的主体众多，有些不明人士通过互联网进行造谣传谣，恶意中伤旅游景区。此外，新媒体报道的内容丰富、形式灵活、开放性和互动性高，向公众全面展现旅游景区的发展情况，景区存在的任何问题都有可能被曝光。

（2）扩大景区危机的影响范围

在新媒体环境下，旅游景区的危机信息可以通过手机、互联网等渠道即时传遍全国甚至全世界。在很短的时间内，公众便会获悉景区发生危机的信息。随着危机信息的不断传播，旅游景区危机影响的范围将不断扩大。

（3）加快景区危机的爆发速度

旅游景区危机爆发后，在新媒体的推波助澜下，信息的传播速度非常快。可能在景区还没找出危机发生的原因时，景区危机的信息就已经引起公众关注、为公众所知晓。尤其是一些备受关注的重大危机事件，一旦爆发即急速扩散，形成网络舆情。

（4）增强景区危机的破坏性

由于在新媒体环境下，旅游景区危机被曝光的频率增多，缩短了景区的反应时间，影响了景区的决策效果，无形中增强了景区危机的破坏性。与此同时，很多网民可能在不了解危机的真实情况下随意在网络上发表个人意见和看法，误导公众。

3）利用新媒体进行危机管理

随着人们选择旅游程度的不断增强和旅游产业的迅速扩大，旅游业越来越成为关注度和敏感度极高的行业。如果没有一定的危机意识和危机管理方案，在新媒体条件下，任何负面信息都会不断放大从而演变为一场危机，因此危机管理成了旅游管理部门一直重视的问题。

利用新媒体进行有效的危机预警与处理，加强旅游产业的危机意识，不断提高危机应对能力成为风景旅游区和主管部门的必然趋势和选择。在这一过程中，首先要确保旅游组织与直接打交道的个人和游客、雇员、其他旅游服务业组织团体保持连续、积极的关系。通过新媒体及时发现和预防工作中存在的问题,做好日常公关管理,将危机消灭在萌芽状态。

其次,与各类媒体保持良好的日常沟通与互动,对在各类媒体中,特别是新媒体中反映出来的消息及时与媒介媒体主管部门进行沟通,积极传播正面积极的消息。与此同时,也要重视消极负面信息反映出来的问题的解决,以便更好地完善景区管理、提高服务质量。还要从各个方面加强危机意识,做好危机相关的准备工作和准备预案,以减少危机形成的概率。

最后,提前准备危机预案。危机公关是不少风景区普遍青睐的一种做法,但往往进行危机公关所付出的代价也远远高于提前准备危机预案的成本。在这一过程中,要积极利用微博、视频网站、社区网站等互动性及传播速度都很强的新媒体,及时将负面信息的危害程度降到最低。与此同时,采取公开透明的姿态来化解矛盾避免负面信息扩散,进而避免由负面消息演变为危机,甚至将其作为发展改革的"契机",从而有效改善景区的公众形象。

10.2.4 新媒体时代旅游景区危机公关策略

新媒体时代旅游景区危机公关的宗旨就是"真实传播、降低影响",当网络危机发生以后,只有真实地反映事情的经过和进展情况,才能获得网友的谅解和支持;反之,若景区一味地采取逃避、推脱的侥幸心理,只会使景区的危机事件扩大升级,使事态更加难以控制。

1) 新媒体时代旅游景区危机公关的处理策略

(1) 舆情日常监测和分析

舆情日常监测和分析是指浏览和查找海量网络舆情信息,包括浏览新闻网站、网络论坛、微博等,从海量信息中获取与旅游景区危机事件相关的舆情信息,进而了解旅游者、其他旅游景区、景区投资商、政府部门和媒体等多方对旅游景区的报道和态度。利用专门的网络舆情监测工具,对各类信息资料进行统计和分析,以发现舆论的话题结构分布和发展方向,并对容易引发旅游景区危机的信息及时进行处理。

渠道的畅通可以使各方知道发生了什么事情,应该做什么,可以在第一时间澄清事实、缓解压力、解决矛盾,可以化被动为主动,积极妥善地处理突发问题;而畅通的沟通渠道就需要景区不仅设立有沟通平台,更要有积极的回应机制。危机管理的过程实际上就是信息传播和交流的过程,景区只有采取真诚的态度与民众沟通,才可能与民众达成对事件的共识,使事件的真相被公众所了解。危机前的网络舆情监测,有利于景区发现危机预警,从而及时展开危机预防与应对,减少危机造成的损失。只有做好舆情的监测,才能及时掌握网络舆情发生、发展的主动权,了解动态,提前介入,将不良舆情处置在萌芽状态。

如今公众获取信息的渠道更加多样化,信息传播速度更快,互联网等新兴媒体成为引导和影响社会舆论的重要力量,因此新媒体在旅游景区危机公关中扮演非常重要的角色。在新媒体时代下,不少旅游景区却因舆情管理缺失或舆情监管不当,而深陷负面舆论旋涡。因此,旅游景区要充分使用新媒体对网络舆情进行实时采集、分析和汇总,即时了解网络上关于旅游景区的重要舆情信息,发现危机事件的发生原因,及时采取应对策略。

(2) 建立健全危机公关预警机制

旅游景区危机具有潜伏性,特别是在新媒体时代,景区无法预料危机将演变至何种境地。因此,建立适应新媒体环境的危机公关预警机制对旅游景区而言非常重要。景区通过事前制订危机应对措施、公关手段和公关工作计划,可降低新媒体在景区危机事件发展与产生中的负面影响。针对互联网信息传媒平台,尤其是被公众所广泛使用的微信、微博做好危机公关预警方案。当出现互联网负面新闻时,景区应立即启动危机公关预警方案,找出危机产生原因,争取第一时间控制该负面信息的进一步扩散。

2) 新媒体时代旅游景区危机公关的处理策略

(1) 快速响应

旅游景区要快速作出反应,迅速收集所有与危机相关的事实,充分利用各种新媒体和危机涉及方进行交流。旅游景区危机发生时,要在第一时间发布准确信息,把危机的最新处理结果迅速向外公布,让公众能够及时得到准确的信息,以获得公众的支持,在公众中树立良好的形象。

主动应对危机对景区来说至关重要,尤其是在网络高速传播的时代,这一点已得到全球的肯定。世界旅游组织就强调:"危机发生的第一个 24 小时至关重要,即便是一个不专业的反应,就能够使景区陷入更大的破坏之中。"景区管理部门及其负责人应在第一时间了解事情的全部并与当事人和新闻媒体等方面积极沟通,建立一个媒体中心,迅速通过媒体与网络渠道发布危机方面的信息。在了解事态的全面情况之后,最短时间内拦截各类负面消息,做到积极主动承担因景区原因造成游客的人身财产等的损失,根据具体情况进行补偿并将这些后续的处理情况通过互联网渠道公布出来,让大众所知晓。景区应制订应对策略和方法,主要目的是防止危机的蔓延,对危机事件的处理占领主动权,第一时间发布相关信息,引导事件以及舆论话题方向,并且建立良好的具有诚意的网络公关形象,认真、耐心地去回应事件。

(2) 寻找危机原因

新媒体时代信息庞杂无章,一些不负责任的信息发布者和传播者,将可信度较低的信息进行反复、大量传播,致使有效信息被许多无用信息所淹没。旅游景区因网络谣言而引发危机事件时,要通过提高自身的信息分析能力,寻找出危机的"始作俑者"以及危机得以快速蔓延的根本原因,及时采取正确的危机公关措施来消除负面信息,防止景区的品牌形象遭到严重损害。

(3) 对外统一发言

当危机爆发时,旅游景区所有人员对危机信息要统一口径;同时,可借媒体之口,有针对性地对外发布危机的真实情况,澄清谣言,以表明旅游景区的立场,化解公众对景区的对立情绪。旅游景区可充分使用各种新媒体,与公众进行互动与交流。如召开网上新闻发布会,采取图片、文字、音频和视频相结合的形式进行危机信息发布。网友只需登录直播平台,即可及时了解景区危机的最新进展情况。

成立专门的网络环境下景区危机事件应对小组及发言人机制。危机小组由景区的主要负责人和网络公共关系方面的人员构成,对网络大环境的公关机制、背景等非常了解并能熟练运用,尽可能地转"危"为"机"。其负责对网络环境下发生的危机的现阶段状况作出正确的判断和处理应对,并分析其发生的原因,找出网络危机爆发的源头等,制订出合理的方案。与此同时,结合各个景区自身的一些情况以及不同的危机事件,对发生的事件作出合理的处理,对不实言论进行遏制,对危机的源头核实调查,对将来可能发生的一些危机作出预测预警,制订危机预案来保证景区后续的经营运行。

(4)公布危机事件真相

在危机爆发后,旅游景区应该及时通过官方网站、官方微信和官方微博等公开媒体渠道,准确告知公众危机事件的真相,开诚布公,以取得公众的理解和支持,尽快稳定舆论环境。在新媒体时代,公众希望可以通过景区的网络公开渠道得到景区危机的真实情况。

(5)与公众进行沟通与互动

在新媒体环境中,危机处理更加强调景区与媒体、公众之间的相互沟通与互动。在危机处理之时,旅游景区要通过微博、微信、论坛等多个新媒体平台倾听多方的声音,了解各方对危机事件的不同看法,并积极作出回应,打消公众因不了解危机而产生的顾虑。

3)新媒体时代旅游景区危机公关的善后策略

(1)彰显社会责任,重振景区形象

危机管理的最高境界就是总结经验教训,让景区在事态平息后更加焕发活力,在危机中恢复,制止危机给景区造成的不良影响,尽快恢复景区的品牌形象,重获公众、媒介以及景区对景区的信任。

危机过后,旅游景区需要修复其品牌形象,彰显社会责任,以提升景区社会形象。景区可以在各新媒体平台上播放景区宣传片,展现景区的发展历程、所取得的成就以及公益事业的开展情况。通过一系列的宣传活动,树立景区的积极形象,重获公众的信任和支持。

(2)加强媒体合作,搭建营销平台

在发生危机后,在官方的网络平台或者信息中枢平台第一时间发布真实可信的事件信息,日常注重对景区在网络上的公关宣传,平时与大众进行沟通取得其信任并增强好感度,建立起信誉度良好的官方信息系统。这样在发生问题之后,景区方面的言论才能得到大众的充分信任,不使景区一直处于舆论的被动状态,及时有效地解决危机事件。

旅游景区可在各新媒体平台上增加广告投入,大力宣传景区的产品和服务,实现营销传播创新。如旅游景区可以在微信、微博开展专题营销,根据各新媒体平台的用户群体特点有针对性地进行恢复性营销。

(3)关注网络舆情,把握舆情动向

在新媒体时代,旅游景区要充分利用新媒体的优势,及时与公众进行有效的沟通与交流,提高景区信息传播的公信力和影响力,有效引导网络舆论方向。一方面,景区可以在影响力强的媒体网站上将其软性广告融入新闻信息中进行广泛传播;另一方面,景区也需要时刻关注网民的言论,并利用新媒体与网民进行互动,共同探讨旅游景区的管理问题。

复习思考题

1.旅游景区危机有哪些特点?

2.旅游景区危机有哪几种类型?

3.旅游景区危机管理应采取的策略有哪些?

4.新媒体时代旅游景区危机公关的预警策略有哪些?

5.新媒体时代旅游景区危机公关应采取哪些处理策略?

6.新媒体时代旅游景区危机公关应采取哪些善后策略?

【案例研究】

四川九寨沟发生大规模游客滞留事件

2013 年 10 月 2 日,驰名中外的四川九寨沟景区发生大规模游客滞留事件,上下山通道陷入瘫痪,甚至出现游客"攻陷"售票处的传闻。

1.交通线路瘫痪 数千游客滞留

2013 年 10 月 2 日下午,有游客在网上发帖反映九寨沟景区有数千游客滞留,现场情况混乱,游客情绪激动。据目击者称,当时九寨沟景区上下山通道已经陷入瘫痪,许多游客滞留于景区内公交车站点,其中有老人、孩子,而最小的孩子仅 9 个月大。

网上广泛传播的几张现场照片显示,在犀牛海、诺日朗景点处,道路上挤满了情绪激动的游客,几辆公交车完全陷入"人海",寸步难行。不少游客席地而坐,或是爬上车顶休息,甚至有人在路边搭起灶台做饭。

据九寨沟管理局介绍,2 日 17 时许,景区道路逐渐通畅,公交车通行恢复正常,游客陆续下山。但入夜后景区道路再次堵塞,不少游客开始往售票处聚集,要求退票和赔偿,现场一度陷入混乱。截至 2 日晚 22 时许,滞留游客才全部安全疏散。

九寨沟管理局旅游营销处处长罗斌表示,当天 13 时以后就基本没有游客入园。但中午时段游客比较密集,公交车站点间距离比较远,在犀牛海站附近,部分游客可能由于没有赶上公交车,逗留时间过长,情绪激动,甚至将道路堵住,导致整个交通线路瘫痪,拥堵长达数千米。

2.景区管理局公开致歉,已退票 1 万多张

3 日,九寨沟管理局公开向广大游客发表书面致歉书。

致歉书中说:10 月 2 日九寨沟景区迎来进沟高峰。为保障景区运转正常,景区 95% 的

人员均到一线维护秩序,所有观光车负责对游客进行运送。中午 12:00 许,由于少数游客在正常候车时间内急于赶车,不听从管理人员指挥,强行拦车,导致部分站点观光车辆受阻,无法正常运行,造成整个运营车辆无法循环运转、大量游客无法正常乘车。由于候车或步行时间较长,部分游客心生怨气,不听劝阻,翻越栈道,导致整个客运系统几乎瘫痪。截至 19 时许,景区共滞留客人 4 000 余人。

九寨沟管理局旅游营销处处长罗斌表示,从 2 日晚 11 时起,在景区售票处开始组织退票,到凌晨 3 点已经退票 8 000 余张。部分游客情绪略显激动,但没有出现"打砸攻陷售票处"的情况。3 日早上 6 时,管理部门在景区旁边的荷叶迎宾馆开设了 7 个退票专柜,截至 3 日上午 11 时,已退票 1.1 万余张。

针对有网友认为景区超负荷接待游客的情况,罗斌说:"2 日 13 时后进入景区的游客已经很少,当日共接待游客 4 万人,在景区可承受范围之内。九寨沟景区的车辆调配是环线循环式的,车辆最初受阻是在犀牛海景点,这是进入景区的第七个景点,此后发生连锁反应。由于交通受阻,越来越多的车辆在此无法前行。"

3.旅游业淡旺季明显,长假旅游目的地、游客都须"理性"

为维护旅游秩序、保障游客权益的《旅游法》于 2013 年 10 月 1 日刚实施,次日就发生了此类典型事件。虽然目前游客已经得到安全疏散,九寨沟管理局也就滞留事件公开道歉,但事件却折射出长期困扰我国旅游业的深层问题。

中国大部分旅游景点的淡旺季十分明显,旺季往往集中在十几天甚至几天里,淡季则长达几个月。国庆长假成为游客最为集中的选择,瞬时几乎所有景区都超出其饱和量,造成人多车多,景区拥堵的局面。2013 年 10 月 2 日,全国各大景区游客量出现大幅增长,不少景区游人如织,拥挤明显。统计数据显示,故宫 2 日接待游客 17.5 万人,超过测算的游客量上限一倍多。

专家指出,各景区、景点必须科学、理性地论证自身的接待能力,探索人性化的管理方式。如在此次九寨沟游客滞留事件后,管理局须就站点设置、车辆调配、应急疏导等问题进行反思,力求做到合情、合理、合法;同时,彻查事件原委,核实当日接待人数,调查矛盾激化前因后果,杜绝此类事件再次发生。

专家建议,针对我国旅游业现状,各景区可借鉴国外预约的做法,在游客到达之前就作好准备,进行疏导;对景区游客人数、交通住宿条件等信息及时公布;一旦发现游客超出饱和量,就要进行调节,延长景区开放时间、科学组织游客买票进入、适时限流都是可取的措施。

一些专家也指出,一些游客以自我为中心,不守秩序,违反规定,因堵生急,因急生事,成为造成景点拥堵、游客滞留的重要原因之一。建议游客应更加理性地选择出游的时间和地点,在游览过程中更加"理性"地对待交通不便、人多拥挤等实际困难,别一有不顺就让自己成为拦车、堵路、打人的不讲理"游霸"。

资料来源:《九寨沟为何变成"死胡同"? ——四川九寨沟数千游客滞留事件追踪》,新华网.

讨论问题:

1. 请分析九寨沟游客滞留事件产生的原因。

2. 谈谈如何杜绝九寨沟游客滞留此类事件的再次发生？

开阔视野

华山"天价米饭"危机

2015 年 5 月 2 日,《重庆晨报》发布标题为"华山天价米饭 15 元一碗"的微博,内容称:西安华山山顶一家普通宾馆,菜价都带"6"或带"8",又贵又吉利！菜单里最便宜的米饭一碗要卖 15 元,还不送咸菜。姜汁汤 46 元、虎皮尖椒 58 元……这是要闹哪样? 15 元钱可以在超市买七八斤大米了! 所以,别人说"别在景区吃饭"是有道理的!

微博发出后,引起网络疯狂转发。

2015 年 5 月 3 日,陕西华山旅游集团公司对此事发表了说明,称事件发生的宾馆位于华山东峰,造成"天价米饭"的原因是运营成本费用高,相关原材料需要人工背负上山,生活垃圾还需人工运输下山,水也要从山下运输上山。另外,主峰区内所有宾馆饭店 24 小时经营,用工成本大。同时,山上宾馆在自主定价的基础上严格执行商品最高限价备案,实行明码标价、自愿消费原则,游客也可自行携带食品上山,不存在消费欺诈和强制消费等违规问题。华山景区管委会物价和票务管理处工作人员也表示,目前华山主峰区餐饮业、商品及客房服务价格属于市场调节价范畴,其价格标准由经营者依据生产经营成本和市场供求状况等自主定价,但必须到物价部门备案,而且要明码标价。对于违规、违法、欺骗游客等行为会进行严查。

《华商报》记者也于 2015 年 5 月 3 日下午来到涉事的东峰饭店。店员出示菜单,上面显示菜价最低 46 元/例,最高 88 元/例,米饭 15 元/碗。门口有外卖摊点,标注价位显示凉皮 15 元/份,西红柿、黄瓜均 5 元/个。记者看到东峰饭店菜量适中,盛米饭的碗较大,一碗相当于普通饭店的两小碗米饭。饭店经理雷科峰告诉记者:"山上所有东西成本都较高,一件货物运上山,经过专人采购、车辆运输、坐索道、挑夫装卸和往山上运送,每一项都要增加成本。再加上饭店 24 小时营业的员工工资支出以及酒店前期建设费用等,都是附加成本。此外,饭店免费给游客供热水,光水的消耗就很大。山上海拔高,液化气罐由于压力小经常用了一多半就没法使用了,这也是一种无形的成本。"

网友大多反对《重庆晨报》微博的观点,认为山顶的米面油水、液化气都是由人力背上去的,饭店米饭的价格稍高一些还可以理解和接受,这价格对得起挑夫的辛苦。

资料来源:《华山米饭 15 元一碗 贵还是不贵》,《重庆晚报》微博.

参 考 文 献

［1］中华人民共和国国家质量监督检验检疫总局,中国国家标准化管理委员会.旅游厕所质量等级的划分与评定(GB/T 18973—2016)［S］.中国国家标准化管理委员会官方网站.

［2］麦克卢汉:理解媒介——论人的延伸［M］.何道宽,译.北京:商务印书馆,2000.

［3］丹尼斯·麦奎尔,斯文·温德尔.大众传播模式论［M］.2版.祝建华,译.上海:上海译文出版社,2008.

［4］胡红梅.旅游景区管理［M］.北京:机械工业出版社,2012.

［5］蒋宏,徐剑.新媒体导论［M］.上海:上海交通大学出版社,2006.

［6］李家清.旅游开发与规划［M］.武汉:华中师范大学出版社, 2000.

［7］陶汉军,林南枝.旅游经济学［M］.3版.上海:上海人民大学出版社,2003.

［8］王昆欣.旅游景区服务与管理［M］.2版.北京:旅游教育出版社,2010.

［9］王乐鹏,姚明广,王突俊.试论旅游企业的新媒体营销［J］.内蒙古科技与经济,2011(5):31-32.

［10］王雅丽,周丽君.旅游景区服务与管理［M］.长春:东北师范大学出版社,2008.

［11］王庆国.旅游景区经营与管理［M］.2版.郑州:郑州大学出版社,2012.

［12］魏小安,宋玉荣,孙璐.旅游景区开发与管理［M］.北京:中国人民大学出版社,2012.

［13］王晓丽.旅游博客营销优势及应用分析［J］.中国商贸,2010(6):15-16.

［14］王德刚.现代旅游区开发与经营管理［M］.青岛:青岛出版社,2001.

［15］杨振之.旅游资源开发与规划［M］.成都:四川大学出版社, 2003.

［16］赵黎明,黄安民,张立明.旅游景区管理学［M］.天津:南开大学出版社,2002.

［17］邹统纤.中国旅游景区管理模式研究［M］.天津:南开大学出版社,2006.

［18］常克.景区商业服务配套设施规划管理分析［J］.科技资讯,2014(2):203-204.

［19］陈文君.我国旅游景区的主要危机及危机管理初探［J］.旅游学刊,2005(6):65-70.

［20］程萍,严艳.旅游微博新媒介对旅游者的吸引力研究——基于对艺龙旅行网新浪微博的网络文本分析［J］.旅游论坛,2012(3):22-26.

［21］程玉,王艳平.旅游供给侧改革:关于概念的一个思考［J］.旅游研究,2016(5):13-18.

［22］陈国生,陈政,刘军林.旅游供给侧改革中的信息化推动与产业博弈［J］.湖南社会科学,2016(3):126-130.

[23] 陈国生,刘军林,陈政,等.信息技术驱动下的旅游供给侧改革[J].南华大学学报:社会科学版,2017(1):35-39.

[24] 董观志,刘萍,梁增贤.主题公园游客满意度曲线研究:以深圳欢乐谷为例[J].旅游学刊,2010,25(2):42-46.

[25] 邓小艳,邓毅.大众旅游背景下旅游供给侧改革策略研究[J].行政事业资产与财务,2016(16):1-4.

[26] 党安荣,张丹明,陈杨.智慧景区的内涵与总体框架研究[J].中国园林,2011(9):15-21.

[27] 冯娜,李君轶,张高军.基于因特网的重大事件旅游客流前兆效应研究:以西安世园会为例[J].河南科学,2013,31(2):244-245.

[28] 冯严超.中国旅游服务贸易转型升级探索——基于供给侧改革的思路[J].哈尔滨商业大学学报:社会科学版,2016(6):106-120.

[29] 葛军莲,顾小钧,龙毅.基于利益相关者理论的智慧景区建设探析[J].生产力研究,2012(5):183-184.

[30] 郭伟,贾云龙,邓丽芸.我国智慧景区发展研究[J].中国集体经济,2012(25):132-133.

[31] 黄继元.中国旅游商品的发展问题研究[J].云南社会科学,2004(2):53-57.

[32] 何明珂,董天胜.供应链中信用缺失的形成机理研究[J].管理世界,2007(10):166-167.

[33] 何建民.旅游发展的理念与模式研究:兼论全域旅游发展的理念与模式[J].旅游学刊,2016,31(12):3-5.

[34] 胡晓苒.城市旅游:全域城市化背景下的大连全域旅游(上)[N].中国旅游报,2010-12-08(11).

[35] 胡孝平.苏州旅游产业供给侧改革研究[J].常熟理工学院学报,2016(3):59-63.

[36] 景庆虹.危机公关与危机管理关系之解读[J].中国行政管理,2014(12):74-77.

[37] 蒋冰华.旅游商品的特点和分类研究[J].安阳师范学院学报,2005(3):60-62.

[38] 匡文波."新媒体"概念辨析[J].国际新闻界,2008(6):66-69.

[39] 廖淑凤,郭为.旅游有效供给与供给侧改革:原因与路径[J].旅游论坛,2016(6):10-16.

[40] 廖军华,李盈盈.以供给侧改革助推乡村旅游转型升级[J].世界农业,2016(10):71-76.

[41] 梁嘉骅,李常洪,宫丽华.现代企业危机的本质[J].中国软科学,2004(9):89-94.

[42] 李德仁,龚健雅,邵振峰.从数字地球到智慧地球[J].武汉大学学报:信息科学版,2010(2):127-132.

[43] 李巧义.关于国内旅游厕所研究综述[J].旅游管理研究,2013(12):21-22.

[44] 刘义龙.旅游景区管理创新探索[J].改革与开放,2011(8):86.

[45] 厉新建,张凌云,崔莉.全域旅游:建设世界一流旅游目的地的理念创新——以北京为例[J].人文地理,2013,28(3):130-134.

[46] 罗丹霞,陈贵松,林碧虾,等.供给侧改革背景下森林养生旅游发展动力机制探讨——以福州国家森林公园为例[J].中国林业经济,2016(6):87-90.

[47] 李晓东.全域旅游背景下的人才培养模式研究[J].亚太教育,2016(26):114.

[48] 刘民坤.供给侧改革打造乡村旅游升级版[J].当代广西,2016(8):16-17.

[49] 刘华初,李滟茹.供给侧改革下的五指山茶文化生态旅游走廊建设[J].学术交流,2016(11):126-131.

[50] 吕俊芳.辽宁沿海经济带"全域旅游"发展研究[J].经济研究参考,2013(29):52-56.

[51] 刘锋.供给侧改革下的新型旅游规划智库建设思考[J].旅游学刊,2016(2):8-10.

[52] 毛峰.乡村旅游供给侧改革研究[J].改革与战略,2016(6):58-60.

[53] 裴沛.供给侧改革背景下的旅游产业结构提升[J].鞍山师范学院学报,2016(3):7-9.

[54] 秦洪花,李汉清,赵霞.智慧城市的国内外发展现状[J].信息化建设,2010(9):50-52.

[55] 乔玮.手机旅游信息服务初探[J].旅游科学,2006,20(3):67-71.

[56] 邵振峰,章小平,马军,等.基于物联网的九寨沟智慧景区管理[J].地理信息世界,2010(5):12-28.

[57] 邵隽.中国游客出境游目的地选择与社交媒体营销[J].旅游学刊,2011(8):7-8.

[58] 桑林溪,王良举,殷瑞.新常态下中国旅游供给侧结构性优化——基于2014年省级面板数据的实证分析[J].湖北文理学院学报,2016(8):67-71.

[59] 沙莎,郑嫣茹.养生旅游供给侧改革研究探析[J].经济研究导刊,2016(31):146-148.

[60] 谭业.旅游隐性营销:新时代的旅游营销理念变革[J].经济地理,2013(9):184-187.

[61] 王志华,汪明林.旅游景区安全研究[J].焦作大学学报,2007,21(1):63-65.

[62] 王雪.旅游景区信息化研究[J].中国管理信息化,2012(23):42-43.

[63] 王昕,母泽亮.旅游景区安全问题的表现形态和特征及其对策研究[J].特区经济,2008(8):145-146.

[64] 文春艳,李立华,徐伟,等.旅游目的地形象研究综述[J].地理与地理信息科学,2009(6):105-109.

[65] 伍延基.旅游服务质量的现状特征及其主要制约因素[J].旅游学刊,2004,19(5):7.

[66] 肖洞松.新媒体时代的微信营销策略研究[J].商业时代,2014(23):60-61.

[67] 徐金海,夏杰长.以供给侧改革思维推进中国旅游产品体系建设[J].河北学刊,2016(3):129-133.

[68] 于静,李君轶.微博营销信息的时空扩散模式研究——以曲江文旅为例[J].经济地理,2013(9):6-12.

[69] 张合.浅析我国旅游景区安全管理[J].企业家天地,2006(12):102.

[70] 张卫卫,王晓云.基于弱连带优势的旅游博客营销初探[J].旅游学刊,2008,23(6):10-11.

[71] 邹永广,林炜铃,郑向敏.旅游安全网络关注度时空特征及其影响因素[J].旅游学刊,2015(2):101-109.

[72] 章小平,任佩瑜,邓贵平.论旅游景区危机管理模型的构建[J].财贸经济,2010(2):130-135.

[73] 朱珠,张欣.浅谈智慧旅游感知体系和管理平台的构建[J].江苏大学学报:社会科学版,2011(6):97-100.

[74] 周倩.旅游景区餐饮类型及特点研究[J].商场现代化,2014(18):42.

[75] 张卉.社会化关系营销在旅游行业中的应用[J].旅游学刊,2012(8):5-7.

[76] 赵全鹏.供给侧结构性改革背景下的海南旅游制度供给初探[J].南海学刊,2016(4): 106-111.

[77] 张树俊.供给侧改革背景下乡村旅游发展路径研究——基于泰州市旅游发展的实证分析[J].无锡商业职业技术学院学报,2016(5):39-43.

[78] 张广海,高俊.供给侧改革背景下旅游经济动力系统构建研究[J].青岛职业技术学院学报,2016(6):74-79.

[79] 张杉,赵川.乡村文化旅游产业的供给侧改革研究——以大香格里拉地区为例[J].农村经济,2016(8):56-61.

[80] 朱德亮.全域旅游背景下海南旅游教育发展对策研究[J].文教资料,2016(14): 117-118.

[81] 李洪鹏,高蕴华,赵旭伟.数字景区转型智慧景区的探索[J].智能建筑与城市信息,2011(7):112-113.

[82] 倪玉湛.云南旅游厕所设计——策略与方法研究[D].昆明:昆明理工大学,2005.

[83] 吴斌.风景名胜区公共厕所设计与研究[D].南昌:南昌大学,2007.

[84] 朱忆文.我国旅游景区投资模式研究[D].北京:财政部财政科学研究所,2014.

[85] 戴斌.厕所革命的时代意义与推进策略暨旅游厕所革命的11个工作建议[N].中国旅游报,2015-04-15(7).

[86] 葛旭芳.黄山:游客流量有效调控的背后[N].中国旅游报,2014-08-11(7).

[87] 李王艳.上海踩踏事故敲响安全警钟景区大数据可预警客流量[N].华商报,2015-01-07(B07).

[88] 李金早.全域旅游的价值和途径[N].人民日报,2016-03-04(7).

[89] 李金早.旅游要发展,厕所要革命[N].中国旅游报,2015-03-18(2).

[90] 马勇,王佩佩.全域旅游规划的六大关注焦点[N].中国旅游报,2016-04-13(C01).

[91] 汤少忠."全域旅游"规划实践与思考[N].中国旅游报,2015-07-10(A02).

[92] 邢丽涛."旅游厕所革命"被刷屏[N].中国旅游报,2015-04-06(7).

[93] 中国互联网络信息中心.中国互联网络发展状况统计报告(第33次)[R].2015.

[94] 全国假日旅游部际协调会议办公室.2013年国庆假日旅游信息通报(第7号)[R].2013.

[95] IBM商业价值研究院.智慧地球赢在中国[R].2014.

[96] 张文兰.国家公园体制的国际经验[J].湖北科技学院学报,2016(10):124-127.

[97] 采胤杉.国内外旅游景区人力资源开发与管理模式研究——以美国迪士尼乐园和中国深圳世界之窗、华侨城为例[J].攀枝花学院学报,2009(2):56-61.